W0180637

Das Schimpfen, der herabsetzende Wortangriff auf einzelne oder Gruppen, mit dem man seinen Ärger und seine Enttäuschung ausdrückt und zugleich zu bewältigen sucht, ist so alt wie die Menschheit. Im deutschen Sprachraum zeichnet sich der Altbayern und Österreich bewohnende bajuwarische Stamm durch einen besonders reichen Schatz an farbig-anschaulichen, wahrhaft treffenden Scheltworten aus, den seine Eigentümer erwiesenermaßen aufs eindrucksvollste zu nutzen wissen und den die „Zugereisten" amüsiert oder verblüfft bestaunen – wenn sie nicht seine Opfer sind. Um den übrigen Deutschsprechenden zum vollen Verständnis verbalen bajuwarischen Unmutes zu verhelfen, hat Reinhold Aman, ein gebürtiger Niederbayer und seit längerer Zeit als Germanist in den USA lehrend, die bayrisch-österreichischen Schimpfwörter systematisch gesammelt und in diesem Buch veröffentlicht. Erheitert durchblättert man darin die Spalten des „Wörterbuchs A–Z", liest sich immer wieder fest und genießt die sprachliche Vitalität, die zwischen Lech und Neusiedler See, an Isar, Inn und Donau blüht. Zur Vertiefung des Vergnügens hat Professor Aman eine psychologisch-sprachliche „Einführung in das Schimpfen" und eine kurze Charakteristik der bairischen Mundart beigegeben; beides dürfte dem Leser sehr willkommen sein.

Reinhold Aman

BAYRISCH-ÖSTERREICHISCHES SCHIMPFWÖRTER-BUCH

GOLDMANN VERLAG

Nachdruck der 2., verbesserten Auflage 1975
der Originalausgabe

Made in Germany · 4. Auflage · 3/86
Genehmigte Taschenbuchausgabe
© 1973 by Süddeutscher Verlag, München
Umschlagentwurf: Design Team, München, unter Verwendung
eines Holzschnittes von Ludwig Richter
Druck: Presse-Druck Augsburg
Verlagsnummer: 8382
MV · Herstellung: Lothar Hofmann/He
ISBN 3-442-08382-6

Inhalt

Vorwort

Ich schlage dich gleich mit dem
Kochlöffel um die Ohren, du Affe!
Georg Wenker, 1876

Unglaublich ist es manchmal, aus welchen Anlässen ein Buch entstehen kann. In einem Seminar über Strukturelle Dialektologie übertrug ich 1966 an der Universität Texas Georg Wenkers vierzig Sätze zum Deutschen Sprachatlas in meine Straubinger Mundart. Es störte mich damals, die letzten zwei Wörter einfach mit „du Aff!" wiederzugeben, da mir „du Aff, du!" oder „du Aff, du blöder!" mundartlich echter erschienen. Und damit begann meine Forschung über bairische Schimpfwörter.

In den nächsten sechs Jahren wuchs meine Sammlung von 250 auf etwa 2500 Schimpfwörter an, die im gesamten altbayrisch-österreichischen Sprachraum verwendet werden. Mein ursprüngliches Forschungsgebiet (die Literatur des Mittelalters) mußte diesem neuen Forschungsgebiet weichen, das wie ein Eisberg desto mehr unbearbeitetes Material aufwies, je tiefer ich suchte. Es wurde unumgänglich, mehrere andere Fachgebiete zu studieren, bevor dieses LEXIKON geschrieben werden konnte: das Vorkommen von Schimpfwörtern in der deutschen und fremdsprachigen Literatur, Phonetik, Semantik, Etymologie, Psychologie und Kulturgeschichte. Die psychologisch-sprachliche Einführung spiegelt dieses Studium wider und soll dem Leser zu einem gutfundierten Verständnis des eigentlichen Wörterbuchs verhelfen.

Bevor ich mich an den Süddeutschen Verlag wandte, der sich freundlicherweise dieser Arbeit annahm, mußte eine wichtige Entscheidung getroffen werden: Für welche Gruppe von Lesern soll dieses LEXIKON geschrieben werden? Für ein paar Dutzend Fachkollegen oder für den allgemeinen Leser? Ich entschloß mich zum letzteren und bemühte mich, durch eine lesbare Schreibung der Mundart und durch viele Erklärungen dieses LEXIKON einem breiten Leserkreis zugänglich zu machen.

Es wird deshalb vermieden, den sprachwissenschaftlich nicht vorgebildeten Leser mit „präfigierten Pejorationsmorphemen" zu beeindrucken und zu verwirren; Ausdrücke wie „abwertende Vorsilben" sind allgemein verständlich und schließen die Wissenschaftlichkeit dieses Buches nicht aus. Werden jedoch aus verschiedenen Gründen weniger bekannte wissenschaftliche Ausdrücke benutzt, dann nie ohne eine Erklärung.

Mit einer leicht lesbaren, genauen, systematischen Schreibung bairischer Mundarten beschäftige ich mich seit Jahren. Der hier erzielte Kompromiß kann von Bayern und Österreichern leicht gelesen werden, die ihn sowieso ihrer jeweiligen Mundart anpassen. Den anderen soll die mundartliche Schreibung dazu dienen, die Wörter wenigstens annähernd genau aussprechen zu können.

Ich empfand es oft schmerzlich, nicht öfter hier sein zu können, um Direktbefragungen anzustellen. Eine unersetzliche Brücke zur heimatlichen Sprache waren meine Eltern, Anni und Ludwig Aman aus Plattling, die mir viele Fragen über die Aussprache, Bedeutung und Verbreitung beantworteten. Dafür sei ihnen herzlich gedankt. Auch meiner Frau Shirley und Tochter Susi danke ich dafür, daß sie sich jahrelang damit abfanden, den *Bappa* nur beim Essen sehen zu können, der tagein, tagaus in Büchern wühlte und beim Schreiben dieses LEXIKONS zu einem Gewohnheitsschimpfer und *Owagrantlhuawa* wurde.

Plattling, im Sommer 1972

Professor
Dr. Reinhold A. Aman
Maledicta Press
331 S. Greenfield Avenue
Waukesha, Wis. 53186, USA

Hinweise
zur Benutzung des Wörterbuches

A. Abkürzungen

ahd.	althochdeutsch, ca. 750–1100 n. Chr.	obdt.	oberdeutsch (Süddeutschland, Österreich, Schweiz)
allg.	allgemein		
bair.	bairisch, in einer bairischen Mundart	s., sächl.	sächlich
		S.	Seite
Bed.	Bedeutung	schriftspr.	schriftsprachlich; geschriebene und gesprochene Hoch- oder Umgangssprache
bes.	besonders		
bzw.	beziehungsweise		
d. h.	das heißt		
eigtl.	eigentlich		
engl.	englisch	schwed.	schwedisch
Ez.	Einzahl	slaw.	slawisch, in slawischen Sprachen
fig.	figürlich, im übertragenen Sinne		
		span.	spanisch
frz.	französisch	u. a.	unter anderem
gleichbed.	gleichbedeutend	ungar.	ungarisch
gr.	griechisch	ungebr.	ungebräuchlich
gramm.	grammatisch	urspr.	ursprünglich
hebr.	hebräisch	usw.	und so weiter
Herk.	Herkunft	vgl.	vergleiche (kein Verweis auf ein Stichwort)
holl.	holländisch		
ital.	italienisch		
jidd.	jiddisch	w., weibl.	weiblich
kl.	kleine, -r, -s	wörtl.	wörtlich, im wörtlichen Sinne
lat.	lateinisch		
m., männl.	männlich	z. B.	zum Beispiel
mhd.	mittelhochdeutsch, ca. 1100–1500 n. Chr.	z. T.	zum Teil
		→	siehe Stichwort
Mz.	Mehrzahl	<	kommt von, entwickelt sich aus
nhd.	neuhochdeutsch, ca. 1500–Gegenwart		

B. Zum Aufbau der Einträge

Die Einträge der Schimpfwörter sind nach dem folgenden System aufgebaut:

1. Stichwort
   a. Mundartliche Schreibung
   b. Betonung
   c. Wort- und Silbengrenze
   d. Grammatische Angaben
      (1) Geschlecht
      (2) Mehrzahl
   e. Schriftliches Gegenstück
   f. Eigenschaftswörter
2. Bedeutung und Verweise
3. Herkunft und Erläuterungen
4. Beispiel

1. Das **Stichwort** ist halbfett gedruckt.
   a. Die **Schreibung** bzw. Aussprache repräsentiert die niederbayerische Mundart von Straubing und Umgebung.
   b. Die **Betonung** wird nur dann mit einem Akzent angegeben, wenn die erste Silbe nicht betont ist, z.B. rawiát; alle nicht gekennzeichneten Wörter werden auf der ersten Silbe betont. Die Nebenbetonung ist nicht angegeben.
   c. Die **Wort- und Silbengrenze** ist nötigenfalls durch eine senkrechte Linie | angegeben, besonders bei zusammengesetzen Wörtern, um die Wortteile zu trennen und Mißverständnisse zu verhindern; ein Sau|fratz ist kein Sauf|ratz (vgl. nhd. Ur|insekt und Urin|sekt). Bei der Mehrzahl ist die Grenze nicht angegeben.
   d. **Grammatische Angaben**
      (1) Das **Geschlecht** von männlichen, weiblichen und sächlichen Hauptwörtern wird durch **der, die, das** angegeben. Bei substantivierten Adjektiven steht meist die männliche Form, ohne Artikel, die stets auf **-a** endet, z.B. **Dumma**; die selten angeführte weibl. Form endet in **-e (Dumme)**, die sächl. in **-s (Dumms)**.

(2) Die **Mehrzahl** folgt dem Stichwort, z. B. **Hamme der;**
   Hammen. Ausnahmen:

   (a) **Ez = Mz** bedeutet, daß die Ez. und Mz. gleich
       sind.

   (b) **Mz ungebr.** bedeutet, daß dieses Wort als Schimpf-
       wort in der Mehrzahl ungebräuchlich ist.

   (c) **(Gruppe)** bedeutet, daß dieses Wort ein Kollektiv-
       begriff ist und nur auf eine Gruppe angewendet
       werden kann, z. B. **Gsindl.**

   (d) Die Mehrzahl aller substantivierten Adjektive
       (m., w., s.) endet in **-e** und wird deshalb nicht an-
       gegeben.

   (e) Bei der Mehrzahl gibt es gelegentlich zwei Formen,
       z. B. **Sai** oder **Sauan.** Die echte, ältere Mz.
       (Buama, Matzna) wird statt der modernen (Buam,
       Matzn) angegeben.

e. **Schriftliches Gegenstück**

Das schriftliche Gegenstück des mundartlichen Stichworts steht nach dem Gedankenstrich als letztes Wort der
ersten Zeile, z. B. **Blearra der; Ez = Mz – Plärrer.**

Das Gegenstück kann schriftsprachlich (Idiot), um-
gangssprachlich (Schickse), oberdeutsch (Schlampe(n)),
volkstümlich (Grisperl) oder fremdsprachig (Chaise)
sein.

Bei der Schreibung des Gegenstücks wird die grammatische Form des Stichworts berücksichtigt, z. B. **āfbāma-**
risch – aufbäumerisch (statt: sich aufbäumend).

Fehlt das schriftliche Gegenstück, so bedeutet dies, daß
keines existiert. Lautgesetzlich rekonstruierte, gewaltsam erzwungene Gegenstücke wie Klolfel (Gloife),
Pferngerzer (Pfẽāgaza) oder Tattermännlein (Dõdamandl) sind wertlos und werden sowieso nie benutzt. Die
Herkunft solcher Wörter wird durch die etymologischen
Angaben erklärt.

f. **Eigenschaftswörter**

Die Eigenschaftswörter werden in ihrer vollen, neutralen,
attributiven Form angegeben, also **schēwig,** nicht **schēwe.**
Je nach Fall und Geschlecht des Hauptworts wird an
diese neutrale Form die entsprechende Endung ange-

hängt: Du schēwiga Hund! – Du schēwige Matz! – Du schēwigs Biaschal! – Ēs schēwign Saubāzen!

Im prädikativen Gebrauch werden die Endungen -ig und -ich zu -e abgeschwächt: dɛa, dē, dēs ïs schēwe; dē sand schēwe. Mit der abgeschwächten Form wäre also wenig anzufangen, da man die volle Form daraus nicht ersehen kann.

Das schriftliche Gegenstück der bair. Endung -ad wird als -end gegeben, wenn es sich um ein Partizip handelt (schlampad = schlampend) und als -ig, wenn es ein Eigenschaftswort ist (dreckad = dreckig).

2. Bedeutung und Verweise

In der zweiten Zeile folgt die heutige Bedeutung des Schimpfworts, durch *Kursivdruck* gekennzeichnet. Die Definitionen sind so ausführlich wie nötig, um die Bedeutung so genau wie möglich abzugrenzen (siehe S. 165). Eine Bedeutungsangabe durch das schriftliche Gegenstück oder ein anderes synonymes Schimpfwort aus der Schriftsprache wäre unzureichend und wird fast immer vermieden, etwa: Blēdiān = Blödian; Dummkopf.

Die verschiedenen Bedeutungen (wörtl., fig.) sind stets getrennt angeführt, z.B. Gɑnsgrɔng = 1. Mensch mit einem langen Hals. 2. neugieriger Mensch.

In einigen Fällen ist keine genaue Bedeutungsangabe möglich; die Angabe bei diesen Wörtern lautet „allgemein abwertend, etwa *dumm*" oder „*Mann,* allg. abwertend."

Es wird stets darauf hingewiesen, gegen welche Art von Gegner das Schimpfwort verwendet werden kann (siehe S. 181).

Wenn ein Schimpfwort in mehreren Formen auftritt, z.B. Schlampal, Schlampa, schlampad, Schlampada, Schlampɑrin, Schlampámpm und Schlampm, dann wird dieses Wort nur einmal ausführlich erklärt und bei den anderen Stichwörtern auf den vollständigen Eintrag verwiesen, ebenso bei (fast) gleichbedeutenden Wörtern. Beispiele: saufrɛch: verstärkte Form von → frɛch

13

Pflūdan: gleichbed. mit → Flūdan

Drentzarin: weibl. Gegenstück von → Drentza

dremmlad: wer sich wie ein → Dremmla benimmt.

Bei den 500 substantivierten Adjektiven geschieht grundsätzlich nur ein kurzer Eintrag (meist die männl. Form):
Aifasichtiga: Mann, der → aifasichtig ist.

3. Herkunft und Erläuterungen

Die Herkunft und ursprüngliche Bedeutung ist meist
aus dem schriftlichen Gegenstück ersichtlich. Wo nicht,
werden kurze etymologische Angaben gemacht. Aus-
führliche Auskünfte stehen dem interessierten Leser in
Spezialwerken zur Verfügung, z.B. Grimm, Kluge-
Mitzka, Duden Etymologie, Paul-Betz, Trübner, Schmeller, Wasserzieher, Ullstein, Wahrig usw.

Nur solche etymologischen Angaben werden gemacht,
die als sicher gelten; alles, was unsicher, unbekannt oder
umstritten ist, wird als solches angemerkt.[1]

Die Erläuterungen beschränken sich auf die wichtigsten
sprachlichen und kulturgeschichtlichen Angaben, die
zum besseren Verständnis des Schimpfworts dienen.

4. Beispiele

Bei besonders häufig verwendeten Schimpfwörtern sind
Beispiele von Beschimpfungen angegeben, welche die
gängigsten Verbindungen von Eigenschafts- und Hauptwörtern illustrieren. Die Vokallänge wird hier nicht bezeichnet.

---

[1] Bei den Angaben über die Bedeutung oder Herkunft von Schimpfwörtern findet man
in laienhaften und wissenschaftlichen Werken allerhand irrige oder absurde Behauptungen und Vermutungen. Einige Beispiele:

Bißgurre: „Sie gurrt wie eine Taube, ist aber bissig."

Hallodri: „Von ahd. halon = holen, dann Hallo."

Neidhammel: „Sprichwörtlich abgeleitet vom mhd. Dichter Neidhart von Reuental."

Ölgötze: „Man denkt an einen Götzen, der vielleicht eine Erdölquelle bewacht."

G'scherter: „Fremder, Nichtdazugehöriger. Heute sind die G'scherten in Bayern
arrogante, modische Fremde."

G'scherter Rammel: „Ein blöder Grobian, der Frauen nachstellt. Ein nichteinheimi-
scher Flegel."

Heini: „Vielleicht von Goethes ‚Heinrich! Mir graut's vor dir!'" – Mir auch!

14

C. Alphabetische Anordnung

1. Die Stichwörter sind streng alphabetisch nach der mundartlichen Aussprache angeordnet.

2. Die drei Arten von A und die zwei Arten von E sind getrennt eingestuft: a – ɑ – ɔ und ɛ – e; als Großbuchstaben
   a = A, ɑ = Ą, ɔ = Ɔ, ɛ = E, e = Ę.

3. Schematisch erscheinen die Stichwörter in dieser Reihen-
   folge: af – ai – au / ɑb – ɑf – ɑm – ɑn – ɑs / ɔf – ɔg –
   ɔi – ɔsch – ɔw / bag – bai – bam – ban – bar – bat – bau –
   baw – baz / bɑc – bɑm – bɑn – bɑp – bɑt / bɔ / bɛ / be /
   bi / bla / blɑ / blɔ / blɛ / ble / usw.

4. In der Einordnung wird zwischen den langen (ā) und den
   kurzen (a), den nasalierten (ã) und den oralen (a)
   Vokalen nicht unterschieden.

5. Wörter mit den schriftsprachlichen Anfangsbuchstaben
   A siehe unter A (a) oder Ą (ɑ) oder Ɔ oder õ
   C siehe unter G oder K
   K siehe unter G oder K
   P siehe unter B oder Pf
   T siehe unter D
   V siehe unter F

6. Die wichtigsten Abweichungen von der gewohnten nhd.
   Schreibweise sind auf Seite 20 verzeichnet.

D. Das Alphabet der Lautumschrift

1. Vokale

Lexikon	Beispiele
a	Sackl „Säcklein" (helles A), IPA [a], nhd. **Frack, Ananas**
ā	Sāgl „Säglein"
ã	dãmma „tun wir"
ā̃	Dā̃m „Daumen"
a	Baua „Bauer", blɑttad „kahl", Flīdschal „Flittchen", Schlɑmpma „Schlampen" Mz. IPA [ɐ]
ɑ	Lɑcka „Lache, Pfütze" (mittleres A), IPA [ɑ], nhd. **Tal, Hase**
ɑ̄	Lɑ̄ga „Lager"
ɑ̃	zɑ̃mm „zusammen"
ɑ̄̃	zɑ̄̃nluckad „zahnlückig"
ɔ	nɔssn „nassen" (dunkles, o-haltiges A), IPA [ɔ], [ɒ], schwed å, etwa engl. **all**
ɔ̄	Nɔ̄sn „Nase"
ɔ̃	schlɔ̃ng ⎱
ɔ̄̃	schlɔ̄̃ng ⎰ „schlagen", kurz, halblang oder lang
ɛ	Blɛtz „Plätze" (halboffenes E), nhd. **Städte, nett**
ɛ̄	blɛ̄ds „blödes"
ɛ̃ ɛ̄̃	⎱ fallen mit ē und ẽ zusammen
e	Wecka „Wecker" (sehr geschlossenes E), nhd. **Rede**
ē	wēga „wegen"
ẽ	drẽnt „drüben"
ē̃	schē̃ „schön"
e	Bande „Bande", Hamme „Hammel", Štrīze „Strizzi". IPA [ə]
i	Fisch „Fische"
ī	Fīsch „Fisch"
ĩ	hĩnt „hinten"
ī̃	hī̃ „hin; kaputt"
i	Grōwiān „Grobian". IPA [i̯]

16

Lexikon	Beispiel
o	offa „offen"
ō	Ōfa „Ofen"
õ	õmm „oben"
ō̃	Mõ̃ „Mann"
u	butzn „putzen"
ū	Būzn „Tannenzapfen"
ũ	jũng „jung"
ū̃	Jū̃ne „Juni"

2. Diphthonge

Lexikon	Beispiele
ai	Mai „Maul", nai „neu"
ãĩ	mãĩ „mein", nãĩ „neun"
ɑi	Mɑi „Mahl", Zɑin „Zahlen", Kɑnái „Kanal"
əi	məi „mal", zəin „zahlen", həit „halt!"
ɛi	Mɛi „Mehl", Hɛid „Held", Gɛid „Geld"
oi	Moi „Moll", hoid „holt"
ui	Mui „Mühle", Schui „Schule"
ɛa	Bɛag „Berg", hɛa „her"
ɛ̃ã	Bɛ̃ãk „grober Kerl", grɛ̃ã „grün"
ia	Bia „Bier", miad „müde"
oa	Oa „Ei", Doa „Tor"
õã	õã „ein", dõã „tun"
ua	Bua „Bub", Schua „Schuh"
au	brau „braue!", d-Sau „die Sau"
ãũ	brãũ „braun", Zãũ „Zaun"
ou	roud „rot", grous „groß"

Anmerkung 1: Das o in oa und õã ist ziemlich offen, fast ein [ə].

Anmerkung 2: Bei den Diphthongen wird immer der erste Vokal stark betont, der dann ohne Absatz in den zweiten, schwach betonten übergeht. Einige Ausnahmen zu dieser Regel sind durch den Akzent oder das Längezeichen gekennzeichnet, z. B. Blɑttfuasindiāna, Blēdiān, Egoíst, Fūriē, rawiát.

17

3. Konsonanten

Lexikon	Beispiele
b	blēd „blöd", Barasít „Parasit"
p ⎫	Drampe „Trampel", Pfuscha „Pfuscher"
pp ⎭	Depp „Depp" (sprich bb)
d	Hund „Hund", doud „tot"
t ⎫	Hunt „Hunde", Gsicht „Gesicht"
tt ⎭	Fretta „Fretter", Muatta „Mutter" (sprich dd)
g	Gaffa „Gaffer", Gnia „Knie", Drēg „Dreck"
k ⎫	Binkn „Binken"
ck ⎭	dreckad „dreckig" (sprich gg)
k-	Kua „Kuh", Kinḗs „Chinese"
m	mia „mir"
n	nia „nie"
ng	eng „eng", Minga „München". IPA [ŋ], (nicht n-g)
nk	enk „euch" IPA [ŋk]
l	laud „laut"
r	roud „rot"
f	Fuiz „Filz", Fōda „Vater", Farisḗa „Pharisäer"
w	wia „wie", īwa „über". IPA [β]
h	Hoiz „Holz". (nie Dehnungs-h)
ch	Michl „Michael", Lōch „Loch". IPA [ç], [x]
s	saung „saugen", Wassa „Wasser". (Immer stimmlos)
sch	schaung „schauen"
j	jā „ja"

4. Konsonantenverbindungen

Lexikon	Beispiele
bf	Kõbf „Kopf"
pf	Kepf „Köpfe", Pfuscha „Pfuscher"
bs	bsuffa „besoffen"
ps	Gniaps „Knirps"
bsch	bschaung „beschauen"
psch	rampschn „ramschen"
ds } z }	miads „müdes" Rõz „Rotz", zõdad „zottig"
tz	rotzig „rotzig"
dsch	Wãdschn „Ohrfeige"
tsch	Mentschara „Schürzenjäger"
qu gw	quɛa „quer" } gleiche Aussprache Gwɛa „Gewehr" }
gf	Gfui „Gefühl"
gs	Gsindl „Gesindel", mõgs „mag sie?"
cks } x }	Schicks „Schickse" Ox „Ochse", Muaxa „Murkser", Xãfal „Xaver"
gsch	gschiaglad „schielend"
šp	špẽd „spät", Kašpal „Kasperl" (sprich schb-)
št	štãd „still", Hanswuašt „Hanswurst" (sprich schd-)
st	bist „bist"

Die wichtigsten Abweichungen

Wenn man das gesuchte mundartliche Wort langsam und laut ausspricht, sollte es leicht zu finden sein. Jedoch die genaue, noch ungewohnte Mundartschreibung mag beim Nachschlagen anfangs gelegentlich Schwierigkeiten bereiten. Die folgende Übersicht der wichtigsten Abweichungen zwischen der gewohnten Schreibung und der neuen Mundartschreibung (Niederbayrisch) soll jedem ein schnelles Auffinden des gesuchten Wortes ermöglichen.

Nhd.	Ndbayr. (oft/immer)	Beispiel	
a {	ɑ = Ą	Affe	Ąff
	ɔ = Ɔ	Arsch	Ɔsch
ab	ɔ	**ab**gestumpft	ɔgštumpft
an	õ	**an**fällig	õfɛllig
au	a	r**au**fen	raffa
auf	af	**auf**dringlich	āfdringlich
ä	ɛ	ni**e**derträchtig	nīdadrɛchtig
äu	ai	R**äu**ber	Raiwa
-b-	-w-	Gro**b**ian	Grōwiān
ch- {	g-	**Ch**ristus	Gristus
	k-	**Ch**inese	Kinɛ́s
-chs	x	O**chs**e	Ox
e	ɛ	N**e**ger	Nɛ̄ga
ei {	ai	**ei**fersüchtig	aifasichtig
	oa	**ei**erköpfig	oakopfad
ein- {	ãĩ	**ein**fältig	ãĩɛitig
	õã	**ein**äugig	õàraugad
eu	ai	T**eu**fel	Daife
ge-	g-	**ge**spreizt	gšpraitzt
-ge(n)	-ng	Fei**ge(n)**	Faing
k	g	**K**nirps	Gniaps
l	i	Ho**l**z	Hoiz
ö	ɛ	bl**ö**d	blɛ̄d
p	b	**P**reuße	Braiss
r	a	Hi**r**sch	Hiasch
t	d	**t**o**t**	doud
ü	i	**ü**berspannt	īwašpánnt
v	f	**v**ier	fia
ver-	fa-	**ver**flucht	faflúacht
zusammen-	zɑmm-	**zusammen**gebärt	zɑmmbɛad

Wörterbuch A–Z

āf|bāmarisch – aufbäumerisch
1. wer gleich auffährt, rebelliert,
sich auflehnt. 2. wer prahlt, groß-
tut, sich in die Brust wirft.
Āf|bāmarischa Mann, der → āfbā-
marisch ist.

āf|begɛarad – aufbegehrend
wer sich auflehnt, zornig aufbraust,
entrüstet widerspricht.
Āf|begɛarada Mann, der → āfbe-
gɛarad ist.

āf|blād – aufgebläht
aufgedunsen, dickleibig
Du Zunsn, du afblade!
Āf|blāde Frau, die → āfblād ist.

Āf|draiwa der; Ez = Mz – Auftrei-
ber
1. Mann, der immer Krach macht,
Unruhe stiftet; Krawallmacher,
Krakeeler. 2. Mann, der immer
bereit ist, Allotria zu treiben; der
für Stimmung und Gaudi sorgt.
Du Afdraiwa, du windiga!

āf|draiwarisch – auftreiberisch
wer sich wie ein → Āfdraiwa benimmt.
Āf|draiwarischa Mann, der → āf-
draiwarisch ist.

Āf|drāra der; Ez = Mz – Aufdreher
fast gleichbedeutend mit → Āfdraiwa.

āf|drārarisch – aufdreherisch
wer wie ein → Āfdrāra handelt.
Āf|drārarischa Mann, der → āf-
drārarisch ist.

āf|dringlich – aufdringlich
zudringlich, wer sich lästig auf-

drängt
Du Mistfich, du afdringlichs!
Āf|dringlicha Mann, der → āf-
dringlich ist.

āf|fōrarisch – auffahrerisch
wer aufbraust, schnell wütend wird.
Āf|fōrarischa Mann, der → āf-
fōrarisch ist.

āf|graupad – aufgraupend
wer sich auflehnt, aufbegehrt, an-
maßend wird, trotzig ist
Herk.: graupa *sich spreizen, auf-*
bauschen, größer machen (Vögel).
Āf|graupada Mann, der → āfgrau-
pad ist.

āf|gropfad – aufkropfend
gleichbed. mit → āfgraupad
Herk.: Grōbf *Kropf*; āfgropfa
den Hals, Kropf aufblasen (Vögel).
Āf|gropfada Mann, der → āf-
gropfad ist.

Āf|hetza der; Ez = Mz – Aufhetzer
Mann, der aufwiegelt, hetzt, Haß
schürt
Du Afhetza, du hintalistiga!

āf|hetzad – aufhetzend
wer sich wie ein → Āfhetza benimmt.
Āf|hetzada Mann, der → āfhetzad
ist.

āf|hetzarisch – aufhetzerisch
gleichbed. mit → āfhetzad.
Āf|hetzarischa Mann, der → āf-
hetzarisch ist.

Āf|mampsa der; Ez = Mz – Auf-
mamser

fast gleichbed. mit → Āfgraupada
Herkunft unsicher; wohl nicht
von jidd. Mamser *raffinierter
Mensch;* eigtl. *Hurenkind.*

āf|mampsad – aufmamsend
wer sich wie ein → Āfmampsa
benimmt; gleichbed. mit → āfgraupad, → āfgropfad.

Āf|mampsada Mann, der → āf-
mampsad ist.

Āf|mucka der; Ez = Mz – Auf-
mucker
fast gleichbed. mit → Āfgraupada.

āf|muckad – aufmuckend
wer sich wie ein → Āfmucka
benimmt.

Āf|muckada Mann, der → āf-
muckad ist.

āf|muckarisch – aufmuckerisch
gleichbed. mit → āfmuckad.

Āf|muckarischa Mann, der →
āfmuckarisch ist.

Āf|schnaida der; Ez = Mz – Auf-
schneider
*Mann, der aufschneidet, prahlt,
übertreibt.*

āf|schnaidarisch – aufschneide-
risch
wer sich wie ein → Āfschnaida
benimmt.

Āf|schnaidarischa Mann, der →
āfschnaidarisch ist.

āf|sessig – aufsässig
*trotzig, frech, ungehorsam, rebel-
lisch.*

Āf|sessiga Mann, der → āfsessig
ist.

āī|buitarisch – einbilderisch

*1. wer mißtrauisch ist, sich unbe-
gründeterweise etwas Schlimmes
einbildet. 2. wer eigensinnig etwas
Bestimmtes will.*

Āī|buitarischa Mann, der → āībui-
tarisch ist.

aifa|sichtig – eifersüchtig
*1. wer eine krankhafte Angst vor
Nebenbuhlern hat. 2. wer anderen
ihre Stellung, ihren Ruhm, Besitz
usw. mißgönnt.*
Du Matz, du aifasichtige!

Aifa|sichtiga Mann, der → aifa-
sichtig ist.

āī|feitig – einfältig
*naiv, leicht beschränkt, zu gut-
gläubig, dumm.*

Āī|feitiga Mann, der → āīfeitig ist.

Aing|brēla der; Ez = Mz – Eigen-
brötler
*Mann, der sonderbar, eigenartig,
ungesellig, einzelgängerisch ist.*
Herk.: Unverheiratete mußten
sich früher ihr Brot alleine bak-
ken; ungesellige Menschen wei-
gerten sich, das Brot mit den
anderen im Gemeindeofen des
Dorfs zu backen, buken sich also
ihr eigenes Brot.

aing|brellarisch – eigenbrötlerisch
wer sich wie ein → Aingbrēla
benimmt.

Aing|brellarischa Mann, der →
aingbrellarisch ist.

aing|sinnig – eigensinnig
halsstarrig, dickköpfig, trotzig
Du Štiaschel, du aingsinniga!

Aing|sinniga Mann, der → aingsin-
nig ist.

āī|rissig – einrissig
1. *wer sehr empfindlich, leicht beleidigt ist.* 2. *wer sich einbildet, daß er unbedingt etwas haben muß.*
Āī|rissiga Mann, der → āīrissig ist.

ais|kɔid – eiskalt
mitleidslos, gefühllos; unverfroren
Verstärkte Form von → kɔid.
Ais|kɔida Mann, der → aiskɔid ist.

August der; Augustn – August
dummer, läppischer, uninteressanter Mann
Du dammischa August, du dammischa!

Aus|blɛcka der; Ez = Mz – Ausblecker
Mann, der andere auslacht, verspottet, verhöhnt, lächerlich macht.

aus|blɛckad – ausbleckend
wer wie ein → Ausblɛcka handelt.
Aus|blɛckada Mann, der → ausblɛckad ist.

Aus|drägla der; Ez = Mz – Austrägler
Mann, der gern über die Fehler, Schwächen, Mißgeschicke anderer spricht; der Klatsch verbreitet; der alles weitererzählt, was er Schlechtes über andere gehört hat.
Du Ausdragla, du gfotzada!

Aus|flädschla der; Ez = Mz
gleichbed. mit → Ausfrädschla.

Aus|frädschla der; Ez = Mz
Mann, der ständig aufdringliche Fragen stellt; der durch neugieriges Fragen anderen selbst das Intimste entlocken will.

Herk.: Frädschn *Mund* (abwertend); mhd. vreischen, vereischen *erfragen, vernehmen;* vgl. mhd. eischen und engl. ask.

aus|frädschlad
wer sich wie ein → Ausfrädschla benimmt.
Aus|frädschlada Mann, der → ausfrädschlad ist.

Aus|frädschlarin die; Ausfrädschlarinna
weibl. Gegenstück zu → Ausfrädschla.

aus|gschämbt – ausgeschämt
unverschämt, dreist, anmaßend, unverfroren, rücksichtslos
Hɔdalump, ausgschambta!
Aus|gschämbta Mann, der → ausgschämbt ist.

aus|gšpitzt – ausgespitzt
wählerisch, anspruchsvoll, schwer zufriedenzustellend
Aus|gšpitzta Mann, der → ausgšpitzt ist. Auch Ausšpīz
Des is a gɑnz a Ausgšpitzta!

aus|gwɑxn – ausgewachsen
1. *verwachsen, bucklig.* 2. *sehr groß, stark.*
A sechana Biffe, a sechana ausgwɑxna!
Aus|gwɑxna Mann, der → ausgwɑxn ist.

aus|sēgad – aussehend
wer kränklich, bes. schwindsüchtig aussieht.
Aus|sēgada Mann, der → aussēgad ist.

Aus|wiafling der; Ez = Mz – Auswürfling

schwächlicher, kränklicher Mann
Herk. unsicher: wahrscheinlich
Vergleich mit neugeborenen, ge-
brechlichen Tieren, die von der
Mutter aus dem Nest geworfen,
verstoßen oder getötet werden.
Auswerfen auch *kastrieren.*

aus|zānad – auszahnend
gleichbed. mit → ausblɛckad
Du auszɑnada Hund, du ausza-
nada!
Aus|zānada Mann, der → auszā-
nad ist.

Ạ (a)

Ạbrúi|ox der; Ạbrúioxn – April-
ochse
gleichbed. mit → Ox
ɑb|scháilig – abscheulich
häßlich, unschön, abstoßend
(wörtl. und übertragen)
A so a Mistfich, a so an ɑb-
scháiligs!
Ạb|scháiliga Mann, der → ɑb-
scháilig ist.
Ạff der; Ạffn – Affe
*1. dummer, läppischer, uninteres-
santer Mann. 2. eitler, eingebildeter, lächerlicher Mann.*
Du Ạff, du blɛda!
Ạffn|ōsch der; Mz ungebr. – Affen-
arsch
gleichbed. mit → Ạff, etwas stärker.
Ạffn|binscha der; Ez = Mz – Af-
fenpinscher
gleichbed. mit → Ạff, etwas stärker.

Ạffn|gsicht das; Mz ungebr. – Af-
fengesicht
*1. Mensch mit einem häßlichen,
affenähnlichen Gesicht. 2. gleichbed. mit → Ạff, etwas stärker*
Du Ạffngsicht, du graislichs!
Ạmḗ|mɑdratzn die; Āmḗmadratz-
na – Armeematratze(n)
leichtlebige Frau; Hure
Herk.: Frau, die vielen Männern
(einer Armee) als Matratze dient;
ähnlich wie eine → Offessíasmɑ-
dratzn; Mɑdratzn *Vulva.*
Ạmpsl die; Ạmpsln – Amsel
*einfältige, naive, gutmütig-dumme
Frau.*
Ạngst|hōs der; Ạngsthōsn – Angst-
hase
ängstlicher, feiger Mann.
Ạnna|mial das; Mz ungebr.
*einfältige, dumme, langweilige
Frau.* → Mial
Herk.: Anna + Mariechen. Mial
Marie (Koseform).
Ạssl die; Ạssln – Assel
1. schmutzige, schlampige Frau.
2. ordinäre, unverschämte Frau.

Ɔ

ɔ|drād – abgedreht
*skrupellos, durchtrieben, raffiniert,
abgefeimt, gerissen*
A sechana ɔdrada Baze!
Ɔ|drāda Mann, der → ɔdrād ist.
ɔ|frēdig – abfrettig
*ungepflegt, unsauber, äußerlich
schäbig, unappetitlich*
Herk.: mhd. vreidec *frisch, mun-*

ter, usw.? â = un- (negat. Vorsilbe). → Fretta.

Du ɔfrɛdiga Saubɛa, du ɔfrɛdiga!

Ɔ|**frēdiga** Mann, der → ōfrēdig ist.

ō|**gfaimbt** – abgefeimt
gleichbed. mit → ōdrād.

Ɔ|**gfaimbta** Mann, der → ōgfaimbt ist.

ō|**gschmɔcht** – abgeschmackt
fad, lästig, weichlich, weinerlich, bes. Frau
A sechas ɔgschmɔchts Waiwalaid!

Ɔ|**gschmɔchte** Frau, die → ō-gschmɔcht ist.

ō|**gštumpft** – abgestumpft
gleichgültig, uninteressiert, geistig träge, unempfindlich.

Ɔ|**gštumpfta** Mann, der → ō-gštumpft ist.

ɔ**id** – alt
1. wer alt ist. 2. *allg. abwertend*
Du Mentschara, du ɔida! A sechana ɔida Dɛpp!

Ɔ**ida** Mann, der → ɔid ist (Bed. 1); *Ehemann.*

Ɔ**ide** Frau, die → ɔid ist (Bed. 1); *Ehefrau.*

Ɔ**sch** der; Mz ungebr. (Ɔschn, Arrsch) – Arsch
dummer, läppischer, uninteressanter, langweiliger Mann.

Ɔ**sch mīd Oan** der; Mz ungebr. – Arsch mit Ohren
1. Mann, der dicke Wangen wie Gesäßbacken hat. 2. *gleichbed. mit* → Ɔsch.

Ɔ**sch|griacha** der; Ez = Mz – Arschkriecher

Mann, der widerlich unterwürfig ist; der aufdringlich lobt und liebdienert.
Du Ɔschgriacha, du widalicha!

Ɔ**sch|gsicht** das; Ɔschgsichta – Arschgesicht
1. Mensch mit gesäßartigen, vollen Wangen. 2. Mensch mit einem ausdruckslosen, uninteressanten, dummen Gesicht.

Ɔ**sch|kīz** das; Mz ungebr. – Arschkitz
gleichbed. mit → Ɔsch.

Ɔ**sch|lɛcka** der; Ez = Mz – Arschlecker
gleichbed. mit → Ɔschgriacha, aber stärker.
Du Ɔschlɛcka, du karáktalousa!

Ɔ**sch|lōch** das; Ɔschlecha – Arschloch
gleichbed. mit → Ɔsch, aber stärker.
Du dɛppads Ɔschloch, du dɛppads!

Ɔ|**štauwa** der; Ez = Mz – Abstauber
1. Mann, der kleine Dinge mitgehen läßt, stiehlt. 2. Mann, der immer sieht, daß für ihn etwas herausspringt.
(nicht zu verwechseln mit → Ốštauwa).

ō**wa|glaiwisch** – abergläubisch
wer natürlichen Erscheinungen Übernatürliches beimißt.

Ɔ**wa|glaiwischa** Mann, der → ōwaglaiwisch ist.

B

Bagásch die; (Gruppe) – Bagage
minderwertige, schäbige, wider-
wärtige Leute; Gesindel
Herk.: frz. bagage *Reisegepäck*
A sechane Bagásch, a sechane
faréckte!

Baidschn die; Baidschna – Peit-
sche(n)
1. leichtlebige Frau, 2. raffinierte,
gerissene Frau.
Herk. unsicher: von slaw. bič
Peitsche oder *Vulva.*

Bail der; Bailn – Beutel
dummer, läppischer, uninteressan-
ter Mann.
Herk.: Bail *Beutel, Hodensack,*
Penis. Wie bei vielen Synonymen
von Penis, hat dieses Wort die
Grundbedeutung *dumm, grob;*
Synonyme von Vulva dagegen bedeuten *gerissen, raffiniert, gemein.*

Bail|aff der; Bailaffn – Beutelaffe
gleichbed. mit → Aff, etwas stärker. → Bail.

Bail|schnaida der; Ez = Mz –
Beutelschneider
geldgieriger, betrügerischer, ge-
winnsüchtiger Mann.
Herk.: Früher trug man das
Geld in einem Beutel, der am
Gürtel hing; die Diebe (Beutelschneider) schnitten den Geld-
beutel ab.

baissad – beissend
keifend,   zänkisch,   böswillig
schimpfend (meist Frau).

Baissade Frau, die → baissad ist.

Baissn die; Baissna – Beisse(n)
Frau, die → baissad ist.

Bais|zang die; Mz ungebr. – Beiß-
zange
gleichbed. mit → Baissn.

Bampal das; Bampaln – Bamperl
kleiner, dicker, nicht ernstgenom-
mener Mann; dickes Kind.

bampal|haft – bamperlhaft
wer wie ein → Bampal ist.

Bande die; (Gruppe) – Bande
gleichbed. mit → Bagásch, aber
weniger minderwertig.

Bandít der; Bandítn – Bandit
gerissener, gaunerhafter Mann.

Bappm die; Bappma – Bappe(n)
1. Mensch mit einem verdrießlich
verzogenen   Mund;   läppischer
maulhängerischer   Mensch.   2.
Mensch mit einem frechen Mund-
werk.
Herk.: Bappm *Mund* (abwertend).

Barasít der; Barasítn – Parasit
Mann, der schmarotzt, andere
ausnutzt, sich oft ohne Gegenlei-
stung einladen läßt

Baráwa der; Ez = Mz
1. Spitzbube, Gauner. 2. lieder-
licher, ungepflegter Mann. 3. pri-
mitiver Hilfsarbeiter.
Herk.: ital. barabba *Schurke,*
Spitzbube
Du Baráwa, du gscheada!

batzl|augad – batzläugig
glotzäugig, wer herausquellende
Augäpfel hat.

Herk.: Batzl *kl. Batzen.* Stärker:
→ bōzaugad.

Du batzlaugada Saubaze, du
batzlaugada!

Batzl|augada Mann, der → batzl-
augad ist.

Baua der; Bauan – Bauer
ungeschliffener, grober, plumper,
unmanierlicher, sturer Mann.

Herk.: Der Bauer ist schon seit
dem Mittelalter meist ungerech-
terweise als dumm, unmanierlich, schmutzig, wollüstig verschrien. Im Hohen Mittelalter
wurde der Bauer zur Zielscheibe
des Spottes der anderen Gesell-
schaftsklassen, der Adeligen, Kleriker und besonders der Städter
(Bürger). Der Antagonismus besteht noch heute unvermindert.
Bauer- ist eine stark abwertende
Vorsilbe.

Du Baua, du gschɛada!

Bauan|biffe der; Bauanbiffen –
Bauernbüffel
verstärkte Form von → Biffe.

Bauan|buasch der; Bauanbuaschn
– Bauernbursche
gleichbed. mit → Baua, auf jüngere Männer angewendet.

Bauan|bummal der; Bauanbum-
maln – Bauernbummerl
sturer, dickköpfiger, halsstarriger,
eigensinniger Mann.
Herk.: → Bummal *(junger) Stier.*
Gramm. eigtl. sächl.
Du Bauanbummal, du wislhariga!

Bauan|daddä der; Ez = Mz
gleichbed. mit →Baua, etw. stärker

Herk. von -daddä unsicher.

Bauan|dian die; Bauandiana –
Bauerndirne
gleichbed. mit → Dian, aber stärker
Du Bauandian, du oatinɛare!

Bauan|drampe der; Bauandram-
pen – Bauerntrampel
1. geistig träge, stumpfsinnige,
dumme Frau. 2. plumpe, derbe,
schwerfällig auftretende Frau. →
Drampe.

Bauan|fimbfa der; Ez = Mz –
Bauernfünfer
gleichbed. mit → Baua, etwas
stärker.
Herk.: B. war früher ein ehren-
werter Titel; er wurde den min-
destens fünf ehrbaren Männern
gegeben, die im ländlichen Ge-
richt als geschworene Rechtspre-
cher saßen.
A so a gschɛada Bauanfimbfa, a
gschɛada!

Bauan|gloiffe der; Bauangloiffen
verstärkte Form von → Gloiffe.

Bauan|kōbf der; Bauankepf –
Bauernkopf
1. Mann mit einem bauernhaften,
groben, dicken Kopf. 2. gleichbed.
mit → Baua, etwas stärker.

Bauan|kua die; Bauankia –
Bauernkuh
gleichbed. mit → Bauandrampe.
Betont wie → Kua den grobknochigen Körperbau und das
schwerfällige Wesen.
A sechane diafwampade Bauankua!

29

Bauan|limme der; Bauanlimmen – Bauernlümmel

verstärkte Form von → Limme.

Bauan|mɑgd die; Bauanmagd – Bauernmagd

gleichbed. mit → Bauandrɑmpe, etwas schwächer.

Bauan|mensch das; Bauanmentscha – Bauernmensch, s. verstärkte Form von → Mensch.

Bauan|ramme der; Bauanrammen – Bauernrammel

verstärkte Form von → Ramme. Du Bauanramme, du gschwoikopfada!

Bauan|sau die; Bauansai – Bauernsau

gleichbed. mit → Baua, aber viel stärker. Sehr abwertend.

Du gscheade Bauansau, du ganz gscheade!

Bauan|schɛl der; Bauanschɛln – Bauernschädel

gleichbed. mit → Bauankōbf, etwas stärker. → Schɛl.

A so a roudfotzada Bauanschɛl!

Bauan|schwengl der; Bauanschwengln – Bauernschwengel

gleichbed. mit → Baua, etwas stärker. → Schwengl.

Bauan|špīz der; Bauanšpitz – Bauernspitz

gleichbed. mit → Bauanschwengl. Herk. von Špīz unsicher. Nicht die Hunderasse!

Bauan|štia der; Ez = Mz – Bauernstier

gleichbed. mit → Bauanbummal, aber stärker. → Štia.

Du Bauanštia, du unghoweda!

Bauan|štuan die; Bauanštuana – Bauernstute(n)

gleichbed. mit → Bauankua. → Štuan.

Du Bauanštuan, du saublɛde!

Bauxl der; Bauxln – Bauxel

gleichbed. mit → Bampal.

bawɛ́as – pervers

1. sexuell abwegig. 2. allg. abwertend, etwa *verdammt*.

Du Hund, du bawɛ́asa!

Bawɛ́asa Mann, der → bawɛ́as ist.

Bāze der; Bāzen – Bazi

1. durchtriebener, liederlicher Mann; Lump, Gauner, Betrüger, Verbrecher. 2. (unter Freunden) *Tausendsassa.*

Herk. unsicher, vielleicht von Nestroys „Lumpazivagabundus".

Bāze und Strīze sollten mit -*e*, nicht -*i* geschrieben werden.

Du bist filláicht a Baze, a faréckta!

Back das; (Gruppe) – Pack

gleichbed. mit → Bagásch.

Bɑmpfa der; Ez = Mz – Bampfer

Mann, der mit übervollem Mund kaut, sich beim Essen den Mund vollstopft.

Herk.: Bɑmbf *dicker Brei.*

Bɑmps der; Bɑmpsn – Bams

gleichbed. mit → Bampal.

bɑmpsig – bamsig

fett, aufgedunsen, dickleibig schwammig (bes. Kind).

Bɑmpsiga Mann, der → bɑmpsig ist.

Banáus der; Banáusn – Banause

Mann, der sich weder für die Kunst

und andere edle Dinge interessiert noch Verständnis dafür aufbringt.
Herk.: gr. bánausos *Handwerker*.
A sechana Banáus, a sechana štumpfsinniga!

Bandóffe|hɛid der; Bandóffehɛin – Pantoffelheld
Mann, der sich von seiner Frau beherrschen läßt, der zu Hause nichts zu melden hat; läppischer Weiberknecht.
Du Bandóffehɛid, du rinnaugada!

Bangad der; Bangatn – Bankert
1. uneheliches Kind. 2. ungezogenes, freches Kind.
Herk.: Kind, das nicht im ehelichen Bett, sondern auf einer Bank gezeugt wurde.
Hɔits Mai, du Bangad, du blɛamaiada!

Bapagai der; Bapagáian – Papagei
Mann, der geistlos und gedankenlos alles nachplappert, der störend viel spricht.

bappig – pappig
langweilig, umständlich, nichts vonstatten bringend
Herk.: Bapp *Leim*

Bappiga Mann, der → bappig ist.

Batza der; Ez = Mz – Patzer
1. Mann, der etwas verschmiert, verschmutzt. 2. Mann, der pfuscht, schnell und hastig arbeitet.

batzad – patzend
wer wie ein → Batza handelt.

Batzada Mann, der → batzad ist.

batzig – patzig
schroff, barsch, unzugänglich; wer

unwirsche, kurze Antworten gibt.
A so a batziga Kal!

Batziga Mann, der → batzig ist.

Batzn|líppe der; Batznlíppen
tölpischer, ungeschickter, dummstolzer Mann.
Herk.: Batzn *Klumpen*, Lippe Philipp (Koseform).

Bōch|ratz der; Bōchratzn – Bachratte
Mann, der unsauber, ungepflegt, unappetitlich ist.
Du Bōchratz, du rammliga!

Bōch|štɛitzn die; Bōchštɛitzna – Bachstelze(n)
Frau mit langen, dünnen Beinen
Du Bɔchštɛitzn, du dialochade!

Bōd|hua die; Bōdhuana – Badhure
liederliche, ordinäre, unsittliche Frau; Hure.
Herk.: Im Mittelalter badeten sich Männer und Frauen zusammen im Gruppenbad. Huren, die dort ihr Gewerbe betrieben, waren Badhuren.

Bōdsch der; Bōdschn
unbeholfener, ungeschickter, linkischer, einfältiger Mensch.

bōdschad wer wie ein → Bōdsch ist.

Bōdschada Mann, der → bōdschad ist.

Bōfla der; Ez = Mz – Bafler
Mann, der viel und geistloses Zeug daherredet; der die unwichtigsten Dinge endlos erzählt; dummer, langweiliger Schwätzer.
Herk.: von hebr. bafel, babel *minderwertiges Zeug.*
A sechana langwailiga Bɔfla!

bōflad – bafelnd
wer wie ein → Bōfla ist.

Bōflada Mann, der → bōflad ist.

Bōflarin die; Bōflarinna – Baflerin
weibl. Gegenstück zu → Bōfla.

bōflarisch – baflerisch
gleichbed. mit → bōflad.

Bōflarischa Mann, der → bōflarisch
ist.

Bɔig der; Bɛig – Balg
unartiges, ungezogenes Kind.
Herk.: eigtl. *abgezogene Tier-
haut.* Zusammen mit „Haut" und
„Fell" beliebtes Schimpfwort
gegen Frauen im 16. Jh.

Bōwla der; Ez = Mz – Bafler
gleichbed. mit → Bōfla.
bōwlad, Bōwlarin usw. zeigen die
Spirantisierung des hebräischen
-b- zum stimmhaften -w-; die anderen zum stimmlosen -f-. Siehe
S. 194.

Bɛa der; Bɛan – Bär
*1. Mann mit großem, grobknochi-
gem Körperbau. 2 ungepflegter,
unsauberer Mann. 3. unsittlicher
Mann.*
Herk.: Bed. 1 < Bär, Bed. 2 und 3
< → Saubɛa *Eber.*
Du Bɛa, du rammliga!

Bɛ̄āk der; Bɛ̄ākn
*grober, unmanierlicher, ungeho-
belter Mann von großem Körperbau.*
Herk. unsicher.

bɛ̄ākad
wer sich wie ein → Bɛ̄āk benimmt
oder so aussieht.

bɛ̄ākn|haft

gleichbed. mit → bɛ̄ākad.

Bɛ̄ākn|hafta Mann, der → bɛ̄ākn-
haft ist.

bɛan|datzig – bärentatzig
*plump, grob, unbeholfen, schwer-
fällig.*
Du Bauanbinkn, du bɛandatziga!

Bɛan|datziga Mann, der → bɛan-
datzig ist.

Bɛan|draiwa der; Ez = Mz – Bä-
rentreiber
*1. liederlicher, unmoralischer
Mann. 2. Mann, der sich gerne
herumtreibt, der herumbummelt;
Luftikus. 3. Zuhälter.*
Herk.: Im Mittelalter und später
war der B. ein Gaukler, der mit
seinem dressierten Bären von Ort
zu Ort zog. „Bären treiben" bedeutet auch *verkuppeln, Huren
zubringen;* ein B. ist ein Zuhälter.
Nicht selten verbanden sich beide
Berufe in einer Person. (Bären-
führer und Zuhälter.)

Bɛan|haita der; Ez = Mz – Bären-
häuter
Mann, der faulenzt, arbeitsscheu ist.
Herk.: wahrscheinlich von „auf
der Bärenhaut liegen" = faulen-
zen, wie Tacitus von den Germanen berichtete.

bɛarig – bärig
wollüstig, geil, begattungsfreudig
Herk.: *sich wie eine brünstige Sau
zum Saubären = Eber drängen.*

Bɛarige Frau, die → bɛarig ist.

bɛasa – persern
*verkommen, schlecht, minderwer-
tig*

Herk.: die perserne (persische, ägyptische) Baumwolle galt als schlecht, minderwertig.

Du Hamme, du bɛasana!

Bɛasana Mann, der → bɛasa ist.

Bēd|bruada der; Bēdbriada – Betbruder

frömmelnder, bigotter Mann; einer, der viel zur Kirche geht.

Du Bɛdbruada, du schlaichada!

Bēdla der; Ez = Mz – Bettler

Mann, der ständig um etwas bettelt, sich etwas borgt.

A sechana Bɛdla, a sechana afdringlicha!

bēdlad – bettelnd

wer wie ein → Bēdla handelt.

Bēdlada Mann, der → bēdlad ist.

Bēd|schwesta die; Bēdschwestan – Betschwester

weibl. Gegenstück zu → Bēdbruada.

Bɛifan die; Bɛifana – Belfern

Frau, die ständig keift, zankt, an jemanden hinschimpft.

Herk.: eigtl. *bellen.*

Du Bɛifan, du misräwlige!

Bɛifara der; Ez = Mz – Belferer

männl. Gegenstück zu → Bɛifan.

Bɛitza der; Ez = Mz – Pelzer

Mann, der sich von der Arbeit drückt; Faulenzer.

bɛitzad – pelzend

wer wie ein → Bɛitza ist.

Bɛitzada Mann, der → bɛitzad ist.

bɛitzig – pelzig

unfreundlich, unangenehm, unwirsch.

Bɛitziga Mann, der → bɛitzig ist.

Bēl|bua der; Bēlbuama – Bettelbub

1. aufdringlich bettelnder Bursche.

2. schäbig gekleideter, armseliger Bursche.

Bēl|laid die; (Gruppe) – Bettelleute

armselige, schäbig gekleidete Leute.

Bēl|mensch das; Bēlmentscha – Bettelmensch, s.

armselig, schäbig gekleidete, ungepflegte Frau. → Mensch.

Du Bēlmensch, du zammzupfts!

Bēm der; Ez = Mz – Böhme

Mensch, der nicht gut deutsch spricht, der radebricht; bes. Tscheche und Osteuropäer.

Bēmack der; Bēmackn – Böhmack

gleichbed. mit → Bēm.

bēmackisch → böhmackisch

wer wie ein → Bēm redet, wer bēmacklt.

bēs – böse

bösartig, unangenehm, gemein, hinterhältig (nur Frau).

Des is a ganz a bɛse Matz, a bɛse!

Bēse Frau, die → bēs ist.

Bēsn der; Bēsna – Besen

liederliche, schlampige Frau, die zu Hause alles herumliegen läßt und sich lieber im Ort herumtreibt.

Du Bɛsn, du fagiarada!

bɛttad – betend

frömmelnd, bigott; wer dauernd betet.

Bɛttade Frau, die → bɛttad ist.

bē|augad – pechäugig

1. wer Augenpech (Augenbutter) an den Lidern und im Auge hat

(wegen Entzündung, Unsauber-keit). 2. *müde, läppisch, langwei-lig, teilnahmslos.*
Du beaugada Lɛdschnbéne!
Bē|augada Mann, der → bēaugad ist.

beláidigt – beleidigt
wer schnell schmollt, gekränkt ist; sehr empfindlich

Bengl der; Bengln – Bengel
junger, frecher, ungezogener Bur-sche.

bentzad
1. aufdringlich, unaufhörlich bit-tend und bettelnd. 2. wer ständig schimpft oder etwas auszusetzen hat.

Bentzade Frau, die → bentzad ist.
Bentzarin die; Bentzarinna
Frau, die → bentzad ist.
Bentzn die; Bentzna
Frau, die → bentzad ist.

Bett|bruntza der; Ez = Mz – Bett-brunzer
1. Bub, Bursche oder Mann, der das Bett näßt. 2. nicht ernst ge-nommener, dummer Kerl.
Herk.: bruntzn *harnen.* →
Bruntza.

Bett|schaissa der; Ez = Mz – Bett-scheißer
gleichbed. mit → Bettbruntza.
(Kot statt Harn verschmutzt in diesem Falle das Bett.)

Bett|soacha der; Ez = Mz – Bett-seicher
gleichbed. mit → Bettbruntza.
→ Soacha.
Du Bettsoacha, du graislicha!

Bia|dimpfe der; Biadimpfen
1. Mann, der oft ins Wirtshaus geht und viel Bier trinkt. 2. Mann, der vom vielen Biertrinken ver-blödet ist.
Herk. von Dimpfl unsicher; viel-leicht Dimpfl *Blutwurst,* über-tragen auf „dicker Mann"?

biag|augad
glotzäugig; wer herausstehende Augäpfel hat, so daß man das Weiße sieht.
Herk.: Biagaung ‚Birgaugen' *Au-genkrankheit bei Pferden und Rin-dern* (Entzündung, Hervorquel-len, Mondblindheit, Augen mit weiß-grauer Pupille).

Biag|augada Mann, der → biagau-gad ist.
Des is ā a sechana Biagaugada!

Bian|diab der; Ez = Mz – Birndieb
läppischer, einfältiger, unent-schlossener, langweiliger Mann.
Du Biandiab, du lɛdschada!

Bian|kōbf der; Biankepf – Birn-kopf
1. Mann mit birnenähnlichem Kopf.
2. gleichbed. mit → Biandiab.
Du Biankobf, du dammischa!

bian|kopfad – birnköpfig
wer wie ein → Biankōbf ist.
Du biankopfada Maulaff!

Bian|kopfada Mann, der → bian-kopfad ist.

Biaschal das; Biaschaln – Bür-scherl
junger unreifer Bursche; Frücht-chen, Taugenichts.
A so a frɛchs Biaschal!

Biaštn die; Biaštna – Bürste(n)
vorlaute, freche, ungezogene (junge) Frau.
Herk.: Biaštn *Vulva.*
So a Biaštn, an ausgschambte!

Biffe der; Biffen – Büffel
sturer, grober, ungebildeter Mann.

biffe|haft – büffelhaft
wer wie ein → Biffe ist.

Biffe|hafta Mann, der → biffehaft
ist.

bigóttisch – bigottisch
bigott, frömmelnd.
Du Gsɛinhausbruada, du bigóttischa!

Bigóttischa Mann, der → bigóttisch ist.

Bimpara der; Ez = Mz – Pimperer
Mann, der sexuell sehr aktiv ist; Schürzenjäger
Herk.: bimpan *koitieren*
A sechana zammgfeglta Bimpara!

Binkl der; Binkln – Binkel
Mann mit zierlichem, gedrungenem Körperbau, mit zierlichem Gebaren
A so a faina Binkl!

Binkn der; Ez = Mz – Binken
gleichbed. mit → Biffe
Herk.: Binkn *Knorren, Holzklotz*
Du Binkn, du gschɛada!

binkn|haft – binkenhaft
wer wie ein → Binkn ist.

Binkn|hafta Mann, der → binknhaft ist.

Bipp|gockl der; Bippgockln
jähzorniger, schnell aufbrausender Mann.
Herk.: Bippgockl *Truthahn.*

Birő|hengst der; Birőhengstn –
Bürohengst
Bürokrat, Paragraphenschuster.

Biss|guan die; Bissguana – Bißgurre(n)
zänkische, bissige, streitsüchtige Frau.
Herk.: mhd. bizgurre *schlechte, störrische, bissige Stute.*
Du Bissguan, du graisliche!

bissig – bissig
bissig, frech schimpfend, keifend (Frau)
Du Mistfich, du bissigs!

Bissige Frau, die → bissig ist.

Bīst das; Bīsta – Biest
gemeine, intrigante, hinterlistige, gerissene Frau.

Bixl|madām die; Bixlmadāma –
Büchselmadame
Frau aus ärmeren Verhältnissen, die sich (geschmacklos) aufputzt; sie will besser scheinen, als sie ist.
Herk. unsicher; verkleinerte Form von → Bixn *Büchse, Vulva.*

Bixn die; Bixna – Büchse(n)
1. leichtlebige, flatterhafte Frau.
2. freche, unverschämte Frau.
Herk.: Bixn *Vulva*
Du Bixn, du saufrɛche!

blād – gebläht
gleichbed. mit → āfblād.

Blāde Frau, die → blād ist.

blattad – plattert
1. kahl, glatzköpfig. 2. allg. abwertend, etwa dumm, dämlich.
Herk.: Blattn *Glatzkopf*
Du blattada Sɛraiwa, Biandiab, Semmediak!

Blattada Mann, der → blattad ist.

Blatt|fuas|indiäna der; Ez = Mz –
Plattfußindianer

1. Mann mit Plattfüßen. 2. langweiliger, läppischer, dummer Mann.

blatt|fuassad – plattfüßig
wer ein → Blattfuasindiäna ist
Du Oschloch, du blattfuassads!

Blatt|fuassada Mann, der → blattfuassad ist.

Blōs|engl der; Blōsengln – Blasengel

Mensch mit dicken, aufgeblasenen Wangen.

Herk.: In den Barockkirchen findet man viele Skulpturen dickwangiger Engel, Putten mit einem Blasinstrument.

Blōsn die; (Gruppe) – Blase(n)
gleichbed. mit → Bagāsch.

Blεa|mai das; Blεamaia – Plärrmaul

Mann, der störend laut spricht; der plärrt statt zu reden.

blεa|maiad – plärrmaulig
wer wie ein → Blεamai ist
Du Saubεa, du blεamaiada!

Blεa|maiada Mann, der → blεamaiad ist.

Blεarra der; Ez = Mz – Plärrer
gleichbed. mit → Blεamai.

blεarrad – plärrend
wer sich wie ein → Blεarra benimmt.

Blεarrada Mann, der → blεarrad ist.

Blεcka der; Ez = Mz – Blecker
1. Mann, der andere auslacht, ver-

spottet, hänselt. 2. weinerlicher Mann.

blεckad – bleckend
wer wie ein → Blεcka ist
A so a blεckada Huntsbaze!

blēd – blöd
1. dumm, beschränkt. 2. langweilig, läppisch, uninteressant. 3. eingebildet, überspannt. Sehr häufiges Füllwort.
Du Zipfe, du blεda!

Blēda Mann, der → blēd ist.

Blēdara der; Ez = Mz
1. Mann, der etwas ihm Anvertrautes weitererzählt. 2. gleichbed. mit → Bōfla.
Herk.: blēdan *geräuschvoll den Darm entleeren, wie beim Durchfall.*

Blēdiän der; Mz ungebr. – Blödian
blöder, geistloser, uninteressanter, langweiliger Mann.

Blēdl der; Blēdln – Blödel
gleichbed. mit → Blēdiän
Du Blεdl, du rinnaugada!

blēd|sinnig – blödsinnig
1. närrisch, verrückt. 2. stumpfsinnig, dämlich
Du Aff, du blεdsinniga!

Blēd|sinniga Mann, der → blēdsinnig ist.

Blεppm die; Blεppma
1. Mensch mit dummem, uninteressantem, ausdruckslosem Gesicht. 2. Mensch, der viel dummes Zeug daherredet; Schwätzer.
Herk.: Blεppm *Gesicht; Mund* (abwertend).

Blεschl der; Blεschln

1. gleichbed. mit → Bōfla. 2. *Mann,*
der nichts für sich behalten kann
und ihm Anvertrautes gleich wei-
tererzählt.
Herk.: Blɛschl *Zunge, Rinder-*
zunge.
Blɛschla der; Ez = Mz
gleichbed. mit → Blɛschl.
blɛschlad
wer wie ein → Blɛschla ist.
Blɛschlada Mann, der → blɛschlad
ist.
Blɛschlarin die; Blɛschlarinna
weibl. Gegenstück zu → Blɛschla.
Blēwan die; Blēwana
gleichbed. mit → Blɛschlarin
Herk.: blēwan plappern.
Blēwara der; Ez = Mz
männl. Gegenstück zur → Blēwan.
Blengaza der; Ez = Mz
Mann, der ständig (nervös) blin-
zelt.
Herk.: blengazn *blinken* (inten-
siv-iterativ), *blinzeln.*
Bluad|ēgl der; Bluadēgln – Blut-
egel
Mann, der andere bis aufs Blut
ausbeutet; aufdringlicher Schma-
rotzer.
A sechana Bluadɛgl, a sechana
mãĩnaidiga!
Blūdan die; Blūdana
Frau, die viel sinnloses Zeug redet;
Schwätzerin.
Herk.: blūdan, blēdan *geräusch-*
voll den Darm entleeren.
Bluntzn die; Bluntzna – Plunze(n)
dickleibige, aufgedunsene, träge,

schwerfällige Frau.
Herk.: Bluntzn *Blutwurst mit*
Speckbrocken
Du Bluntzn, du gsodwampade!
Bōāndl|gramma der; Mz ungebr.
dürrer, abgemagerter, aus Haut
und Knochen bestehender Mann.
Herk.: Bōāndlgramma *Tod.*
Bōāndl *kl. Knochen,* Gramma
Krämer.
boan|grantig
mürrisch, unfreundlich, unausge-
schlafen
Herk.: Boan *Freßtrog.* Störrische,
freßunlustige Rinder werfen das
Heu mit den Hörnern aus dem
Freßtrog = sie sind boangrantig.
Boan|grantiga Mann, der → boan-
grantig ist.
bōānig – beinig
mager, dürr, knochig.
Bōānige Frau, die → bōānig ist.
bockad – bockend
trotzig, eigensinnig, mürrisch.
Bockada Mann, der → bockad ist.
bockig – bockig
gleichbed. mit → bockad.
Bockiga Mann, der → bockig ist.
Bodáckn|kōbf der; Bodácknkepf
1. Mann mit einem großen, klot-
zigen Kopf. 2. grober, dummer,
ungehobelter, primitiver Mann.
Herk.: Bodáckn *Kartoffeln,*
< span. patata *Kartoffel.*
Bōfe der; (Gruppe)
gleichbed. mit → Bagásch.
Herk.: Bōfe *Pöbel,* eigtl. *Volk.*
Bōg der; Beck – Bock
1. eigensinniger, sturer Mann.

2. geiler, wollüstiger Mann.
Du štuara Bog, du štuara!

bōg|bŏãnig – bockbeinig
störrisch, starrsinnig, trotzig.

Bōg|bŏãniga Mann, der → bōg-
bŏãnig ist.

Boin|bruada der; Boinbriada
feiger, ängstlicher Mann.
Herk.: Boin (Mz) *Angst; hartes
Exkrement.* Stärker: → Hōsnschaissa. → Rossboinsammla
Ēs sats filláicht sechane Boin-
briada!

Boitl der; Boitln
*grober, ungestümer, derb auftre-
tender Mann.*
Herk.: < Koseform von Leopold?
< früher Name großer Hunde?
<-bold?

Boitzn der; Boitzna – Bolzen
*unhöflicher, unmanierlicher, gro-
ber Mensch.*

Bollack der; Bollackn – Pollack
*grober, unkultivierter, unhöflicher
Mann.*
Herk.: polnisch Polak *Pole* (nicht
abwertend).

Bollackn|kōbf der; Bollacknkepf –
Pollackenkopf
1. gleichbed. mit → Bollack. *2.
Mann mit einem groben, derben,
klotzigen Kopf.*

bollisch
*gereizt, aufgebracht, störrisch,
trotzig, erbost*
Du Štiabinkn, du bollischa!

Bollischa Mann, der → bollisch ist.

Bōnan|štang die; Mz ungebr. –
Bohnenstange

langbeinige, dürre, knochige Frau
A so a špizlochade Bonanštang!

bōs|haft – boshaft
*böse, gemein, hinterlistig, sar-
kastisch*
De Matz, de bōshaft!

Bōs|hafte Frau, die → bōshaft ist.

Bōs|nickl der; Bōsnickln – Bos-
nickl
*boshafter, sarkastischer, schaden-
freudiger Mann.* → Nickl.

bōz|augad
*glotzäugig, wer hervorquellende
Augäpfel hat;* stärker hervorquellende Augen als → batzlaugad.
Du Bauankua, du bozaugade!

Bōz|augada Mann, der → bōz-
augad ist.

Brackl der; Brackln
*grobknochiger, breitschultriger,
derb gebauter, großer Mann.*
Herk. unsicher. < *großer Hund?*

brackl|haft
wer wie ein → Brackl gebaut ist.

Brackl|hafta Mann, der → brackl-
haft ist.

Brackl|mánts|buid das; Brackl-
mántsbuida
gleichbed. mit → Brackl, aber
stärker, größer. → Mantsbuid.

Braiss der; Braissn – Preuße
*unangenehmer norddeutscher
Mann (bes. von nördlich des
Mains), der sich durch seine große
Schnauze überall in der Welt un-
beliebt macht; er spricht schnell,
lauthals und ziemlich hochdeutsch;
er prahlt, wie wundervoll es bei ihm
zu Hause ist, bemängelt alles,*

lacht gern über die doofen anderen (wodurch er seine eigene Doofheit bezeugt); er trägt leider gerne bayr.-österr. Volkstracht, ist aber an seiner Hastigkeit und dem Ausdruck „Na machense schon, Mann!" erkennbar. Ein unsympathischer Typ, der alle anderen, auch die netten Norddeutschen in Verruf bringt. Nicht alle Norddeutschen sind Braissn, aber alle Braissn sind Norddeutsche.

Hɔit dãĩ Fotzn, du Saubraiss, du grousfotzada!

Braissin die; Braissinna oder Braissnwaiwa – Preußin
unangenehmes weibl. Gegenstück zu → Braiss.

Braissn|gsindl das; (Gruppe) – Preußengesindel
zwei oder mehr → Braissn
Ës Braissngsindl, ēs faréckts!

Braissn|hamme der; Braissnhammen – Preußenhammel
verstärkte Form von → Braiss. Verstärkung eigtl. überflüssig!
Du grousgoschada Braissnhamme, du grousgoschada!

braissn|haft
wer wie ein → Braiss ist.

Braissn|matz die; Braissnmatzna
weibl. Gegenstück zu → Braissnhamme.
A sechane Braissnmatz, a sechane blɛamaiade!

Brāl|goschn die; Mz ungebr. – Brätelgosche(n)
Mensch, der störend viel redet; Schwätzer.

Herk.: brādln, brāln *schwätzen, klatschen;* vgl. holl. praten.

Brēfla der; Ez = Mz
1. Mann, der zu viel und zu rasch redet, Schwätzer. 2. Mann, der unverständlich redet (zu langsam, leise, undeutlich = brēfen).

brēflad
wer wie ein → Brēfla spricht.

Brēflarin die; Brēflarinna
weibl. Gegenstück zu → Brēfla.

Brɛlātn|kōbf der; Mz ungebr. – Prälatenkopf
Mann mit einem dicken Kopf, aufgeblasenen Wangen, Doppelkinn und Specknacken.

brɛst|haft – bresthaft
1. kränklich, schwächlich. 2. mit einem körperlichen Gebrechen behaftet, z. B. Hühnerbrust.
A so a brɛsthafts ɔids Wai!

Brɛst|hafta Mann, der → brɛsthaft ist.

Brēl|ox der; Brēloxn – Brettelochse
sehr dummer, begriffsstutziger Mann. → Ox.
Herk.: Ochse mit einem Brett vor dem Kopf; die Zugseile für den Wagen werden am Brēl *(kl. Brett)* befestigt.

Brīgl|mánts|buid das; Brīglmántsbuida – Prügelmannsbild
gleichbed. mit → Bracklmántsbuid.

Britscha der; Ez = Mz – Pritscher
Mann, der alles weitererzählt; der nichts für sich behalten kann; Verräter.

Herk.: britschn *verraten, weiter-*
erzählen.

britschad – pritschend
wer wie ein → Britscha ist.

Britschade Frau, die → britschad
ist.

Britschla der; Ez = Mz – Pritschler
Mann, der mit Wasser alles naß
macht, der etwas verschüttet.

britschlad – pritschelnd
wer wie ein → Britschla ist.

Britschlarin die; Mz ungebr.
weibl. Gegenstück zu → Britschla

Britschn die; Britschna – Prit-
sche(n)
1. leichtlebige, liederliche, unsitt-
liche Frau. 2. freche, unangenehme,
bösartige Frau.
Herk.: Britschn, Brīdschn *Vulva*
Du misráwlige Britschn, du misráwlige!

broad|fotzad
wer einen sehr breiten Mund hat.
→ Fotzn
Herk.: broad *breit;* Fotzn *Mund*
(verächtlich).

Broad|fotzada Mann, der → broad-
fotzad ist.

broad|goschad – breitgoschig
gleichbed. mit → broadfotzad
Du Pfundhamme, du broadgo-
schada!

Broad|goschada Mann, der →
broadgoschad ist.

Brocka der; Brockan – Brocken
grobknochiger, wuchtiger, derb-
gebauter Mann.

Brolḗd der; Brolḗn oder Brolḗdn –
Prolet

ordinärer, vulgärer, gewöhnlicher,
geschmackloser Mann.

brolḗdn|haft – proletenhaft
wer wie ein → Brolḗd ist.

Brolḗdn|hafta Mann, der → bro-
lḗdnhaft ist.

Brotza der; Ez = Mz – Protzer
Mann, der mit seinen Erfolgen auf
eine plumpe Weise prahlt; ein auf-
geblasener, dummer Neureicher.
Herk.: Brōz *(dicke) Kröte.*

brotzad – protzend
wer wie ein → Brotza ist.

Brotzada Mann, der → brotzad ist.

brotzig – protzig
gleichbed. mit → brotzad.

Brotzige Frau, die → brotzig ist.

Brotzn die; Brotzna – Protze(n)
weibl. Gegenstück zu → Brotza
A sechane oatinéare Brotzn!

broud|naidig – brotneidig
wer anderen ihren Erfolg, Besitz
usw. nicht vergönnt oder sie darum
beneidet.

Broud|naidiga Mann, der → broud-
naidig ist.

Brōz der; Brōzn – Protz
1. gleichbed. mit → Brotza. *2.*
dickleibiger Mensch.
Herk.: Brōz *(dicke) Kröte.*

Brozéss|hansl der; Brozésshansln
– Prozeßhansel
Mann, der bei jeder kleinen An-
gelegenheit ein Gerichtsverfahren
anstrengt; der streitsüchtig pro-
zessiert.

Bruad die; (Gruppe) – Brut
gleichbed. mit → Bagásch.

Bruada, štauwiga der; Briada, štau-

40

wige – Bruder, staubiger
nicht vertrauenswürdiger Mann;
Herumstreicher, Vagabund.
Herk.: beim Wandern auf den
ungeteerten Straßen wurden früher die Herumstreicher, Hand-
werksburschen staubig.
Bruada, woama der; Briada, woame
– Bruder, warmer
männlicher Homosexueller. →
Woama.
Bruin|schlang die; Bruinschlanga
– Brillenschlange
1. eine Brillenträgerin. 2. eine Ge-
bildete oder eine, die so aussieht
bzw. auftritt.
Herk.: die Brillenschlange, Kobra
trägt eine brillenähnliche Mar-
kierung am Kopf; → Schlang
Du Bruinschlang, du dammische!
Brumm|bɛa der; Brummbean –
Brummbär
verdrießlicher, mürrischer, übel-
launiger Mann.
Bruntza der; Ez = Mz – Brunzer
1. Mann, der störend oft uriniert.
2. verzagter, läppischer, unent-
schlossener, unreifer Mann.
Herk.: Bruntz *Urin,* bruntzn
urinieren. Verwandt mit Brunnen.
Mehrere Synonyme bezeichnen
die genaue Art des Harnlassens:
bruntzn *ausführlich, grobstrahlig*
harnen; soacha *ausführlich, mit*
starkem Druck harnen; zinsln
weniger grobstrahlig und mit weni-
ger Druck harnen als bruntzn *und*
soacha; schiffa *gleichbed. mit*
soacha; bisln *kindlich, schwach-*

druckig, dünnstrahlig harnen. Ein
Pferd, eine Kuh, ein kräftiger
Mann, eine Frau bruntzt; ein
Mann, ein Bursche, ein Hund
soacht; ein Kind bislt; ein Braiss
pißt oder pinkelt.
bruntzad – brunzend
wer wie ein → Bruntza störend
oft harnt
Du bist filláicht a bruntzada Kal,
a bruntzada!
Bruntzada Mann, der → bruntzad
ist.
Bruntz|kachl die; Bruntzkachln –
Brunzkachel
Frau, allgem. abwertend.
Herk.: Kachl *Nachttopf;* Bruntzkachl *Nachttopf; Vulva.*
bruntzlad – brunzelnd
wer nach Urin riecht, bes. Frau
→ Bruntza.
Bruntzlade Frau, die → bruntzlad
ist.
brust|grank – brustkrank
wer an Lungenbeschwerden leidet,
bes. Tuberkulose, Schwindsucht.
Brust|granka Mann, der → brust-
grank ist.
brutāl – brutal
gefühllos, rücksichtslos, gewaltsam
Du Hund, du brutāla!
Brutāla Mann, der → brutāl ist.
Bschaissa der; Ez = Mz – Be-
scheißer
Mann, der schwindelt, betrügt.
bschaissad – bescheißend
wer wie ein → Bschaissa ist.
Bschaissada Mann, der → bschaissad ist.

Bschummla der; Ez = Mz – Beschummler

gleichbed. mit → Bschaissa, aber schwächer.

Herk.: wahrscheinlich ein rotwelsches Wort für Exkrement.

bsuffa – besoffen

1. wer betrunken ist, einen Rausch hat. 2. wer oft betrunken ist, viel säuft. → Wōgschail

Du Saubɛa, du bsuffana!

Bsuffana Mann, der → bsuffa ist.

bsunda – besondern

eigenartig, sonderbar, merkwürdig, einzelgängerisch. → Hailiga

ᐧA sechana bsundana Kal!

Bsundana Mann, der → bsunda ist.

būglad – bucklig

1. wer eine Rückgratsverkrümmung hat; höckerig. 2. wer durch schwere Arbeit, das Alter, Sorgen einen Buckel hat.

Būglada Mann, der → būglad ist.

būl|nārisch – pudelnärrisch

1. verstärkte Form von → närisch. *2. wer vor Freude außer sich ist.*

Herk.: närrisch wie ein (toll umherspringender) Pudel?

< Būdl *Fehler?* < būdln *sich wälzen, herumrollen?*

Du Daife, du bulnārischa!

Būl|nārischa Mann, der → būlnārisch ist.

Bummal der; Bummaln – Bummerl

1. sturer, starrköpfiger, eigensinniger Mann. 2. grobgebauter, ungeschlachter Mann.

Herk.: Bummal *(junger) Stier.* Grammatisch eigtl. sächlich.

A so a štiagnackada Bummal!

bummal|haft – bummerlhaft

wer wie ein → Bummal ist.

Bummal|hafta Mann, der → bummalhaft ist.

Bumpal das; Bumpaln – Pumperl

leichtlebige, sinnesfreudige junge Frau.

Herk.: Bumpal *Vulva* (Kosewort).

busslad

wer anderen mit seiner Küsserei auf die Nerven geht.

Herk.: Bussl *Kuß, Küßchen*

Du Schmiamdremme, du busslada!

Busslada Mann, der → busslad ist.

Būz|dockn die; Būzdockna – Putzdocke(n)

Frau, die sich überladen kleidet, aufputzt; die puppenschön gekleidet und geschminkt ist.

Herk.: ahd. tocka *Puppe.* → Dockn.

Būzl der; Būzln – Butzel

gleichbed. mit → Bampal.

Wɔs mɛgstn, du Buzl, du zɛckalfɛ́tta?!

būzl|haft

wer wie ein → Būzl ist.

C siehe G und K

D

da|bléckad
gleichbed. mit → bleckad.

da|bótzt
wer im körperlichen Wachstum
zurückgeblieben ist; wer für sein
Alter zu klein ist.
Herk. unsicher
Du Grišpal, du dabótzts!
Da|bótzta Mann, der → dabótzt
ist.

da|háud
ungepflegt, verwahrlost, herunter-
gekommen, abstoßend.
Herk.: haun *schlagen, hauen*
Du Lump, du daháuda!

Daife der; Daifen – Teufel
1. gemeiner, elender, bösartiger,
Ärger bereitender Mensch. 2. all-
zu lebhafter, unruhiger, Allotria
treibender Mensch. 3. allgemein
abwertendes Füllwort (siehe S.
179 f.
Du špinnada Daife, du špinnada!

daimlad – täumelnd
wer schwankend, unsicher geht.

dammisch
1. verrückt, närrisch, irrsinnig. 2.
seltsam, eigenartig, einzelgänge-
risch. 3. eingebildet, arrogant,
überheblich.
Herk.: urspr. *betäubt, schwindlig*
Du dammischa Huntsdɛpp, du
dammischa!
Dammischa Mann, der → dammisch ist.

Dantla der; Ez = Mz – Tändler
Mann, der die Zeit vertrödelt; der

nichts zustande bringt, weil er seine
Zeit mit unwichtigen Kleinigkei-
ten verschwendet.

dantlarisch – tändlerisch
wer wie ein → Dantla ist.

dappig – täppisch
dumm, läppisch, ungeschickt,
schwerfällig.
Dappiga Mann, der → dappig ist.

dāsig
kleinlaut, schweigsam, nachgie-
big, untertänig, eingeschüchtert,
verwirrt, willenlos.
Herk.: mhd. dæsig *still; dumm.*
Dāsiga Mann, der → dāsig ist.

Dattl der; Dattln
alter läppischer Mann, seniler
Kindskopf.
Herk.: mhd. tateren *zittern.*

Dantz|bɛa der; Dantzbɛan – Tanz-
bär
gleichbed. mit → Datzbɛa. →
Bɛandraiwa.

Datscha der; Ez = Mz – Tatscher
Mann, der andere plump anfaßt;
der Frauen am Körper herum-
greift.
Herk.: datschn *plump anfassen.*

datschad – tatschend
wer wie ein → Datscha ist.
Datschada Mann, der → datschad
ist.

Dattl die; Dattln – Dattel
Frau, allgem. abwertend.
Herk.: Dattl *Vulva,* ähnlich wie
→ Faing.

Datza der; Ez = Mz – Tatzer

43

gleichbed. mit → Datscha.

Herk.: Datzn *Pranke;* õdatzn *grob anfassen, antatzen.*

datzad – tatzend

wer wie ein → Datza ist.

Datzada Mann, der → datzad ist.

Datz|bea der; Datzbean – Tatzbär *plumper, ungeschlachter, ungestümer, schwerfälliger Mann, der wie ein Bär gebaut ist und sich ebenso ungeschickt bewegt.*

Herk.: Datzn *Pranke;* → beandatzig.

Dax|kõbf der; Daxkepf – Dachskopf *dummer, einfältiger, langweiliger, uninteressanter Mann.*

Dõda|mandl das; Dõdamandln *1. alter, zittriger Mann. 2. ängstlicher, feiger Mann.*

Herk.: dõdan *zittern, tattern.* → Mandl.

Dõdara der; Ez = Mz – Tatterer gleichbed. mit → Dõdamandl.

Dõdsch der; Dõdschn *1. ungewandter, linkischer, unbeholfener Mensch. 2. einfältiger, läppischer, allzu gutmütiger Mensch.*

dõdschad

wer wie ein → Dõdsch ist.

Dõdschada Mann, der → dõdschad ist.

Dõg|diab der; Ez = Mz – Tagedieb *faulenzender, arbeitsscheuer Mann*

Du Dõgdiab, du štingfaula!

Dõik der; Dõikn gleichbed. mit → Dõdsch.

Herk.: wahrscheinlich von Talk *Teig, weiche Masse.*

dõikad

wer wie ein → Dõik ist.

Dõikada Mann, der → dõikad ist.

Dẽãnst|boitzn der; Dẽãnstboitzna – Dienstbolzen *einfältige, ungeschickte, unmanierliche, plumpe Frau.*

Herk.: eigtl. *Köchin, Magd, Dienstmädchen.* → Boitzn.

Dẽdl der; Dẽdln *läppischer, einfältiger, langweiliger, uninteressanter Mann.*

Herk.: Dẽdl eigtl. *Agnus Dei (Lamm Gottes), ein wächsernes geweihtes Anhängsel mit dem Bild des Lamm Gottes.* Die Weichheit des Wachses wird auf den Menschen übertragen. Das *d* in Dẽdl ist ein Sproßkonsonant (De-d-l), siehe S.193. Oder Kurzform von Thaddädl = Thaddäus?

Dɛipe der; Dɛipen – Tölpel *schwerfälliger, ungeschickter, grober, unmanierlicher Mann.*

Herk.: eigtl. *Dorfbewohner, Bauer.*

dɛipe|haft – tölpelhaft

wer wie ein → Dɛipe ist

Du Glachl, du dɛipehafta!

dɛnkisch

linkisch, unbeholfen, ungeschickt.

Herk.: dɛnk *links.* Vgl. frz. gauche, frz./engl. maladroit, lat. sinister, die alle links bzw. linkisch bedeuten.

Dɛnkischa Mann, der → dɛnkisch ist.

Depp der; Deppm – Depp
dummer, einfältiger, unbeholfe-
ner, langweiliger, uninteressanter,
närrischer, eingebildeter Mensch.
Häufiges Füllwort.
Du Depp, du bleda! Du deppada
Huntsdepp, du deppada!

deppad
wer wie ein → Depp ist.

Deppada Mann, der → deppad ist.

deppm|haft – deppenhaft
gleichbed. mit → deppad.

derrisch
1. grobknochig, schwerfällig. 2.
ungehobelt, unmanierlich. 3. stur,
halsstarrig, eigensinnig.
Herk. unsicher.

Derrischa Mann, der → derrisch
ist.

Dēs|kōbf der; Dēskepf – Döskopf
müder, läppischer, dämlicher, be-
griffsstutziger Mann.
Herk.: eigtl. *schlummern.*

dia – dürr
abgemagert, knochig
Du Həwangoas, du diare!

Diare Frau, die → dia ist.

Diab der; Ez = Mz – Dieb
Spitzbube, kleiner Gauner, Dieb.
Herk.: eigtl. *sich niederkauern,*
verbergen.

Diaft|ling der; Ez = Mz
körperlich kleiner und schwacher
Mann.
Herk. unsicher, wohl verwandt
mit dürftig.

diaf|wampad – tiefwampig
dickleibig, aufgedunsen, schmer-
bäuchig, hängebauchig.

Herk.: wampad *dickleibig;* →
Wampm
Du Bauanschwengl, du diafwam-
pada!

Diaf|wampada Mann, der → diaf-
wampad ist.

Diak der; Diakn – Türke
1. grobknochiger, großer, breit-
schultriger Mann. 2. ungeschick-
ter, ungehobelter, schwerfälliger
Mann.
Herk. unsicher: < torkeln? <
Türke, aus den Türkenkriegen?
Früher beliebter Name großer
Hunde.

Diakl der; Diakln
gleichbed. mit → Diak.

dia|lochad – dürrlochig
wer ein knochiges, mageres Gesäß
hat
Herk.: Lōch *Gesäß*
Mistfich, dialochads!

Dia|lochade Frau, die → dialochad
ist.

diamisch
ungestüm, unmanierlich, grob,
wild, ungeschliffen
A so a diamischa Kunt, a so a
diamischa!

Diamischa Mann, der → diamisch
ist.

Dian die; Diana – Dirne
einfältige, einfache, ungeschickte,
derbe Frau.
Herk.: eigtl. *Bauernmagd* (nicht
abwertend). Nie *Hure.* Vgl. S. 167.

Dick|kōbf der; Dickkepf – Dick-
kopf
eigensinniger, sturer, unnachgie-

biger Mensch, der trotzig auf seinem Standpunkt beharrt.

Du Dickkobf, du hõãbuachana!

dick|kopfad – dickkopfig
wer wie ein → Dickkõbf ist.

Dick|kopfada Mann, der → dickkopfad ist.

Dick|schɛl der; Dickschɛln – Dickschädel
gleichbed. mit → Dickkõbf.

dick|schɛllad – dickschädlig
gleichbed. mit → dickkopfad
Du Binkn, du dickschɛllada!

Dick|schɛllada Mann, der → dickschɛllad ist
Dēs is ā a sechana Dickschɛllada!

Diftla der; Ez = Mz – Tüftler
Mann, der sich mit kleinen, oft unwichtigen Dingen eingehend befaßt; der so lange sucht, bis er eine Lösung gefunden hat.

Ding das; Mz ungebr. – Ding
einfältige, dämliche, schmächtige Frau. Füllwort.

Doaf|dɛpp der; Doafdɛppm – Dorfdepp
verstärkte Form von → Dɛpp.
Herk.: eigtl. *Kretin des Dorfes.*

Doaf|drottl der; Doafdrottln – Dorftrottel
gleichbed. mit → Doafdɛpp; verstärkte Form von → Drottl.

Doag|aff der; Doagaffn – Teigaffe
läppischer, langweiliger, uninteressanter, müder, beschränkter, willensschwacher Mann.
Herk. unsicher; wahrscheinlich *so weich, nachgiebig wie Teig.*

doagig – teigig

wer wie ein → Doagaff ist.

doaklad – torkelnd
wer taumelnd, schwankend geht (Müdigkeit, Rausch).

doarad
schwerhörig, taub.
Herk. unsicher, wohl verwandt mit töricht
A so a doarada Kal!

Doarada Mann, der → doarad ist.

dõb|sichtig – tobsüchtig
wer wild herumschreit, Krach macht, durch Kleinigkeiten gereizt wütend auffährt.

Dõb|sichtiga Mann, der → dõbsichtig ist
Dēs is a ganz a Dõbsichtiga!

Dockn die; Dockna – Docke(n)
gleichbed. mit → Būzdockn.

Doi|bõdsch der; Doibõdschn – Tolpatsch
gleichbed. mit → Bõdsch
Herk.: ungarisch talpas *breitfüßig.*

Doudl der; Doudln
läppischer, langweiliger, interesseloser, einfältiger, ungeschickter Mann.
Herk. unsicher, wahrscheinlich verwandt mit *tot.*
A so a Doudl, a so a lɛdschada!

doudlad
wer wie ein → Doudl ist.

Doudlada Mann, der → doudlad ist.

doudl|haft
gleichbed. mit → doudlad.

Doudl|hafta Mann, der → doudlhaft ist.

Doudn|kōbf der; Doudnkepf –
Totenkopf
1. Mann mit einem abgemagerten,
hohlwangigen Gesicht. 2. allgem.
abwertend, etwa *dumm.*
Du Doudnkobf, du blɛda!
Doudn|schēl der; Doudnschɛln –
Totenschädel
gleichbed. mit → Doudnkōbf.
doud|schlachtig – totschlächtig
wer wie ein → Doudl ist
A so a doudschlachtiga Kunt!
Doud|schlachtiga Mann, der →
doudschlachtig ist.
Drādscha der; Ez = Mz – Tratscher
Mann, der ihm Anvertrautes wei-
tererzählt, der klatscht; einer, der
gern Unschönes oder Unwahres
über andere verbreitet.
Herk.: drādschn *klatschen, ver-*
leumden.
drādschad – tratschend
wer wie ein → Drādscha ist.
Drādschade Frau, die → drādschad
ist.
Drādscharin die; Drādscharinna
– Tratscherin
weibl. Gegenstück zu → Drādscha.
Drādsch|katl das; Drādschkatln
weibl. Gegenstück zu → Drādscha
Herk.: drādschn *klatschen;* Katl
Katharina (Koseform).
Drādsch|mial das; Mz ungebr.
weibl. Gegenstück zu → Drādscha.
Herk.: Mial *Marie* (Koseform).
Drādschn die; Drādschna – Trat-
sche(n)

weibl. Gegenstück zu → Drādscha
Du Dradschn, du ɔide!
Dragṓna der; Ez = Mz – Dragoner
derbe, grobknochige, ungestüm
auftretende Frau.
Herk.: frz. dragon *Drache, Mann-*
weib.
Draib|āf der; Mz ungebr. – Treib-
auf
gleichbed. mit → Āfdraiwa, meist
auf Kinder bezogen.
Drai|quátl|brifatiē der; Ez = Mz
– Dreiquartelprivatier
alter, armer Mann.
Herk.: er ist so arm, daß er sich
keine Maß, sondern nur $^3/_4$ Liter
Bier bestellen kann.
drām|happad
1. wer noch schlaftrunken ist, noch
nicht ganz ausgeschlafen hat. 2.
wer sich nicht konzentriert, weil er
mit den Gedanken anderswo ist.
Herk.: Drām *Traum;* happad = ?
Du Schɔfbail, du dramhappada!
Drām|happada Mann, der →
drāmhappad ist.
Dratza der; Ez = Mz – Tratzer
Mann, der andere neckt, reizt,
ärgert, foppt, frotzelt.
Herk.: dratzn *necken, frotzeln.*
dratzad – tratzend
wer wie ein → Dratza ist.
Dratzada Mann, der → dratzad ist.
drāwig
wer stets geschäftig tut und be-
schäftigt ist; wer nie Zeit für andere
hat.
Herk.: wahrscheinlich von mhd.
draben *traben.*

Dräwiga Mann, der → dräwig ist.

Drach der; Drachan – Drache
bösartige, zänkische Frau.

Drack der; Drackn – Drache
*Mann, der alle Schliche und Kniffe
kennt; der gerissen, raffiniert ist*
(auch anerkennend).
Du Drack, du faréckta!

Drack|díara der; Ez = Mz – Trak-
tierer
*1. Mann, der andere quält, plagt,
schindet, schlecht behandelt. 2.
Mann, der ständig an einen hin-
bettelt, bis er das Gewünschte er-
reicht.*

Drampe der; Drampen – Trampel
*1. plumpe, derbe, schwerfällige
Frau. 2. geistig träge, stumpfsinnige, dumme Frau.*

Drampe|dia das; Mz ungebr. –
Trampeltier
gleichbed. mit → Drampe, bes.
Bed. 1.

Drang|höfa der; Dranghöfan –
Trankhafen
ungepflegte, schmutzige Frau.
Herk.: Höfa *Topf, Gefäß;* Dranghöfa *Gefäß für das Schweinefutter.*
Das *tertium comparationis* ist
schmutzig (S. 170).

Drang|schaffe das; Drangschaffen
– Trankschaffel
gleichbed. mit → Dranghöfa
Herk.: Schaffe *Schaff, großes Gefäß.*

Drēādscha der; Ez = Mz
*1. läppischer, weinerlicher Mann.
2. Mann mit einem weinerlich verzogenen, häßlichen Gesicht.*

Herk.: drēādschn *weinen, den
Mund zum Weinen verziehen.*
Drēādschn *weinerlich verzogener
Mund; häßl. Gesicht.*
A so a rinnaugada Drēādscha!

drēādschad
wer wie ein → Drēādscha ist.

Drēādschade Frau, die → drēādschad ist.

Drēādschn die; Drēādschna
weibl. Gegenstück zu → Drēādscha
Du Drēādschn, du ledschade!

Drēdan die; Drēdana
*Frau, die sich und ihre Umgebung
durch Verschütten von Flüssigkeiten beschmutzt.*
Herk.: drēdan *verschütten, un-
vorsichtig eingießen.*

Drēdara der; Ez = Mz
männl. Gegenstück zu → Drēdan
Du ɔida Drēdara!

dreckad – dreckig
*1. körperlich unsauber, schmut-
zig. 2. unsittlich, unmoralisch.*
Du Saubeа, du dreckada!

Dreckada Mann, der → dreckad
ist.

Drēg|ampsl die; Drēgampsln –
Dreckamsel
*1. Mensch mit schmutzigem Körper
und schmutziger Kleidung. 2. Frau,
bei der im Haus alles schmutzig,
unaufgeräumt ist.*
Du Dregampsl, du schlampade!

Drēg|bande die; (Gruppe) – Dreck-
bande
gleichbed. mit → Bagásch, aber
verächtlicher.

Drēg|bartl der; Mz ungebr. – Dreckbartel
unsauberer, ungepflegter, schmutziger Mann.
Herk.: Bartl *Bartholomäus* (Koseform).

Drēg|bɛa der; Drēgbɛan – Dreckbär
gleichbed. mit → Drēgbartl
Du Dregbɛa, du graislicha!

Drēg|fink der; Drēgfinkn – Dreckfink
gleichbed. mit → Dregbɛa.

Drēg|gsindl das; (Gruppe) – Dreckgesindel
gleichbed. mit → Bagásch, aber verächtlicher. → Gsindl.

Drēg|hamme der; Drēghammen – Dreckhammel
1. körperlich schmutziger Mann. 2. sittlich und moralisch verkommener Mann. 3. grober, ungebildeter, ungeschliffener Mann. 4. gemeiner, hinterhältiger, verächtlicher Mann. → Hamme.
Du Dreghamme, du gopſaréckta!

Drēg|kɛfa der; Drēgkɛfan – Dreckkäfer
gleichbed. mit → Drēgbartl.

Drēg|luada das; Drēgluadana – Dreckluder
verstärkte Form von → Luada.

Drēg|matz die; Drēgmatzna
verstärkte Form von → Matz
Du Dregmatz, du ganz oatinɛare!

Drēg|mensch das; Drēgmentscha – Dreckmensch, s.
verstärkte Form von → Mensch.

Drēg|sau die; Drēgsai – Drecksau

1. körperlich schmutziger, verwahrloster Mann. 2. sehr unsittlicher, zotenhafter Mann. 3. gemeiner, skrupelloser, hinterhältiger Mann; Schweinehund. → Sau.
A sechane fakémmane Dregsau, a sechane fakémmane!

Drēg|schlaidan die; Drēgschlaidana – Dreckschleuder(n)
Frau, die bösartig, verleumderisch Schlechtes von anderen erzählt; die böswillig und schadenfreudig durch Klatsch dem Ruf anderer schadet.
Du Dregschlaidan, du ganz misráwlige!

Drēg|schlampm die; Drēgschlampma – Dreckschlampe(n)
verstärkte Form von → Schlampm
A so a fawálouste Dregschlampm!

Drēg|schwaiwal das; Mz ungebr. – Dreckschwalbe
gleichbed. mit → Drēgampsl, aber schwächer.

Drēg|špōz der; Drēgšpōzn – Dreckspatz
schmutziges Kind.

Drēg|štɛssl der; Drēgštɛssln – Dreckstößel
schmutziger, verwahrloster Mann; schwächer als → Drēgsau.
Herk.: Štɛssl *Stößel, Gerät zum Zerstampfen von Rüben usw.*

Dremme der; Dremmen – Tremmel
grober, großknochiger, ungestümer, ungehobelter Mann.

Herk.: Dremme *Knüttel, grober Prügel, Trumm*. Mhd. dräm *Balken*

A sechana Dremme

Dremmla der; Ez = Mz

grober, ungestümer Mann, der lauthals und notfalls durch Gewaltanwendung seine Meinung durchsetzt.

Herk.: dremmen *ungestüm drängen; störend laut sein*. → Dremme.

dremmlad

wer wie ein → Dremmla ist.

Dremmlada Mann, der → dremmlad ist.

drentschad

wer weinerlich ist, schluchzt, das Gesicht weinerlich verzieht; etwa gleichbed. mit → drẽädschad, → drentzad.

Drentschn die; Drentschna

gleichbed. mit → Drẽädschn, → Drentzn.

Drentza der; Ez = Mz

1. Mann, der weinerlich ist, leicht klagt, schnell schluchzt. 2. Mann, der sich beim Essen mit Speisen beschmutzt. 3. Mann, dem der Speichel aus dem Mund fließt; der sich besabbert. 4. Mann, der langsam, trödelnd, zögernd arbeitet.

Herk.: drentzn *weinen, schluchzen* (auch vom Rind, das traurige Töne von sich gibt); *sich besabbern; trödelnd arbeiten.* Verwandt mit Träne (iterativ-intensiv).

drentzad

wer wie ein → Drentza ist.

Drentzada Mann, der → drentzad ist.

Drentzarin die; Drentzarinna

weibl. Gegenstück zu → Drentza, bes. Bed. 1 und 2.

Drentz|kīl der; Drentzkiln

Mensch, der wie ein → Drentza (Bed. 1) ist.

Herk.: Kīl *Kittel, Frauenrock*.

Drentzn die; Drentzna

weibl. Gegenstück zu → Drentza.

Drẽwan die; Drẽwana – Treber(n)

schmutzige, ungepflegte Frau; schwächer als → Drẽwanloas.

Herk.: Drẽwan *Treber; Viehfutter aus Rückständen gekochter oder ausgepreßter Hülsenfrüchte usw.*

Drẽwan|loas die; Mz ungebr.

sehr schmutzige, verwahrloste, schlampige, ordinäre (dicke) Frau.

Herk.: Drẽwan *Treber;* Loas *Mutterschwein.*

Drẽwan|sau die; Mz ungebr.

gleichbed. mit → Drẽwanloas

Du Drewansau, du rammlige!

Drẽwara der; Ez = Mz

1. Mann, der nichts zuwege bringt; der herumtrödelt. 2. Mann, der mit kleinen Schritten geht; der trippelt.

Drẽwarin die; Drẽwarinna

weibl. Gegenstück zu – Drẽwara.

Drīdschla der; Ez = Mz

1. Mann, der ausplaudert, klatscht, Schlechtes von anderen spricht. 2. Mann, der umständlich, trödlerisch arbeitet.

Herk.: drīdschln *1. herumtrödeln,*

Zeit verschwenden. 2. furzen,
feuchte Darmwinde lassen.

drīdschlad
wer wie ein → Drīdschla ist.

Drīdschlada Mann, der → drīdschlad ist.

Drīdschlarin die; Drīdschlarinna
weibl. Gegenstück zu → Drīdschla.

Drīdschn die; Drīdschna
weibl. Gegenstück zu → Drīdschla.

Drīfla der; Ez = Mz
Mann, der viel Uninteressantes,
Unwichtiges ausführlichst erzählt
und bespricht.
Herk.: drīfen eigtl. *hin und her*
drehen, genau beobachten.
Du Drīfla, du langwailiga!

drīflad
wer wie ein → Drīfla ist.

Drīflarin die; Drīflarinna
weibl. Gegenstück zu → Drīfla.

Dröbf der; Drepf – Tropf
Mann, allg. abwertendes Füllwort
Du Drobf, du hintalistiga!

Droi der; Droin – Troll
dickleibiger, grober Mann.

Drottl der; Drottln – Trottel
einfältiger, dummer, beschränkter
Mann.

drottl|haft – trottelhaft
wer wie ein → Drottl ist.

Drottl|hafta Mann, der → drottl-
haft ist.

Drūd die; Mz ungebr. – Drude
alte Frau, allg. abwertend
Herk.: Drūd *Tretgeist; Hexe, die*
sich Schlafenden auf die Brust

setzt und Alpdrücken verursacht.

Drūdschal das; Drūdschaln
dickleibige, langsame, einfältige
Frau. Auch Kosename.
Herk. unsicher, vielleicht von
Drūdsch *Blödsinn, Irrsinn?*

drūdschal|haft
wer wie ein → Drūdschal ist.

Drūdschal|hafte Frau, die → drūd-
schalhaft ist.

Drūdschn die; Drūdschna
gleichbed. mit → Drūdschal,
aber stärker; selten Kosename.

Drumm das; Mz ungebr. – Trumm
dumme Frau, allg. abwertend.
Herk.: Drumm *Trumm, großes*
Stück, Klotz
A so a blεds Drumm, a blεds!

Drumme die; Drummen – Trommel
alte Frau, allg. abwertend. →
Schoasdrumme.

Dschɔppal das; Dschɔppaln
einfältiger, ungeschickter, ver-
trauensseliger Mensch, bes. Frau.
Herk.: tsch. cápek *Ungeschickter.*

duach|drīm durchtrieben
gerissen, schlau, betrügerisch, mit
allen Wassern gewaschen.

Duach|drīma Mann, der → duach-
drīm ist.

Dual das; Mz ungebr.
einfältige, leicht beschränkte,
zu gutmütige Frau.
Herk.: Dual *Dorothea* (Koseform).

Duck|mausa der; Duckmaisa –
Duckmäuser
falscher, hinterlistiger, heuch-
lerischer Mann; rückgratsloser,

speichelleckerischer Mann; Lei-
setreter; Schleicher.

duck|mausad – duckmäusig
wer wie ein → Duckmausa ist.
Du Saubaze, du duckmausada!

Duck|mausada Mann, der → duck-
mausad ist.

Dūdara der; Ez = Mz
läppischer, unreifer, unerfahre-
ner, nicht ernst genommener Mann.
Herk.: einer, der der → Duttn
kaum entwachsen ist.

Duid|aff der; Duidaffn – Dultaffe
einfältiger, läppischer, weichli-
cher, schlapper Mann.
Du lɛdschada Duidaff, du lɛdschada!

dumm – dumm
einfältig, unerfahren, geistlos, un-
gebildet, eingebildet; häufiges
Flickwort auch ohne bes. Bed.
Du dumma Daife, du dumma!

Dumma Mann, der → dumm ist.

Dummal der; Dummaln – Dum-
merl

etwas einfältiger, leicht beschränk-
ter, zu vertrauensseliger Mensch.
Gramm. eigtl. sächlich.

Dummiān der; Mz ungebr. – Dummian
Mann, der → dumm ist.

Dumm|kōbf der; Dummkepf –
Dummkopf
gleichbed. mit → Dummiān.

Duschn die; Duschna
alte Frau, die sich um alles küm-
mert; klatschendes altes Weib.
Herk.: Duschn, Mistduschn *Brett*
zum Flachschlagen von Mist.

Dussl der; Dussln – Dussel
Mann, der → dumm ist.

dusslig – dusselig
wer wie ein → Dussl ist.

Duttara der; Ez = Mz
gleichbed. mit → Dūdara.

Duttn die; Duttna
Frau, allgem. abwertend, etwa
dumm.
Herk.: Duttn *große weibl. Brüste.*

E

εa|gaitzig – ehrgeizig
wer übertrieben stark nach Er-
folg, Anerkennung usw. strebt.

Ea|gaitziga Mann, der → εagaitzig
ist.

εa|lous – ehrlos
wer verächtlich ist, keine Ehre
hat.

Ea|lousa Mann, der → εalous ist.

Earepfe der; Earepfen – Erdapfel
dummer, grober, ungeschliffener
Mann.

Herk.: Earepfe *Erdapfel, Kar-*
toffel.

Earepfe|dragóna der; Ez = Mz –
Erdapfeldragoner
gleichbed. mit → Earepfe. Gegen
Mann oder Frau.

Earepfe|hengst der; Earepfe-
hengstn – Erdapfelhengst
gleichbed. mit → Earepfe.

Earepfe|kŏbf der; Earepfekepf –
Erdapfelkopf
gleichbed. mit → Bodácknkŏbf
Du Earepfekobf, du ummaniali-
cha!

Ēfal das; Mz ungebr. – Everl
junge Frau, allg. abwertend. Füllwort.

Du naigiarigs Ēfal!

Egoíst der; Egoístn – Egoist
eigennütziger, selbstsüchtiger
Mann.

εgoístisch – egoistisch
wer wie ein → Egoíst ist.

εkl|haft – ekelhaft
widerlich, unsympathisch, unaus-
stehlich, unfreundlich
A sechana εklhafta Kunt!

Ekl|hafta Mann, der → εklhaft ist.

Ēlent das; Mz ungebr. – Elend
Mann oder Frau, allg. abwertend
Du langs Elent, du langs!

εléntig – elendig
gemein, schlecht, hinterhältig, er-
bärmlich, miserabel
Du Huntsgrippe, du εléntiga!

Eléntiga Mann, der → εléntig ist.

εmpfindlich – empfindlich
1. wer leicht verletzbar, leicht ge-
kränkt ist. 2. wer zimperlich,
weichlich, wehleidig ist.

Exdrīga der; Mz ungebr. – Extriger
1. Mann, der sonderbar, eigenartig,
einzelgängerisch ist. 2. Mann, der
stets besondere Ansprüche stellt,
eine Extrawurst will.

Ęsl der; Ęsln – Esel
dummer, närrischer, lächerlicher
Mann
Du blεda Ęsl, du blεda!

F

Fa|brécha der; Ez = Mz – Verbrecher
gesinnungsloser, verächtlicher, moralisch heruntergekommener Mann.

Fackl das; Fackln – Ferkel
1. Mensch, der körperlich unsauber ist. 2. unsittlicher Mensch.
Nicht so stark wie → Sau.

fād – fad
langweilig, uninteressant, ermüdend, nicht lebhaft, ausdruckslos, eindruckslos, bes. Frau.
Herk.: frz. fad *abgestanden, schal*
A so a fade Nocka!

Fāde Frau, die → fād ist.

fa|déchtig – verdächtig
heimtückisch, hinterlistig, gefährlich, gemein
Du Saubaze, du fadéchtiga!

Fa|déchtiga Mann, der → fadéchtig ist.

Fa|drús|zɑpfa der; Fadrúszɑpfan – Verdrußzapfen
mürrischer, verdrießlicher, unangenehmer Mensch.

fa|flúacht – verflucht
verdammt, gemein, bösartig, gefährlich. Häufiges und starkes Füllwort.
Du Dreghamme, du faflúachta!

Fa|flúachta Mann, der → faflúacht ist.

fa|fréssn – verfressen
gefräßig, wer unmäßig ißt.

Fa|fréssna Mann, der → fafréssn ist.

Fagabúnt der; Fagabúntn – Vagabund
1. Mann, der herumstreicht, nicht ansässig bleibt. 2. Lump, Gauner, Strolch.

fagabúntn|hɑft – vagabundenhaft
wer wie ein → Fagabúnt ist.

Fagánt der; Fagántn – Vagant
gleichbed. mit → Fagabúnt
Herk.: eigtl. *Fahrender Schüler, Kleriker, Spielmann* (Mittelalter).

fagántn|hɑft – vagantenhaft
wer wie ein → Fagánt ist.

Fagíara der; Ez = Mz – Vagierer
gleichbed. mit → Fagabúnt.

fagíarad – vagierend
wer wie ein → Fagíara ist.

fa|hádschlt – verhätschelt
verwöhnt, verzogen, verzärtelt
Du Muattabiawal, du fahádschlts!

Fa|hádschlta Mann, der → fahádschlt ist.

Fāi|bolla der; Ez = Mz – Feinboller
gezierter, gespreizter, weibischer Mann; Feinpisser.
Herk. unsicher; vielleicht < Bollen *Exkrement*

fāi|bollarisch
wer wie ein → Fāibolla ist.

faig – feig
ängstlich, mutlos, furchtsam
Du faiga Hund, du faiga!

Faiga Mann, der → faig ist.

Faig|ling der; Ez = Mz – Feigling
*feiger, ängstlicher, furchtsamer
Mann.*

Faing die; Fainga – Feige(n)
Frau, allg. abwertend.
Herk.: Faing *Vulva.*

Fāī|špinna der; Ez = Mz – Fein-
spinner
*Mann, der Ränke schmiedet; der
intrigiert, hinterlistig ist.*

Faitl der; Mz ungebr. – Veitel
*dummer, einfältiger, zaghafter
Mann.*
Herk.: Vaitl *Valentin* (Koseform)
oder *Veit, Vitus.*

fa|kémma – verkommen
*verwahrlost, körperlich und bes.
moralisch heruntergekommen*
Dregsau, fakémmane!

Fa|kémmana Mann, der → fa-
kémma ist.

fa|láust – verlaust
*1. wer Läuse hat. 2. verwahrlost,
ungepflegt, schmutzig.*

fa|lóng – verlogen
*lügnerisch; wer nicht vertrauens-
würdig ist.*

Fa|lónga Mann, der → falóng
ist.

Falótt der; Falóttn – Fallott
Lump, Gauner, Betrüger.
Herk. unsicher; verwandt mit →
Filou? < lat. *fallare betrügen?*

fa|lóttad – verlottert
*körperlich oder sittlich verwahr-
lost, heruntergekommen*
A so a Zigãĩna, a so a falóttada!

Fa|lóttada Mann, der → falóttad
ist.

Fankal der; Fankaln – Fankerl
*unruhiger, allzu lebhafter junger
Mensch; Bursche, der stets zu
Allotria, Unfug aufgelegt ist.*
Herk. unsicher: < mhd. vâlant
Teufel? < mhd. vanz *Schalk?* Ver-
wandt mit Funken? Gramm.
eigtl. sächlich.
A so a Fankal, an afdraiwarischa!

fa|réckt – verreckt
*1. gefährlich, verdammt, gemein
(Füllwort). 2. gerissen, schlau,
mit allen Wassern gewaschen.*
Dreghamme, faréckta!

Fa|réckta Mann, der → faréckt ist.

far|īwe|haftig – verübelhaftig
*empfindlich, nachtragend; wer
etwas ihm Zugefügtes lange nicht
vergißt; wer schnell etwas übel-
nimmt*
Du Kunt, du faríwehaftiga!

Far|īwe|haftiga Mann, der → far-
īwehaftig ist.

far|īwe|hōwarisch – verübelhabe-
risch
gleichbed. mit → farīwehaftig.

Far|īwe|hōwarischa Mann, der →
farīwehōwarisch ist.

fa|rótzt – verrotzt
*1. wer ein mit Nasenschleim ver-
schmutztes Gesicht hat. 2. junger,
unreifer, nicht ernst genommener
Kerl.*
Du Huntsgrippe, du farótzta!

fa|rúckt – verrückt
*1. närrisch, irrsinnig. 2. eingebil-
det, überspannt (Füllwort).*

Fa|rúckta Mann, der → farúckt
ist.

fa|schíssn – verschissen

1. wer mit Exkrementen verschmutzt ist. 2. wer störend oft den Darm entleert.

Du Sau, du faschíssne!

Fa|schíssna Mann, der → faschíssn ist.

fa|schmócht – verschmachtet

wer leicht schmollt, leicht beleidigt ist; wer schmollt.

A so a faschmóchts Waiwalaid!

Fa|schmóchta Mann, der → faschmócht ist.

fa|sóacht – verseicht

1. wer störend oft uriniert. 2. wer blaß, kränklich aussieht. 3. läppisch, energielos, müde

A so a fasóachta Kal, a fasóachta!

Fa|sóachta Mann, der → fasóacht ist.

fa|súffa – versoffen

wer übermäßig viel trinkt; wer ein Säufer ist.

Fa|súffana Mann, der → fasúffa ist.

faul – faul

arbeitsscheu

Du faula Hund, du faula!

Faula Mann, der → faul ist.

Faul|bɛiz der; Faulbɛitz → Faulpelz

fauler, arbeitsunlustiger Mann.

Du Faulbɛiz, du štingada!

Faulentza der; Ez = Mz – Faulenzer

gleichbed. mit → Faulbɛiz.

Fãũza der; Ez = Mz

Mann, der höhnt, spottet, foppt, aufreizt, andere zum Besten hält.

Herk. unsicher: < mhd. vanz Schalk? < mhd. vienen *ränkevoll handeln, zum Besten halten?* vienzen = iterativ-intensiv.

Fãũza = Fẽãza = Pfãũza = Pfẽãza = Pfẽãgaza.

fãũzad

wer wie ein → Fãũza ist.

Fãũzada Mann, der → fãũzad ist.

Fãũzn die; Fãũzna

weibl. Gegenstück zu → Fãũza.

fa|wãloust – verwahrlost

ungepflegt, heruntergekommen (körperlich und sittlich).

Fa|wãlousta Mann, der → fawãloust ist.

Faxn|macha der; Ez = Mz – Faxenmacher

1. Mann, der oft witzige Einfälle hat; Witzbold. 2. Mann, der einem Schwierigkeiten bereitet, indem er Einwände vorbringt, sich sträubt etwas auszuführen.

Herk.: eigtl. *sich hin und her bewegen.*

fa|zóng – verzogen

schlecht erzogen, verwöhnt; deshalb: *weinerlich, eigensinnig* usw. Schaisgrippe, fazónga!

Fa|zónga Bursche, der → fazóng ist.

fa|zópft – verzopft

altmodisch, rückständig

A so a fazópfta Glɛzn!

Fa|zópfta Mann, der → fazópft ist.

fãrig – fahrig

wer hastige Bewegungen macht; wer zerstreut, schußlig, nervös ist.

Fãriga Mann, der → fãrig ist.

Fāriséa der; Ez = Mz – Pharisäer
heuchlerischer, scheinheiliger Mann; einer, der vortäuscht, besser, frömmer, hilfsbereiter usw. zu sein, als er ist.
Du Fariséa, du schlogoarada!

foisch – falsch
hinterlistig, heuchlerisch, scheinheilig
Du Matz, du foische!

Foische Frau, die → foisch ist.

Foi|schiam|jäga der; Ez = Mz –
Fallschirmjäger
Nonne
Herk.: Vergleich zwischen dem Fallschirm und dem stoffreichen Habit, Ordenskleid.

fɛara – föhren
gleichbed. mit → hōglbuachan.
Herk.: *wie aus Föhrenholz = knorrig usw.*
Binkn, fɛarana!

Fɛarana Mann, der → fɛara ist.

Fẽāza der; Ez = Mz
gleichbed. mit → Fāūza, →
Pfẽāza.

fẽāzad
gleichbed. mit → fãūzad, →
pfẽāzad.

Fẽāzada Mann, der → fẽāzad, →
pfẽāzad ist.

Fẽāzn die; Fẽāzna
gleichbed. mit → Fāūzn, →
Pfẽāzn.

Fɛchta der; Mz ungebr. – Fechter
ständig bettelnder Mann; bettelnder Herumstreicher.

Fɛcht|bruada der; Fɛchtbriada –
Fechtbruder

gleichbed. mit → Fɛchta.

Fɛf die; Mz ungebr.
einfältige, beschränkte Frau.
Herk.: Fɛf *Genoveva* (Koseform).

Fɛng die; Fɛnga – Fege(n)
1. zänkische, bissige Frau. 2. Frau, die ständig unterwegs ist, die nie zu Hause ist..
Herk.: Bed. 1: verwandt mit Fehde; Bed. 2: *sich hin und her bewegen.*

Fɛttl die; Fɛttln – Vettel
alte, schlampige, auch unsittliche Frau.

Fɛtzn der; Fɛtzna – Fetzen
1. schlampige, unsauber gekleidete Frau. 2. liederliche, unsittliche, billige Frau.

Fɛx der; Fɛxn
unruhiger, zu Unfug aufgelegter Bursche; → Faxnmacha.

fēgad – fegend
wer ständig unterwegs ist, wer nie zu Hause ist, bes. Frau.

Fēgade Frau, die → fēgad ist.

Fēg|aisn das; Mz ungebr. – Fegeisen
gleichbed. mit → Fɛng, Bed. 2
Herk.: -aisn < ahd. itis *Frau?*

Fēgla der; Ez = Mz – Vögler
beischlafslustiger, sexuell aktiver Mann.
Herk.: fēgln *vögeln, koitieren.*

Fēglarin die; Mz ungebr. – Vöglerin
weibl. Gegenstück zu → Fēgla.

Femmla der; Ez = Mz
Mann, der sich stets beschwert, der immer leise schimpft, der ständig etwas auszusetzen hat.

Herk.: femmen *schimpfen, nörgeln*
A sechana ɔida Femmla!

femmlad
wer wie ein → Femmla ist.

Femmlarin die; Femmlarinna
weibl. Gegenstück zu → Femmla.

fiachta|lich – fürchterlich
1. sehr häßlich aussehend. 2. unmöglich, abscheulich sein
A so a fiachtalichs Waiwalaid!

Fiachta|liche Frau, die → fiachtalich ist.

fiar|augad – vieräugig
wer eine Brille trägt
Bruinschlang, fiaraugade!

Filú der; Mz ungebr. – Filou
gerissener, nicht vertrauenswürdiger Mann; Gauner.
Herk.: engl. fellow *Bursche, Kerl*
(nicht abwertend); dann über das
frz. Filou ins Deutsche.

Fimbfe|mess|wai das; Fimbfemesswaiwa – Fünfuhrmessweib
alte, bigotte Frau.
Herk.: Frau, die schon die Frühmesse um 5 Uhr besucht.

Finéssn|sɛppal das; Mz ungebr. –
Finessensepperl
Mann, der Ausreden erfindet, Haarspalterei treibt.
Herk.: urspr. Münchner Original. Auch männl.

finnig – finnig
wer unreine, pickelige Gesichtshaut hat.

Finnige Frau, die → finnig ist.

fischlad – fischelnd
wer wie eine unsaubere Frau nach Fisch riecht.

Fischlade Frau, die → fischlad ist.

Flɔschn die; Flɔschna – Flasche(n)
1. Mann, der nichts zustande bringt, versagt. 2. müder, dummer, läppischer Mann.
Herk.: ital. fiasco *Flasche; Mißerfolg.* Vom leeren Behälter auf den leeren Kopf übertragen.
Du bist filláicht a Flɔschn, a miade!

Flɛ̃ädscha der; Ez = Mz
läppischer, weinerlicher Mann; einer, der den Mund zum Weinen verzieht.
Herk.: verwandt mit flennen;
mhd. vletzen *den Mund breit ziehen;* mhd. vlans *verzerrtes Maul.* → Pflɛ̃ädscha.

flɛ̃ädschad
wer wie ein → Flɛ̃ädscha ist.

Flɛ̃ädschada Mann, der → flɛ̃ädschad ist.

Flɛ̃ädschn die; Flɛ̃ädschna
weibl. Gegenstück zu → Flɛ̃ädscha
Du Flɛ̃ädschn, du lɛdschade!

Flɛ̃dsch|mai das; Flɛdschmaia – Fletschmaul
gleichbed. mit → Flɛ̃ädscha.

Flɛ̃dschn die; Flɛdschna
weibl. Gegenstück zu →
Flɛ̃ädscha
A sechane blɛde Flɛdschn!

flɛ̃gmátisch – phlegmatisch
*1. wer seine Gefühle nicht kundgibt, nicht leicht erregbar ist.
2. wer sich um nichts kümmert, weiterschlampt; unordentlich.*
A sechana flɛgmátischa Kunt!

Flɛgmátischa Mann, der → flɛgmátisch ist.

Flēgl der; Flēgln – Flegel
unmanierlicher, ungehobelter, ungezogener Mann.
Herk.: urspr. Dreschinstrument.

flēgl|haft – flegelhaft
wer wie ein → Flēgl ist.

Flēgl|hafta Mann, der → flēglhaft ist.

Flīdschal das; Flīdschaln
leichtlebige, liederliche, unsittliche junge Frau; Flittchen.
Herk.: wahrscheinlich von mhd.
vlittern *flüstern, liebkosen; flattern.*

flīdschal|haft
wer wie ein → Flīdschal ist.

Flīdschn die; Flīdschna
gleichbed. mit → Flīdschal, aber stärker; auch gegen ältere Frauen.
Du Flidschn, du zammgfeglte!

fluachad – fluchend
wer viel flucht, gotteslästerlich schimpft.

Fluachada Mann, der → fluachad ist.

Flucka die; Fluckana
1. gleichbed. mit → Flīdschal, aber stärker. 2. *schlampige, unordentliche Frau.*
Herk. unsicher: von Flucka *Bett; Bettfedern?* < herumflattern?

Flūdan die; Flūdana
fahrige, flatterhafte, unruhige Frau.
Herk.: verwandt mit flattern; wie eine flügelschlagende Henne.

Foa|goatn|zwɛag der; Mz ungebr.
– Vorgartenzwerg
kleiner, nicht ernst genommener Mann.

foast – feist
fettleibig, sehr wohlgenährt, prall
A so a foasta Saubɛa!

Foasta Mann, der → foast ist.

Foast|ling der; Ez = Mz – Feistling
gleichbed. mit → Foasta.

Fōgl kommischa der; Fēgl kommische – Vogel, komischer
seltsamer, eigenartiger, einzelgängerischer, unverständlicher Mann.

Fōgl|schaich die; Fōglschaichan –
Vogelscheuche
magerer, langer, auch schlampig gekleideter Mensch, bes. Frau.

Foik das; (Gruppe) – Volk
gleichbed. mit → Bagásch, schwächer.

foppad – foppend
wer andere neckt, zum Besten hält, zum Narren hält, verspottet.

Foppada Mann, der → foppad ist.

fotzad
hinterlistig, falsch, gemein, nicht vertrauenswürdig → gfotzad.
Du Hund, du fotzada!

Fotzada Mann, der → fotzad ist.

Fotzn die; Fotzna – Fotze(n)
1. frechschnauziger, unverschämter Mensch. 2. Mensch mit einem häßlichen Gesicht.
Herk.: Fotzn *Mund* (verächtlich); *Gesicht* (verächtlich); auch *Ohrfeige;* nie *Vulva!*
Du frɛche Fotzn, du frɛche!

foudig
 neidisch, geizig
 Herk.: Foud *Neid; Geiz.*
Foudiga Mann, der → foudig ist.
Frādschla der; Ez = Mz
 gleichbed. mit → Ausfrādschla.
frādschlad
 wer wie ein → Frādschla, → Ausfrādschla ist.
Frādschlada Mann, der → frādschlad ist.
Frādschlarin die; Frādschlarinna
 weibl. Gegenstück zu → Frādschla.
Frauan|zimma das; Ez = Mz –
 Frauenzimmer
 Frau, allg. abwertend.
 Herk.: eigtl. *Zimmer der Frau;*
 Bedeutungsverschiebung vom
 Raum auf die Person
 A sechas umfaschambts Frauanzimma!
Fratz der; Fratzn – Fratz
 ungezogener, frecher, aufsässiger junger Mensch.
frech – frech
 unverschämt, respektlos, dreist, ungezogen.
Frecha Mann, der → frech ist.
Frech|dax der; Frechdaxn – Frechdachs
 junger Mensch, der → frech ist.
frēfe|haft – frevelhaft
 wer sich gotteslästerlich benimmt,
 sündhaft flucht; wer Gott, Maria,
 die Heiligen usw. lächerlich macht,
 verhöhnt.
Frēfe|hafta Mann, der → frēfehaft ist.

Frēfla der; Ez = Mz – Frevler
 wer → frēfehaft ist.
frēflad – frevelnd
 gleichbed. mit → frēfehaft.
frēflarisch – frevlerisch
 gleichbed. mit → frēfehaft.
Frēflarischa Mann, der → frēflarisch ist.
Fress|sōg der; Fressack – Freßsack
 Mann, der übermäßig viel ißt und
 deshalb dickleibig ist.
Fretta der; Ez = Mz – Fretter
 1. Mann, der ausdauernd über eine
 Angelegenheit fragt; der eine Sache
 nicht locker läßt, sie benörgelt,
 sich darüber beklagt. 2. Mann, der
 sich abmüht und abplagt, aber
 trotzdem auf keinen grünen Zweig
 kommt und in armen, kümmerlichen Verhältnissen lebt; armer
 Schlucker, Hungerleider.
 Herk.: frettn *fretten, sich mit viel*
 Arbeit kümmerlich durchbringen;
 eigtl. *reiben, sich wundreiben.*
 Du Fretta, du oamseliga!
frettad – frettend
 wer wie ein → Fretta (Bed. 1) ist.
Frettada Mann, der → frettad ist
 (nur Bed. 1).
Frettarin die; Frettarinna – Fretterin
 weibl. Gegenstück zu → Fretta
 (Bed. 1).
Frettn die; Frettna – Frette(n)
 gleichbed. mit → Frettarin.
Frichtal das; Frichtaln – Früchterl
 raffinierter, gerissener, unverschämter junger Mann.
frōsch|augad – froschäugig

glotzäugig; wer hervorquellende Augäpfel hat.

Frösch|augada Mann, der → fröschaugad ist.

Frösch|quägl|bappm die; Mz ungebr.
Mann mit einem breiten Mund, einer breiten Mundpartie.
Herk.: Frosch + quäkeln (breitmündig weinen) + Bappm *Mund* (abwertend). Froschgesicht.
A so a graisliche Froschquaglbappm!

Frotzla der; Ez = Mz – Frotzler
Mann, der böswillig neckt, höhnt, spottet, stichelt.

frotzlad – frotzelnd
wer wie ein → Frotzla ist.

Frotzlada Mann, der → frotzlad ist.

fuchtig – fuchtig
zornig, wütend, unwillig, mürrisch, übellaunig.
Herk.: verwandt mit fechten, kämpfen.

Fuchtige Frau, die → fuchtig ist.

Fuchtl die; Fuchtln – Fuchtel
böse, zänkische, herrschsüchtige (ältere) Frau. → fuchtig.

Fuchtzga fɔischa der; Mz ungebr.
– Fünfziger, falscher
hinterlistiger, falscher, scheinheiliger Mann.

Füd die; Mz ungebr. – Fut
Frau, allg. abwertend.
Herk.: Fud *Vulva,* verwandt mit Fotze.

füd|naidig – futneidig
wer anderen den Umgang mit einer Frau nicht vergönnt.
(Nur Mann). → Füd.

Füd|naidiga Mann, der → füdnaidig ist.

füd|närisch – futnärrisch
sehr beischlafsfreudig; wer ganz besessen darauf ist zu koitieren, und deshalb närrische Sachen macht. (Nur Mann) → Füd, → närisch.

Füd|närischa Mann, der → füdnärisch ist.

Fuiz der; Mz ungebr. – Filz
geiziger, habgieriger, knausriger Mann.

Fuiz|laus die; Mz ungebr. – Filzlaus
aufdringlicher, störend anhänglicher Mensch.

Fumme die; Fummen – Fummel
1. Frau, allg. abwertend. *2. alte, schlampige Frau.*
Herk.: Fumme *Vulva;* eigtl. Lederraspel; fummen *hin und her reiben.*

Fummla der; Ez = Mz – Fummler
1. Mann, der etwas reparieren oder herstellen will, aber nur pfuscht. 2. Mann, der nichts zuwege bringt, trödelt.

fummlad – fummelnd
wer wie ein → Fummla ist.

Fūriε die; Fūriεn – Furie
bösartige, rasende Frau.

G

gāch
wer jäh, rasch, auffahrend, über-
stürzt handelt.

Gācha Mann, der → gāch ist.

gail – geil
wollüstig, lüstern, unzüchtig.
Herk.: eigtl. *sich erfreuen;* vgl.
engl. gay *lustig, fröhlich* (urspr.
Bed., jetzt auch *homosexuell*).
Du gaila Hund, du gaila!

Gaila Mann, der → gail ist.

Gaing die; Gainga – Geige(n)
Frau, allg. abwertend.
Herk.: Gaing *Vulva;* gaing *koitie-*
ren
A so a Gaing, a bɘarige!

gaist|lous – geistlos
stumpfsinnig, uninteressant, be-
schränkt
A so a Nɔsnboara, a so a gaist-
lousa!

Gaist|lousa Mann, der → gaistlous
ist.

gaitzig – geizig
knickrig, knausrig, übertrieben
sparsam.

Gaitziga Mann, der → gaitzig ist.

Gaiz|grɔng der; Gaizgrang – Geiz-
kragen
Mann, der → gaitzig ist.

Gankal der; Gankaln – Gankerl
gleichbed. mit → Fankal.
Herk. unsicher, wie bei Fankal
(verwandt?).

Ganksta der; Ez = Mz – Gangster
1. verbrecherischer, gewalttätiger
Mann. 2. Gauner, Lump, Strolch.

Herk.: engl. gangster *Angehöri-*
ger einer Verbrecherbande (=
gang).

Ganōf der; Ganōfn – Ganove
unredlicher, nicht vertrauenswür-
diger, betrügerischer Mann.

Gatza der; Ez = Mz – Gatzer
Mann, der stoßweise, stotternd,
abgerissen spricht; einer, der un-
artikulierte, krächzende Töne von
sich gibt.
Herk.: wie → Gāgaza und →
Gīgaza kommt Gatza von mhd.
Verben, die *schnattern, gackern,*
stottern, stammeln, stoßweise Töne
wie eine Henne von sich geben bedeuten; < mhd. gâgen, gâgern und
die verstärkten (iterativ-inten-
siven) Ableitungen gagzen, gek-
zen, gigzen, gagezen, gigezen
usw.

gatzad – gatzend
wer wie ein → Gatza spricht.

Gatzada Mann, der → gatzad
spricht.

Gaude|buasch der; Gaudebuaschn
– Gaudibursche
1. junger Mann, der bei jeder Lu-
stigkeit mitmacht (Tanz, Volks-
fest), 2. gleichbed. mit→Āfdraiwa
(Bed. 2).
Herk.: Gaude *Gaudium* (lat.)
Freude, Vergnügen.

Gaude|mɑcha der; Ez = Mz –
Gaudimacher
Mann, der Krach und Lärm macht;
der Streit und unangenehme Si-

tuationen inszeniert. → Gaude-
buasch.

Gauna der; Ez = Mz – Gauner
durchtriebener, gerissener Mann;
kleiner Lump; Strolch
Du Gauna, du misráwliga!

Gaustara der; Ez = Mz – Gauste-
rer
Mann, der jäh, hastig, übereilt,
überstürzt handelt.
Herk.: verwandt mit jäh; → gách.

Gackal|kōbf der; Gackalkepf –
Gackerlkopf
gleichbed. mit → Oagackalkōbf.

gackal|kopfad – gackerlköpfig
gleichbed. mit → oagackal-
kopfad.

Gaffa der; Ez = Mz – Gaffer
Mann, der neugierig und mit offe-
nem Mund starrt
A so a naigiariga Gaffa!

gaffad – gaffend
wer wie ein → Gaffa ist.

Gāgaza der; Ez = Mz
gleichbed. mit → Gatza, bes.
Stotterer.

Gai|bɛa der; Gaibɛan – Gäubär
unmoralischer, unzüchtiger Mann.
Herk.: Gai *Landbezirk; Bezirk*
für einen Berufsausübenden usw.
(Aussprache auch Gai). → Bɛa
(Bed. 3) *Eber, Saubär*
Du Gaibɛa, du graislicha!

Gans die; Gens – Gans
1. dumme, beschränkte Frau. 2.
eingebildete, dünkelhafte Frau.
Du blɛde Gans, du blɛde!

Gans|groŋ der; Gansgrang –
Ganskragen

1. Mensch mit langem Hals. 2.
neugieriger Mensch.

Gassn|bua der; Gassnbuama –
Gassenbub
herumstreunender, ungezogener,
frühreifer Bursche.

Gɔing|brōn der; Mz ungebr. –
Galgenbraten
gerissener, durchtriebener, gau-
nerhafter Mann.

Gɔing|fōgl der; Gɔingfēgl – Gal-
genvogel
gleichbed. mit → Gɔingbrōn.

Gɔing|schwengl der; Gɔing-
schwengln – Galgenschwengel
gleichbed. mit → Gɔingbrōn
Herk.: Schwengl *der am Galgen*
Schwingende; Gehängter.

Gɔing|štrīg der; Gɔingštrick – Gal-
genstrick
gleichbed. mit → Gɔingbrōn
Du Gɔingštrig, du ɔdrada!

Gɛck der; Gɛckn – Geck
1. Mann, der übertrieben viel Wert
auf sein Äußeres legt; putzsüchti-
ger, eitler, eingebildeter Mann. 2.
Mann mit eigenartigen, lächer-
lichen, närrischen Manieren.
Herk.: niederdeutsch Geck *Narr.*

gɛckisch – geckisch
wer wie ein → Gɛck ist.

Gɛckischa Mann, der → gɛckisch
ist.

gɛckn|haft – geckenhaft
wer wie ein → Gɛck ist.

Gɛckn|hafta Mann, der → gɛckn-
haft ist.

Gɛid|brōz der; Gɛidbrōzn – Geld-
protz

Mann, der mit seinem Geld protzt, prahlt; geschmackloser Neureicher, der andere mit seinem Geld, Besitz beeindrucken will.

Herk.: Brōz *(dicke) Kröte.* → Brotza, → Brōz.

gɛid|giarig – geldgierig
wer unersättlich nach Gelderwerb strebt.

Gɛid|giariga Mann, der → gɛidgiarig ist.

Gɛiz|gōd zānada der; Mz ungebr.
läppischer, unterwürfiger, dankergebener Mann; → Gɛizgōdšteftn.
Herk.: einer, der oft „Gɛizgōd!" *Vergelt es Gott, Danke* sagt und dabei grinst; → zānad *lachend; auslachend.*

Gɛiz|gōd|šteftn der; Mz ungebr.
Mann, der wartet und darauf rechnet, daß er etwas geschenkt bekommt.
Herk.: → Gɛizgōd, zānada; → Šteftn.

gemãĩn – gemein
bösartig, hinterlistig, niederträchtig.

Gemãĩne Frau, die → gemãĩn ist.

gfaid – gefeit
abgebrüht, verschlagen, gefährlich, hinterlistig.
Herk.: gfaid *gefehlt = fehlerhaft, schlimm, falsch.*
Du Hund, du gfaida!

Gfaida Mann, der → gfaid ist.

Gfickarad das; (Gruppe)
Gruppe von jungen Leuten (die sich von Lokal zu Lokal herumtreibt).

Herk.: fickern *unstet, schnell von einem Ort zum andern wechseln; herumstreifen.* → Bagásch, auf jüngere Leute bezogen.

gfotzad
gleichbed. mit → fotzad
A sechane gfotzade Matz, a gfotzade!

Gfotzada Mann, der → gfotzad ist.

Gfrīs das; Gfrīsa – Gefrieß
Mensch mit häßlichem, abstoßendem Gesicht.
Herk.: Gfrīs *Gesicht* (abwertend), *Fresse.*

Giagl der; Mz ungebr.
einfältiger, beschränkter, einfacher Mann.
Herk.: Giagl *Georg* (Koseform).

Gickal der; Gickaln – Gickerl
Bursche, allg. abwertend, etwa *närrisch.*
Herk.: Gickal *Hähnchen.* Gramm. eigtl. sächl.
Du narischa Gickal!

Gift|hāfal das; Mz ungebr. – Gifthaferl – *stets verärgerter, aufbrausender, jähzorniger Mann.*
Herk.: Hāfal *kl. Hafen, Töpfchen.*

giftig – giftig
wer wie ein → Gifthāfal isṭ.

Giftige Frau, die → giftig ist.

Gift|nīgl der; Mz ungebr. – Giftnickl
gleichbed. mit → Gifthāfal. → Nickl.

Gift|nūl die; Mz ungebr. – Giftnudel
gleichbed. mit → Gifthāfal.

Gift|zwɛag der; Mz ungebr. – Giftzwerg
gleichbed. mit → Gifthāfal; gegen kleinere Menschen angewendet.
Du Giftzwɛag, du unsimpátischa!

Gīgal der; Gīgaln – Gigerl
gleichbed. mit → Gɛck (Bed. 1).
Herk.: mhd. giegc, giegel *Narr, Tor.*

gīgal|haft – gigerlhaft
wer wie ein → Gīgal ist.

Gīgal|hafta Mann, der → gīgalhaft ist.

Gīgaza der; Ez = Mz
gleichbed. mit → Gatza.

Gimpe der; Gimpen – Gimpel
einfältiger, allzu vertrauensseliger, leicht zu betrügender Mann.
Herk.: Gimpe *Gimpel* (Vogel) und *Penis*
Du Gimpe, du blɛda!

Gips|kōbf der; Gipskepf – Gipskopf
dummer, läppischer, uninteressanter, langweiliger Mann.

Gišpe der; Gišpen – Gispel
gleichbed. mit → Gipskōbf
Herk. unsicher
A sechana dumma Gišpe!

Glachl der; Glachln
grober, unhöflicher, ungeschliffener, unmanierlicher Mann.
Herk.: Glachl *etwas Schwingendes; Glockenschwengel; Nasenschleim; großer Penis; grober Holzriegel.*
Herk.: mhd. klachel, kleckel *Glockenschwengel.*

Du gschɛada Glachl, du ganz gschɛada!

Glankl der; Glankln
gleichbed. mit → Glachl, aber schwächer
Herk.: Glankl *etwas Schwingendes; Nasenschleim; großer Penis.*

Glatz|kōbf der; Glatzkepf – Glatzkopf
kahlköpfiger Mann.

Glōs|schɛam|handla der; Ez = Mz – Glasscherbenhändler
armseliger, schäbig gekleideter Mann.
Herk.: früher zogen arme, hausierende böhmische Glaswarenhändler durch das Land.

Glɛ̄zn der; Ez = Mz – Kletzen
läppischer, langweiliger, beschränkter, müder, uninteressanter Mann.
Herk.: Glɛ̄zn *gedörrte Birnen, Dörrobst*
Du saublɛda Glɛzn, du saublɛda!

Glɛ̄zn|béppe der; Glɛ̄znbéppen
gleichbed. mit → Glɛ̄zn.
Herk.: Glɛ̄zn *gedörrte Birnen;* Bɛppe *Josef* (Koseform).

Glɛ̄zn|bē̂ne der; Glɛ̄znbē̂nen
gleichbed. mit → Glɛ̄zn.
Herk.: Glɛ̄zn *gedörrte Birnen;* Bēne *Benedikt* (Kurzform)
A sechana rinnaugada Glɛznbéne!

Glɛ̄zn|sɛpp der; Mz ungebr.
gleichbed. mit → Glɛ̄zn.
Herk.: Glɛ̄zn *gedörrte Birnen;* Sɛpp *Josef* (Kurzform).

Glɛ̄zn|sɛppal der; Mz ungebr.

gleichbed. mit → Glēzn, etwas
schwächer, fast mitleidig.
Herk.: Glēzn *gedörrte Birnen;*
Sɛppal *Josef* (Koseform).
Gramm. eigtl. sächlich.
Gloiffe der; Gloiffen
gleichbed. mit → Glachl.
Herk. unsicher, vielleicht von
Kleophas??
Du Gloiffe, du fɛarana!
gloiffe|haft
wer wie ein → Gloiffe ist
A so a gloiffehafts Manntsbuid,
a gloiffehafts!
Gloiffe|hafta Mann, der → gloiffe-
haft ist.
glōz|augad – glotzäugig
gleichbed. mit → bōzaugad, →
frōschaugad.
Glōz|augada Mann, der → glōz-
augad ist.
glupp|augad
wer schielt.
Herk. unsicher.
gmatzt
verflucht, verdammt.
Gmōā|dɛpp der; Mz ungebr. –
Gemeindedepp
gleichbed. mit → Dɛpp, etwas
stärker.
Herk.: eigtl. der größte Depp der
Gemeinde; → Doafdɛpp.
Gmōā|štia der; Mz ungebr. – Ge-
meindestier
*geschlechtlich sehr kräftiger und
aktiver Mann.*
Herk.: wer wie ein Zuchtstier die
Frauen in der ganzen Gemeinde
belegt.

gnatzig – gnatzig
*verdrießlich, schlecht aufgelegt,
übellaunig, mürrisch*
A so a gnatziga Kunt!
Gnatziga Mann, der → gnatzig ist.
Gnatz|kōbf der; Gnatzkepf –
Gnatzkopf
Mann, der → gnatzig ist.
Gnausa der; Ez = Mz – Knauser
*geiziger, geldsüchtiger, äußerst
sparsamer Mann.*
gnausad – knausend
wer wie ein → Gnausa ist.
Gnausara der; Ez = Mz – Knau-
serer
gleichbed. mit → Gnausa.
gnausrig – knausrig
gleichbed. mit → gnausad
Du Mistfich, du gnausrigs!
Gnausriga Mann, der → gnausrig
ist.
Gnãūza der; Ez = Mz
*Mann, der weinerlich klagt, der
anhaltend und lästig jammert und
winselt, der unaufhörlich in einem
kläglichen Ton nörgelt.*
gnãūzad
wer wie ein → Gnãūza ist.
Gnãūzade Frau, die → gnãūzad
ist.
Gnãūzn die; Gnãūzna
weibl. Gegenstück zu → Gnãūza
A sechane lɛstige Gnãūzn!
Gnɑcka der; Ez = Mz – Knacker
alter Mann, allg. abwertend.
Gnɛcht der; Mz ungebr. – Knecht
ungehobelter, grober Mann.
Du gschɛada Gnɛcht, du gɑnz
gschɛada!

Gnia|bīsla der; Ez = Mz – Kniebisler
unreifer, nicht ernst genommener junger Mann.
Herk.: einer, der noch bīslt (schwachdruckig harnt) und sich selbst wie ein kleiner Junge an die Knie harnt. → Bruntza.

Gniaps der; Gniapsn – Knirps
kleiner, im Wachstum zurückgebliebener Mann.

gniapsn|haft – knirpsenhaft
wer wie ein → Gniaps ist.

Gnicka der; Ez = Mz – Knicker
gleichbed. mit → Gnausa.

gnickad – knickend
wer wie ein → Gnicka ist

Gnickada Mann, der → gnickad ist.

gnickrig – knickrig
gleichbed. mit → gnickad.

Gnickriga Mann, der → gnickrig ist.

Gnōbf der; Mz ungebr. – Knopf
grober, ungehobelter, sturer, unmanierlicher Mann.

Goas die; Mz ungebr. – Geiß
1. einfältige, beschränkte Frau.
2. schmächtige, schwächliche Frau.

Goas|bēdal der; Mz ungebr. – Geißpeterl
einfältiger, einfacher, dummer junger Mann. Gramm. eigtl. sächl.

Goas|bōg der; Goasbeck – Geißbock
1. junger, dummer Mann. 2. närrischer, herumtollender Bursche
Du Goasbog, du dammischa!

Goas|kōbf der; Goaskepf – Geißkopf
dummer, läppischer, uninteressanter Mann
A sechana bleda Goaskobf!

Gockl der; Gockln – Gockel
Bursche, allg. abwertend; etwa *närrisch*
Du Gockl, du narischa!

Gockolōre der; Gockolōren
läppischer, langweiliger, uninteressanter, dummer Mann.
Herk. unsicher.

Goi der; Mz ungebr. – Goi
gerissener, schelmenhafter Mann.

gopfagéssn – gottvergessen
gottlos, lästerlich, frevelhaft.

Gopfagéssna Mann, der → gopfagéssn ist.

gopfaréckt – gottverreckt
verflucht, verdammt; verstärkte Form von → faréckt. Sehr stark.
Du gopfaréckta Dreghund, du gopfaréckta!

Gopfaréckta Mann, der → gopfaréckt ist.

Gōre der; Gōren
1. dummer, läppischer, müder, uninteressanter Mann. 2. eigenartiger, schrullenhafter, wunderlicher Mann.
Herk.: Gōre *Gregor* (Koseform).

goschad
frech, aufsässig; wer respektlos redet, laut schimpft. → Goschn.

Goschade Frau, die → goschad ist.

Goschn die; Goschna – Gosche(n)
Mensch, der → goschad ist, bes. junge Frau.

Herk.: Goschn *Mund* (verächtlich), *Gesicht* (verächtlich)
Du Goschn, du saufréche!

gott|lous – gottlos
gleichbed. mit → gopfagéssn, aber weniger gotteslästerlich als unreligiös.
Gott|lousa Mann, der → gottlous ist.

grāb|schεllad – grauschädig
grauhaarig, ergraut
Du Saubaze, du grābschεllada!
Grāb|schεllada Mann, der → grābschεllad ist.

Grackla der; Ez = Mz – Krackler
1. schwächlicher, alter Mann. 2. zanksüchtiger alter Mann.
Herk. unsicher: < Krack*eschlechtes Pferd, schlechte Kuh, schlechte Person?* < krackln *zanken, streiten.* Vgl. schwed. Krake *Schwächling.*

graislich – gräuslich
1. wer häßlich aussieht. 2. abstoßend, widerlich (Charakter).
Du Wuidsau, du graisliche!
Graisliche Frau, die → graislich ist.

graišpal|día
gleichbed. mit → raišpaldía
Herk.: Graišpal, Grišpal *Knorpel.* Vielleicht Kontamination von Grišpal *Knorpel* und Raišpal *trockene Zweige, Gesträuch.*

Graiz|špinn die; Mz ungebr. – Kreuzspinne
bösartige, unfreundliche Frau.

Grampfla der; Ez = Mz
Mann, der gewohnheitsmäßig stiehlt; der kleinere Sachen mitgehen läßt.
Herk.: grampfen *stehlen.*

grantig – grantig
mürrisch, unwillig, verdrossen, brummig, übellaunig; wer stets alles bemängelt, über alles schimpft; wem nichts recht zu machen ist.
Herk. unsicher: wohl von ahd. grinan *murren, knurren, den Mund verziehen.* Grantig ist ein permanenter Charakterzug, am häufigsten bei älteren oder alten Männern anzutreffen; ob nüchtern oder betrunken, ein → Grantler ist immer grantig; selbst vorübergehende Heiterkeit ist ihm fremd.
Du Saubεa, du grantiga!
Grantiga Mann, der → grantig ist.
Grantla der; Ez = Mz – Grantler
Mann, der → grantig ist.

grantlad – grantelnd
wer → grantig ist.

Grantlarin die; Mz ungebr. – Grantlerin
weibl. Gegenstück zu → Grantla.

Grantl|haua der; Ez = Mz – Grantlhauer
gleichbed. mit → Grantla.

Grantl|huawa der; Ez = Mz – Grantlhuber
gleichbed. mit → Grantla.
A sechana əida Grantlhuawa!

Grantl|huawarin die; Mz ungebr. – Grantlhuberin
weibl. Gegenstück zu → Grantlhuawa.

grantl|huawarisch – grantlhuberisch
wer wie ein → Grantlhuawa ist.
Grantl|huawarischa Mann, der → grantig ist.
Grattla der; Ez = Mz – Grattler
schäbiger, minderwertiger Mann, der in sehr ärmlichen Verhältnissen lebt; besitzloser Hungerleider.
Herk. unsicher: <ahd. kratto *Korb;* früher boten die Grattla *Hausierer* ihre Waren im Tragkorb an. Oder <ital. carretta *zweirädriger Karren;* früher zogen die ital. oder Tiroler Hausiererfamilien mit ihrem Hab und Gut auf Karren von Ort zu Ort.
Grattla|mensch das; Grattlamentscha – Grattlermensch, s.
schäbige, heruntergekommene, sehr liederliche, ordinäre Frau.
Herk.: eigtl. Frau, Tochter, Geliebte eines Grattlers; → Grattla
A sechas Grattlamensch, a sechas oatinéas!
grattlarisch – grattlerisch
wer wie ein → Grattla ist.
grauan|haft – grauenhaft
wer sehr häßlich aussieht, bes. Frau
A sechane grauanhafte Bauanštuan!
Grauan|hafte Frau, die → grauanhaft aussieht.
Graudara der; Ez = Mz – Krauterer
hinfälliger, gebrechlicher, altersschwacher Mann
Du ɔida Graudara, du ɔiḍa!

Graud|köbf der; Graudkepf – Krautkopf
läppischer, langweiliger, dummer, uninteressanter Mann
Du blɛda Graudkobf, du blɛda!
graupad – graupend
gleichbed. mit → äfgraupad.
Graupada Mann, der → graupad ist.
grausɑm – grausam
wer sehr häßlich aussieht, bes. Frau
A so a grausɑms Waiwalaid, a grausɑms!
Grausɑme Frau, die → grausɑm aussieht.
Grɑmbf|bruada der; Grambfbriada – Krampfbruder
1. Mann, der stets Unsinn, geistloses Zeug erzählt. 2. dummer, überspannter, närrischer, prahlerischer Mann.
Herk.: Grɑmbf *Unsinn, Blödsinn; sinnloser Gegenstand; Schmarren.*
Grɑmbf|henn die; Grambfhenna – Krampfhenne
weibl. Gegenstück zu → Grambfbruada.
Grɑtz|biɑštn die; Grɑtzbiɑštna – Kratzbürste(n)
widerspenstige, bissige, freche, schimpfende, unfreundliche Frau.
Herk.: Biɑštn *Vulva.*
Grɔd|ő der; Ez = Mz – Geradean
Mann, der geradeheraus, unverblümt, taktlos, rücksichtslos sagt, was er denkt.
Grɔw̄őd der; Grɔw̄őn – Kroate

ungebildeter, grober, unmanier-
licher, ungestümer Mann.
Herk.: wohl von den kroatischen
Soldaten des Dreißigjährigen
Krieges.
Grɛadûa die; Grɛadûan – Kreatur
gemeiner, rücksichtsloser, verab-
scheuungswürdiger Mensch.
Grɛdínn der; Grɛdínna – Kretin
dummer, läppischer, langweiliger
Mann.
Grēl das; Mz ungebr. – Gretel
einfältige, begriffsstutzige, ein-
fache Frau.
Herk.: Grēl *Margarethe* (Koseform).
gretzig – krätzig
1. wer an Krätze oder einer ande-
ren Hautkrankheit leidet. 2. unge-
pflegt, unappetitlich, unsauber.
Gretziga Mann, der → gretzig ist.
Grias|gnēl der; Griasgneln –
Grießknödel
gleichbed. mit → Lēdsch.
Grias|grām der; Mz ungebr. –
Griesgram
unfreundlicher, mürrischer, ver-
drießlicher Mann.
Herk.: eigtl. Mann, der mit den
Zähnen knirscht.
grias|grammig – griesgrämig
wer wie ein → Griasgram ist.
Grias|grammiga Mann, der →
griasgrammig ist.
grintig – grindig
1. wer verkrustete Wunden, Schorf
am Kopf hat. 2. unappetitlich, un-
gepflegt; wer Kopfschuppen hat.
Grintiga Mann, der → grintig ist.

Grippe der; Grippen
frecher, ungezogener, Ärger be-
reitender junger Mensch.
Herk. unsicher: < Krüppel? <
Gerippe?
Du Grippe, du saufrɛcha!
Grippe|mandl das; Grippemandln
gleichbed. mit → Grišpal.
Grišpal das; Grišpaln – Grisperl
schmächtiger, magerer, schwäch-
licher Mensch.
Herk. unsicher: < Grušpe, Grišpe,
Graišpe *Knorpel;* Grišpal = Ver-
kleinerungsform von Grušpe.
< Crispinus?
Du Grišpal, du zãûdías!
Grišpal|gštɛi das; Mz ungebr.
gleichbed. mit → Grišpal.
Herk.: Grišpe *Knorpel;* Gštɛi
Gestell; Körper.
Grišpe der; Grišpen
gleichbed. mit → Grišpal.
Grist|kindl gschlampads das; Mz
ungebr. – Christkindl, schlam-
piges
unordentlicher, schlampiger, nach-
lässiger Mensch.
Gristus laidnda der; Mz ungebr. –
Christus, leidender
Mann, der krank, gesundheitlich
heruntergekommen aussieht.
gritisch – kritisch
leicht reizbar, aufbrausend, jäh-
zornig.
Gritischa Mann, der → gritisch ist.
Grittla der; Ez = Mz – Krittler
Mann, der stets nörgelt, tadelt,
kritisiert; der kleine Sachen haar-
spalterisch bemängelt.

Grittlarin die; Grittlarinna – Kritt-
lerin
weibl. Gegenstück zu → Grittla.

grittlarisch – krittlerisch
wer wie ein → Grittla ist.

grōb – grob
unwirsch, derb, taktlos, ungesit-
tet, rücksichtslos, unfreundlich
A so a grōwa Hamme! Du grōwe
Bauankua! (→ Grōwa).

grōb|schlachtig – grobschlächtig
im Körperbau (und Benehmen)
grob, plump, derb, unbeholfen,
ungehobelt
Bauanbinkn, grobschlachtiga!

Grōb|schlachtiga Mann, der →
gröbschlachtig ist.

Grō̃|nickl der; Mz ungebr.
mürrischer, brummiger, übellau-
niger, verdrießlicher Mann.
Herk.: grōna *klagen, jammern;*
brummen, grunzen; → grantig.

gropfad – kropfig
1. wer einen Kropf hat. 2. wer →
āfgropfad ist
Du Saubaze, du gropfada!

Gropfada Mann, der → gropfad
ist.

groppad
1. wer → āfgraupad ist. 2. unhöf-
lich, grob, unwirsch, ungeschlif-
fen, rauh.

Groppada Mann, der → groppad
ist.

grous|bappad
angeberisch, prahlerisch, groß-
sprecherisch, großschnauzig.
Herk.: grous *groß;* Bappm *Mund*
(abwertend).

Grous|bappada Mann, der →
grousbappad ist.

grous|duttad
wer große Brüste hat, sehr voll-
busig ist.
Herk.: Duttn *große Brüste.*

Grous|duttade Frau, die → grous-
duttad ist.

grous|fotzad
1. wer lauthals spricht. 2. gleich-
bed. mit → grousbappad.
Herk.: Fotzn *Mund* (verächtlich)
A so a grousfotzada Dreghamme,
a grousfotzada!

Grous|fotzada Mann, der → grous-
fotzad ist.

grous|goschad
gleichbed. mit → grousfotzad.
Herk.: Goschn *Mund* (verächtlich).

Grous|goschada Mann, der →
grousgoschad ist.

grous|kopfad – großköpfig
1. wer einen besonders großen Kopf
hat. 2. reich, vermögend, vor-
nehm, wohlhabend. 3. wer gesell-
schaftlich einflußreich, tonange-
bend ist, zu den Oberen Zehntau-
send gehört.

Grous|kopfada wer → grouskopfad
ist; auch *Städter* im allg.

grous|maiad – großmäulert
gleichbed. mit → grousfotzad.
Herk.: Mai *Maul.*

Grous|maiada Mann, der → grous-
maiad ist.

grous|schɛllad – großschädlig
gleichbed. mit → grouskopfad.

Grous|schɛllada Mann, der → grousschɛllad ist.

grous|schnäüzig – großschnäuzig gleichbed. mit → grousfotzad.

Grous|schnäüziga Mann, der → grousschnäüzig ist.

Grōwa Mann, der → grōb ist
Herk.: zwischen Vokalen wird das *b* spirantisiert; siehe S. 194.

Grōwiɑn der; Mz ungebr. – Grobian
Mann, der → grōb ist.

Grucka die; Gruckana
bösartige, gemeine, hinterlistige Frau.

grumm|haxad
krummbeinig
Herk.: Hax m. *Bein;* Haxn *Beine* (abwertend).

Grumm|haxada Mann, der → grummhaxad ist.

Grūze|díakn der; Mz ungebr. – Kruzitürken, Ez.
Mann, der Ärger bereitet; verdammter, verfluchter Kerl.
Herk.: Grūzedíakn *Kruzifix* (abgeschwächt; siehe S. 180 f.

Grūzefíx der; Ez = Mz – Kruzifix
gleichbed. mit → Grūzedíakn, aber stärker
Du Gruzefíx, du faréckta!

Gschaftal das; Gschaftaln
Mensch, der wie ein → Gschaftla ist; etwas schwächer.

Gschaftla der; Ez = Mz
Mann, der sich unaufgefordert in alle Angelegenheiten mischt; der ungebetene Anordnungen und Befehle gibt; der wichtigtuerisch

Ratschläge erteilt; der sich emsig und dienstfertig überall aufdrängt.
Herk. gschaftig *geschäftig; eifrig; beschäftigt.*

Gschaftlarin die; Gschaftlarinna
weibl. Gegenstück zu → Gschaftla.

Gschaftl|huawa der; Ez = Mz – Gschaftlhuber
gleichbed. mit → Gschaftla
Herk.: gschaftig *eifrig, emsig* usw.; Huawa *Huber* (abwertende Nachsilbe, siehe S. 173.

Gschaftl|huawarin die; Gschaftlhuawarinna
weibl. Gegenstück zu → Gschaftlhuawa.

gschaftl|huawarisch
wer wie ein → Gschaftlhuawa ist.

Gschaftl|huawarischa Mann, der → gschaftlhuawarisch ist.

Gschaidal das; Mz ungebr.
Mensch, der anderen seine Meinung, sein Wissen aufdrängt; der alles besser weiß.
Herk.: gschaid *gescheit;* verkleinernde Nachsilbe -erl.

Gschaid|häfal das; Mz ungebr.
gleichbed. mit → Gschaidal.
Herk.: gschaid *gescheit;* Häfal *kl. Hafen, Töpfchen.*

Gschaid|maia der; Ez = Mz
gleichbed. mit → Gschaidal (nur Mann).
Herk.: gschaid *gescheit;* Maia *Meier* (abwert. Nachsilbe).

gschappig
gleichbed. mit → gschnappig.

gschɛad – geschert

*ungebildet, grob, rüpelhaft, unge-
schliffen, taktlos, unmanierlich.*
Herk.: gschɛad *geschert, gescho-
ren, mit kurzem Haarschnitt.* Im
Mittelalter und später trugen die
Gebildeten langes Haar, während
die Ungebildeten (leibeigene Bauern, Unfreie) das Haar kurz tragen mußten, also geschert, ge-
schoren waren. Bedeutungsüber-
tragung der Haartracht von Ge-
scherten (= Ungebildeten) auf
das Benehmen.
Du gschɛada Muhagl, du gschɛada!

Gschɛada Mann, der → gschɛad
ist.

gschɛckad – gescheckt
allg. abwertend, etwa *dumm.* →
Kaiwe.
Herk.: gschɛckad *fleckig (Kuh,
Hemd).*

gschiaglad – schielend
1. wer schielt. 2. allg. abwertend,
etwa *dumm, blöd.*
Herk.: schiagln *schielen.* In ländl.
Gegenden auch noch *stottern;
schwerhörig sein;* wer taub ist,
wird oft als dumm betrachtet, wie
engl. dumb *taub; dumm.* Siehe
auch S. 171.
Du gschiaglade Nɑchtigai!

Gschiaglada Mann, der → gschiaglad (Bed. 1) ist.

gschlɑmpad – schlampig
gleichbed. mit → schlampad.
Herk.: eigtl. geschlampig

Gschlɑmpade Frau, die → gschlɑmpad ist

Gschlɛaf das; (Gruppe)
gleichbed. mit → Bagɑ̈sch
Herk.: Gschlɛaf *schleppender
Gang; Gesindel.*

gschlɛckad – geschleckig
*wer gern süße Sachen ißt; nasch-
haft, schleckerig.*

Gschlɛckade Frau, die →
gschlɛckad ist.

gschmɛatzt – geschmerzt
*1. sehr empfindlich, leicht belei-
digt, zimperlich. 2. wer sehr elegant tut, hochnäsig ist, bes. Frau*
A so a gschmɛatzts Rimbfich!

Gschmɛatzte Frau, die →
gschmɛatzt ist.

Gschmoass das; (Gruppe) – Ge-
schmeiß
gleichbed. mit → Bagɑ̈sch.
Herk.: urspr. *Exkrement = das
von Raubvögeln Herabgeschmis-
sene.*

Gschmüdl das; (Gruppe) – Ge-
schmudel
gleichbed. mit → Bagɑ̈sch.
Herk. unsicher, wohl verwandt
mit Schmutz; Gschmüd *Vulva.*

gschnappig
*schnippisch, frech, vorlaut, unge-
zogen; wer abweisend mit kurzen
Worten antwortet, bes. Frau.*
Herk.: verwandt mit schnupfen,
schnaufen, die Luft (hochnäsig)
einziehen; vielleicht von schnap-
pen?

Gschnappige Frau, die → gschnappig ist.

gschnïglt – geschniegelt
wer sehr elegant angezogen, säu-

berlich frisiert ist (meist Mann).
Herk.: < mhd. snegel Schnecke;
Haarlocke.
Gschnīglta Mann, der → gschnīglt
ist.
gschnippig
gleichbed. mit → gschnappig.
Gschroa|mai das; Gschroamaia
gleichbed. mit → Blɛamai.
Herk.: Gschroa Geschrei; Mai
Maul.
gschroa|maiad
wer wie ein → Gschroamai ist.
Gschroa|maiada Mann, der →
gschroamaiad ist.
gschupft
allg. abwertend, etwa dumm;
verrückt.
Herk.: schupfa schieben; stoßen.
Gschupfte Henn= vom Hahn,
vom Hühnergeier gestoßen? →
Henn.
gschusslad
fahrig, übereilt, hastig. → Schussl.
Gschwɛal das; (Gruppe)
gleichbed. mit → Bagǎsch.
Herk.: wahrscheinlich von mhd.
geswehere angeheiratete Verwandtschaft.
A so a Gschwɛal, a so a faréckts!
Gschwoi|kōbf der; Gschwoikepf
1. Mann mit einem fetten, aufge-
schwollenen Kopf. 2. grober, sturer, protziger, gewichtig auftretender Mann.
Herk.: gschwoin geschwollen
Gschwoikobf, gschɛada!
gschwoi|kopfad
wer wie ein → Gschwoikōbf ist

A sechana gschwoikopfada Bauanštia!
Gschwoi|kopfada Mann, der →
gschwoikopfad ist.
Gschwoi|schɛl der; Gschwoischɛln
gleichbed. mit → Gschwoikōbf.
Herk.: gschwoin geschwollen;
Schɛl Schädel.
gschwoi|schɛllad
wer wie ein → Gschwoischɛl ist.
Gschwoi|schɛllada Mann, der →
gschwoischɛllad ist
Des is a gɑnz a Gschwoischɛl-
lada!
Gsɛi der; Gsɛin – Geselle
Bursche, allg. abwertend
A so a lɑngwailiga Gsɛi, a lɑngwailiga!
gsɛicht – geselcht
1. allg. abwertend, etwa dumm.
2. abgemagert, dürr. 3. wer an
Geschlechtskrankheit leidet (nach
Queri).
Du Ạff, du gsɛichta!
Gsɛin|haus|bruada der; Gsɛinhaus-
briada – Gesellenhausbruder
bigotter, frömmelnder Mann.
Herk.: Gsɛinhausbruada Kol-
pingssohn, Mitglied des Gesellen-
vereins.
Gsɛi|schaft die; (Gruppe) – Ge-
sellschaft
gleichbed. mit → Bagǎsch
A sechane misráwlige Gsɛischaft!
Gsindl das; (Gruppe) – Gesindel
gleichbed. mit → Bagǎsch.
Herk.: urspr. Reisegefolgschaft;
verwandt mit senden ·
Gsindl, māīnaidigs!

gsōd|wampad
sehr dickleibig; wer einen aufge-
dunsenen Bauch hat.
Herk.: Gsōd *Gesött, Häcksel*;
Viehfutter aus abgesottenen Ge-
treideabfällen. Wampm *dicker*
Bauch; wampad *dickleibig*
Du gsodwampada Saubaze, du
gsodwampada!
Gsōd|wampada Mann, der → gsōd-
wampad ist.
Gsōd|wampm die; Gsōdwampma
Mensch, der → gsōdwampad ist.
Herk.: eigtl. *dicke, mit Gesött*
gefüllte Wampe.
Gsox das; (Gruppe)
gleichbed. mit → Bagásch.
Herk. unsicher.
gšpassig – spaßig
seltsam, eigenartig, wunderlich.
Herk.: eigtl. gespaßig; eigtl. *lu-*
stig, fröhlich
A so a gšpassiga Kunt!
Gšpassiga Mann, der → gšpassig
ist.
Gšpenst das; Gšpensta – Ge-
spenst
langer, abgemagerter Mensch.
gšpraitzt – gespreizt
wer eingebildet ist, sich besser
dünkt; protzig, angeberisch.
Gšpraitzta Mann, der → gšpraitzt
ist.
Gštamm langs das; Gštamma lange
– Gestämme, langes
langbeiniger, aufgeschossener
Mann.
Herk.: Vergleich mit Baum-
stamm.

Gštɛi das; Gštɛia – Gestell
langer, hagerer Mensch.
Herk.: Gštɛi *Gestell; Körper.*
Guagl die; Guagln – Gurgel
bösartige, bissige, gemeine Frau
Du Guagl, du faréckte!
Guakal|kōbf der; Guakalkepf –
Gurkenkopf
einfältiger, läppischer, uninteres-
santer Mensch.
Herk.: Guakal *kl. Gurke*
A so a lɛdschada Guakalkobf, a
lɛdschada!
Gunkl die; Gunkln
alte Frau, allg. abwertend.
Herk. unsicher: Gunkl *Runkel-*
rübe; Spinnrocken; Spinnstube
für spinnende und plaudernde Frau-
en; Vulva.
Du Gunkl, du ɔide!
Gwaff das; Mz ungebr.
Mensch mit frechem, vorlautem
Mundwerk.
Herk.: Gwaff *Mund* (abwertend);
Geschwätz.
gwapped
raffiniert, gerissen, ausgekocht,
nicht auf den Mund gefallen.
Herk. unsicher; wohl mit Waffen
oder Wappen verwandt
Du Mistfich, du gwappeds!
Gwappede Frau, die → gwapped
ist.
gwampad
gleichbed. mit → wampad.
Gwampada Mann, der → gwampad
ist.
Gwand|laus die; Mz ungebr. –
Gewandlaus

aufdringlicher, lästig anhänglicher
Mensch

A sechane afdringliche Gwand-
laus!

Gwẽãgaza der; Ez = Mz
weinerlicher, klagender, jammern-
der Mann; einer, der anhaltend
weinerliche, trocken schluchzende
Töne von sich gibt.

Herk.: gwẽãzn *weinerlich sein;*
trockenen Auges weinen;
gwẽãgazn ist die verstärkte, iterative Form.

Gwẽãgazn die; Gwẽãgazna
weibl. Gegenstück zu → Gwẽãgaza.

Gwẽãza der; Ez = Mz
gleichbed. mit → Gwẽãgaza.

gwẽãzad
wer wie ein → Gwẽãza, →
Gwẽãgaza ist.

Gwẽãzn die; Gwẽãzna
weibl. Gegenstück zu → Gwẽãza,
→ Gwẽãgaza

gwīft – gewieft
raffiniert, durchtrieben, schlau.
Herk. unsicher: < mhd. wifen
sich winden? < frz. vif *lebhaft?*

Gwīfta Mann, der → gwīft ist.

gwissn|lous – gewissenlos
rücksichtslos, nur auf seinen Vor-
teil bedacht, opportunistisch

A so a gwissnlousa Fabrécha, a
gwissnlousa!

Gwissn|lousa Mann, der → gwissn-
lous ist.

H

Hachl der; Hachln – Hechel
grober, ungeschliffener, ungebil-
deter, sturer Mensch.
Herk. unsicher: Hachl *grober*
Kamm zur Flachsbearbeitung;
Deichselarm, Achsschere.
Du gschɛada Hachl, du
gschɛada!

Hādscha der; Ez = Mz – Hatscher
Mann, der schwerfällig, schlep-
pend oder schlampig geht, bei sei-
nem lässigen Gang die Füße nicht
abhebt und somit die Absätze oder
Außenseiten der Schuhe abschleift.
Herk.: hādschn *schleifend oder*
schleppend gehen.

hādschad
wer wie ein → Hādscha geht
A so a hadschada Kunt, a hadschada!

Hādschada Mann, der → hādschad
geht.

Hādschn die;Hādschna–Hatsche(n)
1. weibl. Gegenstück zu → Hādscha. *2. schlampige alte Frau.*

Hāfal|gucka der; Mz ungebr. –
Haferlgucker
neugieriger Mann, der sich in der
Küche um alles kümmert, in jeden
Topf hineinschaut.
Herk.: Hāfal *kl. Hafen, Töpfchen;*
gucken (nichtbair. Einfluß).

haftig – heftig
erzürnt, feindselig, zornig, auf-
gebracht.

Haftiga Mann, der → haftig ist.

Haichla der; Ez = Mz – Heuchler

scheinheiliger, sich verstellender
Mann
Du Haichla, du hintalistiga!

haichlarisch – heuchlerisch
wer wie ein → Haichla ist.

Hai|gaing die; Haigainga – Heu-
geige(n)
lange, dürre, knochige Frau.
Herk.: Haigaing *Holzgestell zum*
Trocknen des gemähten Grases
Du Haigaing, du špizlochade!

Hailiga bsundana der; Mz ungebr.
– Heiliger, besonderer
eigenartiger, wunderlicher, eigen-
brötlerischer Mann. → bsunda
A so a bsundana Hailiga!

Hāīne der; Hāīnen – Heini
einfältiger, geistloser, langweili-
ger, dummer Mann
Du blɛda Hāīne, du blɛda!

Hai|ox der; Haioxn – Heuochse
gleichbed. mit → Ox.

Haisl|ratz der; Haislratzn
unappetitlicher, ungepflegter, un-
sauberer Mann.
Herk.: Haisl *kl. Haus, Häuslein,*
Abort, Ratz *Ratte*
Du graislicha Haislratz!

Haisl|schlaicha der; Ez = Mz
heuchlerischer, scheinheiliger,
schöntuerischer Mann.
Herk.: Haisl *kl. Haus;* Schlaicha
Schleicher.

Hāīssn|kōbf der; Hāīssnkepf
1. Mann mit langem, pferdeähn-
lichem Gesicht oder Kopf. 2. dum-
mer, uninteressanter Mann.

Herk.: Hāīss *junges Pferd*
A so a dammischa Hāīssnkōbf!

Haita der; Ez = Mz
Mann, allg. abwertend.
Herk.: Haita *abgemagertes Pferd;*
verwandt mit Haut
A sechana diara Haita!

Halṓdre der; Halṓdren – Hallodri
1. leichtsinniger, unzuverlässiger,
verantwortungsloser junger Mann.
2. Bursche, der stets zu Unfug und
Allotria aufgelegt ist.
Herk. gr. allotrios *fremd, nicht*
zur Sache gehörig.

Halúnk der; Halúnkn – Halunke
verantwortungsloser, betrügeri-
scher, herumschweifender, spitz-
bübischer, gaunerhafter Mann.
Herk.: wahrscheinlich von
tschech. holomek *nackter Bettler.*

Hamme der; Hammen – Hammel
1. Mann mit schmutzigem Körper
oder schmutziger Kleidung. 2. un-
sittlicher, zotenhafter Mann. 3.
grober, sturer, ungehobelter, un-
manierlicher Mann.
Du Hamme, du dreckada!

Hannichl der; Hannichln
grober, ungeschliffener, dick-
schädliger Mann.
Herk. unsicher. Vgl. schweiz.
Hannäuggel, Hannöggel *einfälti-*
ger Mensch; <Hans-Jakob?
A so a gschɛada Hannichl!

hantig – hantig
bissig, unfreundlich, übellaunig;
bitter
A sechane hantige Matz, a hantige!

Hantiga Mann, der → hantig ist.

Hapfa der; Ez = Mz
Mann, der schwerfällig, schlei-
fend, hinkend geht.
Herk.: hapfa *schwerfällig, be-*
schwerlich gehen.

hapfad
wer wie ein → Hapfa geht.

Hapfan die; Hapfana
weibl. Gegenstück zu → Hapfa.

Haudara der; Ez = Mz
Mann, der durch schwere Arbeit
und wenig Essen abgemagert ist;
etwa gleichbed. mit → Fretta
(Bed. 2)
Du ɔida Haudara, du ɔida!

Hau|dɛng der; Mz ungebr. – Hau-
degen
1. kampf- und rauflustiger Mann.
2. alter, abgekämpfter Mann.

haudig – hautig
mager, schwächlich, kränklich;
wer sich nach einer Krankheit noch
nicht ganz erholt hat und mitge-
nommen aussieht.

Haudiga Mann, der → haudig ist.

Haus|drɑch der; Hausdrɑchan –
Hausdrache
bösartige, herrschsüchtige Ehe-
frau.
→ Hausgraiz.

Haus|graiz das; Mz ungebr. –
Hauskreuz
Frau, die ihrem Ehemann viel
Ärger und Schwierigkeiten berei-
tet; die ihn nicht ins Wirtshaus
läßt, schimpft wenn er doch geht
und schimpft wenn er kommt; die
dem Mann giftige Blicke zuwirft,

wenn er mit einer anderen tanzt usw. usw. usw.

Herk.: das Graiz, das (fast) jeder Ehemann zu Hause hat.

Hausl der; Hausln
grober, ungehobelter, ungebildeter, sturer Mann.

Herk.: eigtl. *Hausknecht; Hausdiener eines Betriebs.*

Du gschɛada Hausl, du gschɛada!

Hampara der; Ez = Mz
gleichbed. mit → Handwɛaksbuasch.

Herk.: verschliffen aus Handwerksbursche.

Hampe|mõ der; Mz ungebr. –
Hampelmann
läppischer, uneigenständiger, willensschwacher Mann, der sich wie eine Gliederpuppe alles gefallen läßt und nicht ernst genommen wird.

A so a lɛdschada Hampemõ, a lɛdschada!

Hand|wɛaks|buasch der; Handwɛaksbuaschn – Handwerksbursche
1. Mann, der herumstreicht, nicht ansässig bleibt. 2. grober, ungeschliffener, ordinärer Mann.

Hans|dámbf der; Mz ungebr. –
Hansdampf
einfältiger, läppischer, ungeschickter, nicht ernst genommener Mann.

Hans|káŝpal der; Mz ungebr. –
Hanskasperl
gleichbed. mit → Hansdámbf; →
Kašpal. Gramm. eigtl. sächl.

Hans|wúaŝt der; Hanswúaŝtn –
Hanswurst
gleichbed. mit → Hansdámbf, aber stärker
Du Hanswúaŝt, du saubléda!

Hand|duach|gsicht das; Mz ungebr. – Handtuchgesicht
Mann mit einem langen, ausdruckslosen, uninteressanten Gesicht.

hõb|giarig – habgierig
wer andren nichts gönnt, alles für sich selbst zusammenrafft.

Hõb|giariga Mann, der → hõbgiarig ist.

Hõda|lump der; Hõdalumpm –
Haderlump
gesinnungsloser, durchtriebener, nicht vertrauenswürdiger, betrügerischer, innerlich und äußerlich heruntergekommener Mann
Hõdalump, faréckta!

Hõdan der; Mz ungebr. – Hadern
schlampige, liederliche, verkommene, unsittliche, ordinäre Frau.

Herk.: Hõdan *Hadern, Lumpen.*

Hõfan der; Mz ungebr. – Hafen
liederliche, schlampige Frau.

Herk.: Hõfan *Hafen, Topf.*

hõgl|buachan – hagebuchen
ungehobelt, derb, grob; unkompliziert, unverfälscht.

Herk.: Hõglbuacha *Hagebuche, Hainbuche* (hat sehr hartes Holz);
→ hõãbuachan
Bauangloiffe, hõglbuachana!

Hõppal das; Hõppaln – Hopperl
einfache, einfältige, gutmütige Frau.

hõrig – haarig

1. *sehr stark behaart.* 2. *gefähr-*
lich, stur.

Hōriga Mann, der → hōrig ist.

Hōwan|goas die; Mz ungebr. –
Habergeiß
magere, dürre, langbeinige Frau.
Herk. unsicher: Hōwan *Hafer;*
Goas *Geiß.* Eine Spukgestalt des
Volksglaubens (vogelartiger Dä-
mon, der wie eine Ziege meckert;
Hōwa *Ziegenbock).* Auch eine
Strohfigur (Reiter auf einer Geiß),
die nach der Haferernte auf das
Dach gesetzt wurde.
A so a dialochade Hɔwangoas,
a dialochade!

Hɛaschafts|grippe der;
Hɛaschaftsgrippen
schlecht erzogenes, freches, eigen-
sinniges, unverschämtes Kind.
Herk.: Hɛaschaft *Herrschaft;*
Grippe *freches Kind;* die Kinder
reicher Leute sind oft sehr verzogen usw. → Grippe.

Hɛcht der; Hɛchtn – Hecht
eigenartiger, seltsamer, närrischer
Mann
Du Hɛcht, du špinnada!

Hɛpfa|goas die; Mz ungebr.
einfältige, beschränkte Frau.
Herk.: Hepfa = ?; Goas *Geiß.*

Hɛppa der; Hɛppan
dickleibige Frau.
Herk.: Hɛppa, Hɛppara *große*
(Wald-) Kröte; verwandt mit
hüpfen.

Hɛppara der; Ez = Mz
gleichbed. mit → Hɛppa.

hɛrrisch – herrisch

gebieterisch, stolz, arrogant.
Hɛrrische Frau, die → hɛrrisch ist.

hɛsslig – häßlich
wer ein abstoßend häßliches Ge-
sicht hat
A so a hɛssligs Waiwalaid!

Hɛsslige Frau, die → hɛsslig ist.

Hɛx die; Hɛxn – Hexe
unordentlich aussehende, zer-
zauste, zerlumpte Frau
Du Hɛx, du graisliche!

Hemmad|bīsla der; Ez = Mz
1. Bursche, der ins Hemd harnt.
2. unreifer, nicht ernst genomme-
ner, unerfahrener junger Kerl.
Herk.: Hemmad *Hemd;* bīsln
kindlich harnen. → Bruntza.

Hemmad|bruntza der; Ez = Mz
gleichbed. mit → Hemmadbīsla.

Hemmad|lentz der; Hemmad-
lentzn
1. gleichbed. mit → Hemmadbīsla (Bed. 2). *2. junge Person, die*
im Hemd herumläuft (d. h. ohne
Hose).
Herk.: Hemmad *Hemd;* Lentz
Lorenz (Kurzform).

Hemmad|schaissa der; Ez = Mz
1. Bursche, der in das Hemd
scheißt. 2. gleichbed. mit → Hemmadbīsla (Bed. 2).

Hemmad|soacha der; Ez = Mz
gleichbed. mit → Hemmadbīsla.
→ Soacha.

Hengst der; Hengstn – Hengst
viriler, begattungsfreudiger, wol-
lüstiger Mann.
A sechana gaila Hengst, a gaila!

Henn die; Henna – Henne

dumme Frau, allg. abwertend
Du Henn, du gschupfte!

Henna|fēgla der; Mz ungebr. –
Hühnervögler
Mann, allg. abwertend, etwa *ab-
scheulicher Kerl.*
Herk.: einer, der Hennen be-
gattet. → Fēgla, → Kuafēgla.

Hendl|gaia der; Mz ungebr. –
Hühnergeier, Habicht
Mann, allg. abwertend, etwa *laut-
halsiger Kerl.*
Herk.: Hendl *kl. Henne, Henne.*

Henna|gaia der; Mz ungebr.
gleichbed. mit → Hendlgaia.

Henna|graiffa der; Mz ungebr. –
Hühnergreifer
gleichbed. mit → Hennafēgla.
Herk.: wer den Hühnerpopo
nach Eiern abgreift.

Hennar|ōsch der; Mz ungebr. –
Hühnerarsch
gleichbed. mit → Ōsch.

Hetza der; Ez = Mz – Hetzer
*Mann, der andere gegenseitig auf-
hetzt; der durch üble Nachrede
oder falsche Behauptungen andere
gegeneinander aufwiegelt.*

hetzad – hetzend
wer wie ein → Hetza ist.

Hetzada Mann, der → hetzad ist.

Hiagst|katzl das; Mz ungebr.
*läppischer, schwächlicher, ver-
schlafener, müder Mensch.*
Herk.: Hiagst *Herbst;* Katzl *Kätzchen.* Die im Herbst geborenen
Kätzchen sind oft körperlich
schwächer als die im Frühjahr
geborenen und haben oft ver-

schmierte, krustige Augen.

hian|fa|brennt – hirnverbrannt
*wer närrisch ist, verrückte Ideen
hat.*

Hian|fa|brennta Mann, der →
hianfabrennt ist.

hian|rissig – hirnrissig
gleichbed. mit → hianfabrennt.

Hian|rissiga Mann, der → hian-
rissig ist.

Hiasch der; Hiaschn – Hirsch
*ungeschickter, dummer, läppi-
scher, gutmütiger Mann*
Du Hiasch, du blɛda!

Hiasl der; Hiasln
gleichbed. mit → Hiasch.
Herk.: Hiasl *Matthias* (Koseform)
Du Hiasl, du dammischa!

Hīfazn die; Hīfazna
*Frau, die anhaltend und stoß-
weise weint und schluchzt.*
Herk. unsicher.

Himme|hɛagōd|sackramént der;
Mz ungebr. – Himmelherrgott-
sakrament
*verdammter, verfluchter, vermale-
deiter Kerl.* Sehr stark.
Du Himmehɛagodsackramént,
du gopfaflúachta!

hingad – hinkend
wer hinkt, gehbehindert ist.

hinta|fotzad
*hinterlistig, gemein, verschlagen,
heuchlerisch.* → fotzad
Du hintafotzada Dreghamme, du
hintafotzada!

Hinta|fotzada Mann, der → hinta-
fotzad ist.

hintre|gschnīn
wer → hintafotzad *ist, sich aber dumm, unschuldig stellt; wer es faustdick hinter den Ohren hat.*
Herk.: hintre *hinter* (Richtung); gschnīn *geschnitten.*
Hintre|gschnīna Mann, der → hintregschnīn ist.

histêrisch – hysterisch
wer sich sehr aufregt, schreit, kreischt, übertrieben reagiert, bes. Frau
A so a histêrischs Waibsbuid!
Histêrische Frau, die → histêrisch ist.

hõā|buachan – hainbuchen
gleichbed. mit → hõglbuachan
A so a Waitla, a hõābuachana!
Hõā|buachana Mann, der → hõā-buachan ist.

hoaglig – heiklig
sehr wählerisch, anspruchsvoll, schwer zufriedenzustellen (Essen)
Du Grippe, du hoagliga!
Hoagliga Mann, der → hoaglig ist.

hoa|lous – haarlos
verdammt, gefährlich, gerissen, hinterhältig
Du Baze, du hoalousa!
Hoa|lousa Mann, der → hoalous ist.

hõām|duckisch – heimtückisch
hinterhältig, unberechenbar, scheinheilig aber gefährlich
Du Dreghamme, du hõām-duckischa!
Hõām|duckischa Mann, der → hõāmduckisch ist.

Hoan|ox der; Hoanoxn – Horn-ochse
gleichbed. mit → Ox, aber stärker.
Hoch|stɑpla der; Ez = Mz – Hoch-stapler
Mann, der vortäuscht, beruflich oder gesellschaftlich höher zu stehen, als es der Fall ist.

Hocka|blaiwa der; Ez = Mz – Hockenbleiber
dummer, beschränkter Bursche.
Herk.: einer, der (mehrmals) Klassen wiederholen muß.

Hoi|köbf der; Hoikepf – Hohlkopf
dummer, uninteressanter, nicht ernst genommener Mann.

Hoiz|aff der; Mz ungebr. – Holz-affe
gleichbed. mit → Ạff.
Herk.: Hoiz *Holz;* hier *Wald.*

Hoiz|fux der; Mz ungebr. – Holz-fuchs
Mann, allg. abwertend, etwa *dummer Kerl.*
Herk.: Hoiz *Wald; Holz*
A so a zɑnada Hoizfux, a zɑnada!

Hoiz|gnɛcht der; Mz ungebr. – Holzknecht
gleichbed. mit → Gnɛcht
Herk.: Hoiz *Wald; Holz.* Hoiz-gnɛcht *Holzfäller*
Du gscheada Hoizgnɛcht, du gscheada!

Hoiz|köbf der; Hoizkepf – Holz-kopf
dummer, läppischer Mann.
Du Hoizkobf, du dammischa!

Hopfa|štɑng die; Mz ungebr. – Hopfenstange

lange, magere, langbeinige Person, bes. Frau

A so a dialochade Hopfaštang, a dialochade!

Hōsn|bīsla der; Ez = Mz
1. gleichbed. mit → Hemmadbīsla. 2. *Bursche, der in die Hose harnt.*

Hōsn|bruntza der; Ez = Mz – Hosenbrunzer
gleichbed. mit → Hōsnbīsla. → Bruntza.

Hōsn|drεdrḗ der: Ez = Mz
gleichbed. mit → Hōsnschaissa, aber schwächer.
Herk.: drḗdan *sich beschmutzen;* drεdrḗ = Verdopplung.

Hōsn|schaissa der; Ez = Mz – Hosenscheißer
1. *Bursche, der in die Hose scheißt.* 2. *unreifer, nicht ernst genommener junger Kerl.* 3. *furchtsamer, feiger, ängstlicher Mann, der bei der geringsten Gefahr in die Hose macht.*

Hōsn|soacha der; Ez = Mz – Hosenseicher
gleichbed. mit → Hōsnbīsla
Du Hosnsoacha, du lεdschada!

Hottndótt der; Hottndóttn – Hottentotte
grober, ungeschliffener, begriffsstutziger Mann.

Hua die; Huana – Hure
1. *Hure.* 2. *ordinäre, gemeine, liederliche Frau.*

Huadara der; Mz ungebr.
Mann, der verschlagen, hinterlistig, heimlichtuerisch ist.

Herk.: Huad *Hut;* Huadara *Hutmacher.*

Huan|bōg der; Huanbeck – Hurenbock
1. *Zuhälter; Mann, der sich in der Gesellschaft von Huren aufhält.*
2. *unsittlicher, beischlafsfreudiger, wollüstiger Kerl*
Du Huanbog, du fakémmana!

Huan|hund der; Mz ungebr. – Hurenhund
gleichbed. mit → Huanbōg, etwas stärker.

Huanīgl der; Huanīgln
gleichbed. mit → Huanbōg. → Nickl.

Huan|mensch das; Huanmentscha – Hurenmensch, s.
gleichbed. mit → Hua. → Mensch
Du Huanmensch, du zammbεads!

Huan|štingl der; Huanštingln – Hurenstingel
gleichbed. mit → Huanbōg. → Štingl.

Hūdack der; Hūdackn
dummer, begriffsstutziger, ungehobelter, grober Mann.
Herk.: Hūdack *Heiduck, ungarischer Hirt oder Soldat*
A so a gschεada Hudack!

Hūdl die; Hūdln – Hudel
nachlässig gekleidete, schlampige Frau.
Herk.: Hūdl *Lumpen.*

Hūdla der; Ez = Mz – Hudler
1. *Mann, der fahrig, hastig, flüchtig, achtlos ist.* 2. *Mann, der nachlässig, unsorgfältig arbeitet, pfuscht.*

Herk.: hūdln *übereilt, nachlässig handeln.*

hūdlad – hudelnd
wer wie ein → Hūdla ist.

Hūdlada Mann, der → hūdlad ist.

Hūdlarin die; Hūdlarinna – Hudlerin
weibl. Gegenstück zu → Hūdla.

Hūdre|wūdre der; Mz ungebr.
gleichbed. mit → Hūdla. Auch Hūdrehūdre.

Hund der; Hunt – Hund
1. gemeiner, tückischer, hinterlistiger, elender Mann.
2. sehr häufiges Füllwort, allg. abwertend (siehe S. 163).
Du Hund, du faréckta!

Hundat|fimbfa|sīwazga der; Ez = Mz – Hundertfünfundsiebziger *homosexueller Mann.*
Herk.: nach dem § 175 des Strafgesetzbuchs. Scherzhaft erweitert zu „475er" *reicher Homosexueller,* d. h. ein „175er" mit einem Mercedes 300.

Hund|ling der; Ez = Mz – Hundling
gleichbed. mit → Hund (Bed. 1), aber schwächer
A sechana gfotzada Hundling, a gfotzada!

Hunga|laida der; Ez = Mz – Hungerleider
1. armer, magerer, ausgehungerter Mann. 2. Geizhals.

Hunts|bāze der; Huntsbāzen – Hundsbazi
gemeiner, tückischer, hinterlistiger, gerissener, verabscheuungs-

würdiger Mann. → Bāze
Du Huntsbaze, du ganz maĩnaidiga!

Hunts|britschn die; Huntsbritschna – Hundspritsche(n)
verstärkte Form von → Britschn.
Herk.: eigtl. *Vulva einer Hündin, Hundsfott, Hundsfotze.*

Hunts|bua der; Huntsbuama – Hundsbub
frecher, unverschämter, Ärger bereitender junger Bursche
Du Huntsbua, du graislicha!

Hunts|daife der; Huntsdaifen – Hundsteufel
verstärkte Form von → Daife (Bed. 1). Auch *Köter.*
Huntsdaife, faréckta!

Hunts|dēāndl das; Huntsdēāndln
weibl. Gegenstück zu → Huntsbua.
Herk.: Dēāndl *Mädchen*
Huntsdēāndl, saufréchs!

Hunts|dɛpp der; Huntsdɛppm – Hundsdepp
verstärkte Form von → Dɛpp
Du dɛppada Huntsdɛpp, du dɛppada!

Hunts|fotzn die; Mz ungebr. – Hundsfotze(n)
gleichbed. mit → Huntsbritschn, etwas stärker.

Hunts|fūd die; Mz ungebr. – Hundsfut
gleichbed. mit → Huntsbritschn.
→ Fūd.

Hunts|gnocha der; Huntsgnochan – Hundsknochen
gleichbed. mit → Huntsdaife

84

A so a Huntsgnocha, a faréckta!

Hunts|grippe der; Huntsgrippen
verstärkte Form von → Grippe
Du Huntsgrippe, du misráwliga!

hunts|haitan – hundshäutern
verrucht, niederträchtig, verschlagen.

Hunts|haitana Mann, der→hunts-
haitan ist.

Hunts|matz die; Huntsmatzna
verstärkte Form von → Matz.
Herk.: Huntsmatz *Hündin (läufige).*

Huntza der; Ez = Mz – Hunzer
*Mann, der andere schikaniert,
quält, schindet; der sie schlecht
(wie einen Hund) behandelt.*

Hupfa der; Ez = Mz – Hüpfer

*1. junger, nicht ernst genommener,
unreifer Bursche. 2. Mann, der
hinkt, gehbehindert ist.*
Herk.: hupfa *herumhüpfen; hinken.*

hupfad – hüpfend
wer hinkt, gehbehindert ist.

Hupfada Mann, der → hupfad ist.

Huschn die; Huschna – Husche(n)
fahrige, flüchtig handelnde Frau.

Hutschn die; Hutschna – Hut-
sche(n)
Frau, allg. abwertend.
Herk.: Hüdschn, Hutschn *Schaukel*
A sechane oide Hutschn!

Hūzl die; Hūzln – Hutzel
alte, runzlige Frau.

I

Idiót der; Idiótn – Idiot
1. *dummer, blöder, langweiliger,*
uninteressanter Mann. 2. *einge-*
bildeter, närrischer, arroganter
Mann.
idiótisch – idiotisch
wer wie ein → Idiót *ist.*
idiótn|haft – idiotenhaft
gleichbed. mit → idiótisch.
Ignoránt der; Ignорántn – Ignorant
Mann, der nichts weiß, der dumm
ist
Du Ignoránt, du blɛda!
īwa|gschnαppt – übergéschnappt

1. *verrückt.* 2. *eigenartig, schrul-*
lenhaft, eingebildet.
Īwa|gschnαppte Frau, die → īwa-
gschnαppt ist.
īwa|nachtig – übernächtig
wer müde, mitgenommen aus-
sieht, nicht ausgeschlafen hat.
īwa|spánnt – überspannt
1. *leicht verrückt, eigenartig, wun-*
derlich. 2. *eingebildet, arrogant.*
dumm-stolz, dünkelhaft
A so a iwaspánnta Maulαff!
Īwa|spánnte Frau, die → īwa-
spánnt ist.

J

Jackl der; Jackln
*ungeschickter, läppischer, lang-
weiliger, dummer, gutmütiger
Mann.*
Herk.: Jackl *Jakob* (Koseform).

jē|zoanig – jähzornig
*wer leicht aufbraust; wer aus den
geringsten Anlässen Wutanfälle
bekommt, gleich schimpft, flucht
oder zuschlägt*
A so a jɛzoaniga Rafhansl, a
jɛzoaniga!
Jē|zoaniga Mann, der → jēzoanig
ist.

Joch|gaia der; Jochgaian – Joch-
geier
*laut redender, schreiender, Krach
machender Mann.*
Herk.: Joch *Bergsattel*. Jochgeier
stoßen schrille Schreie aus.
A so a dammischa Jochgaia, a
dammischa!

Jūdas der; Jūdassn – Judas
treuloser, heimtückischer Mann.

Junkfa die; Junkfan – Jungfer
*unverheiratete, altmodische, ver-
schrobene ältere Frau*
A sechane fazópfte Junkfa!

K

Kāgaza der; Ez = Mz
Mann, der vor sich hinhüstelt, der
vereinzelt, kurz und krächzend
hustet.
Herk.: mhd. kîchen, kûchen *keu-*
chen; kāgazn *abgestoßen, trocken*
husten (erweiterte, intensiv-itera-
tive Form).

Kāgazn die; Kāgazna
weibl. Gegenstück zu → Kāgaza.

kaiffad – keifend
fortwährend mit schriller Stimme
schimpfen und zanken, bes. Frau
Du Mistfich, du kaiffads!

Kaiffan die; Kaiffana
Frau, die → kaiffad ist.

Kaiff|zɑng die; Mz ungebr. – Keif-
zange
Frau, die → kaiffad ist.

Kaiwe das; Kaiwen – Kalb
dummer, einfältiger, unwissender,
gutmütiger Mensch
Du Kaiwe, du gschɛckads!

Kāl der; Kaln – Kerl
Mann, allg. abwertend; Füllwort
A so a lɛdschada Kal, a lɛd-
schada!

Kampe der; Kampen
1. Bursche, allg. abwertend. *2. un-*
reifer, nicht ernst genommener
junger Mann.
Herk. unsicher: < Kampe *Kamm;*
grobes Holzgitter (am Hals der
Schweine befestigt, damit sie nicht
durch Büsche usw. weglaufen);
< Kämpe *Kämpfer?* Wohl nicht
von Kumpan.

A so a narischa Kampe, a narischa!

Kanáck der; Kanáckn
ungehobelter, ungebildeter, primi-
tiver, sturer Mann.
Herk. unsicher: < Kanake *Süd-*
seeinsulaner? < Hannake *mäh-*
rischer Volksstamm?

Kanálliē die; Kanálliēn – Kanaille
gemeiner, hinterlistiger, tücki-
scher Mensch, bes. Frau.
Herk.: frz. canaille *Gesindel, Hun-*
depack; < lat. canis *Hund.*

karákta|lous – charakterlos
schamlos, gewissenlos, opportu-
nistisch
Du Huntsbaze, du karáktalousa!

Karákta|lousa Mann, der → ka-
ráktalous ist.

Kās|gsicht das; Kāsgsichta – Käse-
gesicht
Mensch mit blassem, kränklich
aussehendem, farblosem Gesicht.

käsig – käsig
wer ein → Kāsgsicht hat.

Kāsiga Mann, der → käsig aussieht.

Kās|loawe das; Mz ungebr.
gleichbed. mit → Kāsgsicht.
Herk.: Kās *Käse;* Loawe *(runder)*
Laib. Kāsloawe *runder weißer*
Käse.

Kašpal der; Kašpaln – Kasperl
lächerlicher, nicht ernst genom-
mener, einfältiger Mann.

Kašpal|kōbf der; Kašpalkepf –
Kasperlkopf

88

gleichbed. mit → Kašpal
Du Kašpalkobf, du blɛda!

Kauz der; Mz ungebr. – Kauz
seltsamer, eigenartiger, wunder-
licher, schrullenhafter Mann
A so a kommischa Kauz, a kommischa!

Kachl die; Kachln – Kachel
Frau, allg. abwertend.
Herk.: Kachl, Bruntzkachl
Vulva; Nachttopf.

Kadóffe der; Kadóffen – Kartoffel
gleichbed. mit → Earepfe.

Kaffa der; Kaffan – Kaffer
gleichbed. mit → Kanáck.
Herk.: hebr. kapher *Bauer*
A sechana gschɛada Kaffa!

Kāfráida|rādschn die; Kāfráida-
rādschna – Karfreitagratsche(n)
gleichbed. mit → Rādschn.
Herk.: eigtl. Rassel, Holzklapper,
die am Karfreitag statt der Glok-
ken den Kirchenbeginn ankün-
digt.

Kaifáckt der; Kaifácktn – Kal-
faktor
1. schöntuerischer, zuträgerischer,
hinterlistiger Mann. 2. spitzbü-
bischer, gerissener Mann.
Herk.: eigtl. Warmmacher, Ofen-
heizer.

Kaméi das; Kaméia – Kamel
gleichbed. mit → Hiasch
Du Kaméi, du blɛds!

Kamóppe das; Kamóppen
gleichbed. mit → Kaméi.
Herk. unsicher: Erweiterung von
Kamel? <ital. camuffo? <He-
bräisch?

Kanái|ratz der; Kanáiratzn – Ka-
nalratte
gleichbed. mit → Bōchratz
Du Kanáiratz, du unappadít-
licha!

Kašpa der; Kašpan – Kaspar
gleichbed. mit → Kašpal.

Katz die; Katzna – Katze
falsche, hinterlistige, schöntue-
rische Frau
A sechane fɔische Katz, a fɔische!

kɔid – kalt
unverfroren, kühn, draufgänge-
risch, dreist
A sechana kɔida Hund!

Kɛllar|assl die; Mz ungebr. – Kel-
lerassel
widerlicher, unangenehmer, un-
sauberer Mensch.

kepplad
wer ständig keift, anhaltend
schimpft oder laut nörgelt.

Kiacha|rutschn die; Kiacha-
rutschna – Kirchenrutsche(n)
bigotte alte Frau, die oft zur Kirche
geht.

Kīchazn die; Mz ungebr.
Frau, die störend oft kichert; die
einem mit ihrem Kichern auf die
Nerven geht
A so a blɛde Kichazn, a so a blɛde!

Kimme|diak der; Kimmediakn –
Kümmeltürke
gleichbed. mit → Hūdack.
Herk. vielleicht von *Student aus*
der Kümmeltürkei (bei Halle)?

kindisch – kindisch
läppisch, verspielt, eigensinnig,
trotzig, lächerlich

A so a kindischs Manntsbuid,
a kindischs!

Kindischa Mann, der → kindisch
ist.

Kinēs der; Kinēsn – Chinese
*1. sonderbarer, wunderlicher, selt-
samer, närrischer Mann. 2. dummer, langweiliger, uninteressanter
Mann*

Kīne|hōs der; Kīnehōsn
gleichbed. mit → Hiasch.
Herk.: Kīnehōs *Kaninchen*. Kīne
bedeutet hier nicht *König*, sondern kommt von lat. cuniculus
Kaninchen.

Kints|kōbf der; Kintskepf – Kinds-
kopf
Mann, der → kindisch ist.

Koirā̄we der; Koirā̄wen – Kohlrabi
gleichbed. mit → Earepfe.
Herk.: Koirā̄we *Kohlrabi; Kopf*
(abwertend).

kommisch – komisch
*eigenartig, schrullenhaft, unver-
ständlich*
Aussprache auch kōmisch
A so a kommischa Kal, a kommischa!

Kommischa Mann, der → kommisch ist.

Konsóattn die; (Gruppe) – Kon-
sorte(n)
gleichbed. mit → Bagā̄sch.

koppad – koppend
1. wer rülpst. 2. gleichbed. mit →
ā̄fbegɛarad.

Koud|antara der; Mz ungebr. –
Kotenterich

*Mann, der keine Kinder zeugen
kann (Impotenz usw.).*
Herk.: Antara *Enterich;* Koud
Kot. Ein Koudantara ist ein (im-
potenter) Enterich, der keine Eier
befruchtet.

Kua die; Kia – Kuh
*dumme, dickleibige, schwerfällige
Frau.*

Kua|britschla der; Ez = Mz – Kuh-
pritschler
*Mann, der schwer arbeitet, sich
sehr abmüht, aber doch zu nichts
kommt; ein armseliger Hungerleider.*
Herk.: eigtl. ein Bauer, der nur
eine Kuh besitzt. → Kuabritschn.

Kua|britschn die; Kuabritschna –
Kuhpritsche(n)
*grobe, schwerfällige, grobgebaute
Frau.*
Herk.: Britschn *Vulva;* Kua-
britschn *große, weite Vagina;
Vagina einer Kuh.*

Kua|fēgla der; Mz ungebr. – Kuh-
vögler
*1. Sodomit; Mann, der mit einer
Kuh geschlechtlich verkehrt. 2.
Mann, allg. abwertend.* → Fēgla.

kua|r|augad – kuhäugig
*wer große, feuchte, leicht hervor-
quellende, stumpfsinnig blickende
Augen hat, bes. Frau.*
Herk.: zum Sproßkonsonanten *r*
siehe Epenthese, S. 193.
Du Drampe, du kuaraugada!

Kua|r|augade Frau, die → kuar-
augad ist.

Kuchl|mensch das; Kuchlmentscha

*derbe, grob auftretende, ungebil-
dete, ungehobelte, dumme Frau.*
Herk.: Kich, Kuchl *Küche;*
Mensch *weibl. Hilfskraft.* Kuchl-
mensch *Köchin.* → Mensch.
Kuchl|ratz der; Kuchlratzn
gleichbed. mit → Kuchlmensch,
etwas schwächer.
Herk.: Kuchl *Küche;* Ratz *Ratte.*
Küdan die; Kūdana
*Frau, die verhalten kichert, die
halbunterdrückt lacht.*
Küdara der; Ez = Mz
männl. Gegenstück zu → Kūdan
A so a dammischa Kudara!
Kunt der; Kuntn

*1. unverheirateter Mann, Jungge-
selle. 2. Mann,* allg. abwertend;
Füllwort.
Herk. unsicher, wohl von mhd.
kunder *Lebewesen; Monstrum.*
Kuttn|bruntza der; Ez = Mz –
Kuttenbrunzer
1. Mönch. 2. gleichbed. mit →
Hemmadbīsla.
Herk.: Noch vor einer Genera-
tion trugen Knaben eine Kuttn
(Rock), bis sie alt genug waren,
um eine Hose zu tragen. Beim
Harnen war diese Kutte oft im
Weg und wurde bespritzt. Den
Mönchen geht es ähnlich.

L

Lackl der; Lackln
grober, ungeschliffener, unma-
nierlicher, grobgebauter Mann.
Herk. unsicher: < Melackl (früher beliebter Name großer Metz-
gerhunde)? < Mélac (frz. Gene-
ral, der im 17. Jh. die Pfalz
verwüstete)? Sicher nicht von
Lakai!
Du gschɛada Lackl, du gschɛada!
lackl|haft
wer wie ein → Lackl ist.
Lackl|hafta Mann, der → lackl-
haft ist.
laichtsinnig – leichtsinnig
wer unüberlegt, unbekümmert han-
delt.
Laichtsinniga Mann, der → laichtsinnig ist.
Lampal das; Lampaln
einfältiger, dummer, gutmütiger
Mensch.
Herk.: Lampal *kl. Lamm.* Das *p*
ist entweder ein Sproßkonsonant
(Lamm-p-erl), wahrscheinlicher
aber archaisch (mhd. lamb *Lamm;*
vgl. engl. lamb).
Lankl der; Lankln
müder, schlaffer, saft- und kraft-
loser Mann.
Herk.: lankln *kraftlos die Glieder*
baumeln lassen.
laud|maiad – lautmaulig
wer mit störend lauter Stimme
spricht, schreit
A so a laudmaiada Saubaze, a
laudmaiada!

Laud|maiada Mann, der → laud-
maiad ist.
lãũnan|haft – launenhaft
wechselhaft, schnell veränderlich;
wer aus geringen Anlässen schnell
schmollt, verdrießlich wird
A sechana lãũnanhafta Kunt!
Lãũnan|hafte Frau, die → lãũnan-
haft ist.
laungad – leugnend
1. wer etwas ihm Vorgeworfenes
ableugnet, abstreitet. 2. wer ge-
wohnheitsmäßig lügt.
Laungada Mann, der → laungad
ist.
lãũnisch – launisch
gleichbed. mit → lãũnanhaft.
Lãũnischa Mann, der → lãũnisch
ist.
Lausa der; Ez = Mz – Lauser
frecher, unreifer, aufsässiger jun-
ger Kerl.
Laus|bua der; Lausbuama – Laus-
bub
gleichbed. mit → Lausa.
Laus|dẽãndl das; Lausdẽãndln
weibl. Gegenstück zu → Lausbua.
Herk.: Dẽãndl *Mädchen*
Du Lausdẽãndl, du rotznõsigs!
lausig – lausig
1. wer verlaust, voller Läuse ist.
2. erbärmlich, miserabel.
Laus|kampe der; Lauskampen
schmutziger, verwahrloster, un-
gepflegter Mann.
Herk.: Kampe *Kamm.* → Kampe.
Laff der; Laffn – Laffe

läppischer, interesseloser, uninteressanter, schlaffer, dummer, weichlicher, müßiggängerischer Mann.
Herk.: verwandt mit Lappen; urspr. *schlaff hängen.*

Lalle der; Lallen
gleichbed. mit → Laff.
Herk.: verwandt mit lallen; slowakisch lalo *Dummkopf.*

Lalle|dútte der; Lalledútten
gleichbed. mit → Lalle.
Herk. von dutte unsicher: < dūdan *stammeln?* < ital. tutti?

Lām|ōsch der; Lāmōschn – Lahmarsch
gleichbed. mit → Lalle.

lām|ōschad – lahmarschig
wer wie ein → Lāmōsch ist.

Lām|ōschada Mann, der → lāmōschad ist.

Land|bommarantzn die; Mz ungebr. – Landpomeranze(n)
gleichbed. mit → Bauandrampe.

Land|straicha der; Ez = Mz – Landstreicher
gleichbed. mit → Fagabúnt.

lang|fotzad
wer ein auffällig langes Gesicht hat.
Herk.: Fotzn *Gesicht* (verächtlich).

Lang|fotzada Mann, der → langfotzad ist.

lang|grongad
wer einen auffällig langen Hals hat.
Herk.: Grong *Kragen; Hals* (abwertend).

Lang|grongada Mann, der → langgrongad ist.

lang|haxad
wer auffällig lange Beine hat.
Herk.: Haxn *Beine.*

Lang|haxade Frau, die → langhaxad ist.

lang|nōsad – langnasig
wer eine auffällig lange Nase hat.
Herk.: Nōsn *Nase.*

Lang|nōsada Mann, der → langnōsad ist.

lang|schrangad
wer auffällig lange Beine hat.
Herk.: Schrang *Schragen, Latten; Beine* (abwertend).

Lang|schrangade Frau, die → langschrangad ist.

Lang|waila der; Ez = Mz – Langweiler
langweiliger, ermüdender Mann.

lang|wailarisch – langweilerisch
wer wie ein → Langwaila ist.

Lang|wailarischa Mann, der → langwailarisch ist.

lang|wailig – langweilig
wer wie ein → Langwaila ist.

Lang|wailiga Mann, der → langwailig ist.

lang|zōdad – langzottig
wer langes Haar hat, bes. Mann.
Herk.: Zōn *Zotten, schulterlange Haare;* zōdad *zottig, langhaarig*
Du langzodada Dreghamme, du langzodada!

Lang|zōdada Mann, der → langzōdad ist.

Lapp der; Lappm – Lapp
gleichbed. mit → Laff.

Lasta das; Ez = Mz – Laster
Frau, allg. abwertend.

lasta|haft – lasterhaft
untugendhaft, unsittlich, sündhaft.

Lasta|hafta Mann, der → lastahaft
ist.

Lattial der; Lattialn
läppischer, willensschwacher, wei-
nerlicher, unbeholfener Mann; bes.
Mann, der sich von seiner Frau
herumbefehlen läßt.
Herk. unsicher: vielleicht entstanden durch Abschleifung von
„Ladinderl" = Latiner (Volks-
gruppe in Südtirol), bei denen es
durch Inzest viele Schwachsin-
nige gegeben haben soll.

Lɛck|mi|am|ɔ̄sch der; Mz ungebr.
– Leck-mich-am-Arsch
gleichbed. mit → Lɛ̄dsch. Aussprache auch: Lɛppmiamɔ̄sch
Du rinnaugada Lɛckmiamɔsch!

Lɛ̄dsch der; Lɛ̄dschn
uninteressanter, langwciliger, läp-
pischer, weibischer, beschränkter,
schlaffer, weinerlicher Mann.
Herk.: Lɛ̄dschn *Gesicht* (veräcbt-
lich); *Mund* (verächtlich). Urspr.
etwas formlos Herabhängendes.
< Mhd. Lotze.
Eine Lɛdschn machen *weinerlich*
dreinsehen
Du Lɛdsch, du miadaugada!

lɛ̄dschad
wer wie ein → Lɛ̄dsch ist
Du lɛdschada Hund, du lɛdschada!

Lɛ̄dschada Mann, der → lɛ̄dschad
ist.

Lɛ̄dsch|mai das; Mz ungebr. gleich-
bed. mit → Lɛ̄dsch.

Lɛ̄dschn die; Mz ungebr.
1. weibl. Gegenstück zu → Lɛ̄dsch.
2. *Mensch mit einem weinerlichen,*
läppischen, uninteressanten Ge-
sicht.

Lɛ̄dschn|béppe der; Lɛ̄dschn-
béppen
gleichbed. mit → Lɛ̄dsch.
Herk.: Bɛppe *Josef* (Koseform).

Lɛ̄dschn|bĕ̄ne der; Lɛ̄dschnbĕ̄nen
gleichbed. mit → Lɛ̄dsch.
Herk.: Bēne *Benedikt* (Koseform).

lɛppisch – läppisch
wer wie ein → Lɛ̄dsch ist.

Lɛppischa Mann, der → lɛppisch
ist.

lɛstig – lästig
störend; aufdringlich; weinerlich;
mürrisch
Du Mannalaid, du lɛstigs!

Lɛstige Frau, die → lɛstig ist.

Leffe der; Leffen – Löffel
gleichbed. mit → Limme.

Lentz der; Mz ungebr.
fauler, träger, schlapper Mann.
Herk.: Lentz *Lorenz* (Kurzform).

Lĕ̄wa|wuašt beláidigte die; Mz
ungebr. – Leberwurst, beleidigte
Mensch, der leicht schmollt, schnell
gekränkt ist; der sehr empfindlich
und leicht beleidigt ist.
Herk. unsicher; kein ersichtliches
tertium comparationis (S. 170).

liadalich – liederlich
leichtlebig, schlampig, herunter-
gekommen, unordentlich.

liagad – lügend
wer lügt, Unwahres sagt; wer ver-
logen, lügenhaft ist
A so a liagada Kal!
Liagada Mann, der → liagad ist.
Liang|bail der; Liangbailn – Lü-
genbeutel
verlogener, lügenhafter Mann. →
Bail.
līga|haftig – liegerhaftig
bettlägrig; wer kränkelt und des-
halb im Bett bleiben muß; kränk-
lich, schwach.
A so a ligahaftigs Waiwalaid!
Līga|haftige Frau, die → līgahaftig
ist.
Limme der; Limmen – Lümmel
grober, ungeschliffener, derber,
ungezogener, ungebildeter Mann.
Herk. unsicher
Du saugrówa Limme, du saugrówa!
limme|haft – lümmelhaft
wer wie ein → Limme ist.
Limme|hafta Mann, der → limme-
haft ist.
linsad – linsend
wer genau aufpaßt, heimlich beob-
achtet, lauert, späht.
Herk. unsicher, vielleicht verwandt mit Linse.
Linsada Mann, der → linsad ist.
Lippe der; Lippen
ungeschickter, grober, ungestü-
mer, unmanierlicher Mann.
Herk.: Lippe *Philipp* (Koseform)
A sechana gscheada Lippe!
loadig – leidig
verdrossen, mißmutig, mürrisch,

weinerlich, ekelhaft
Pfundhamme, loadiga!
Loadige Frau, die → loadig ist.
Load|šteftn der; Loadšteftna
Mann, der → loadig ist. → Šteftn.
Loafa die; Loafana – Larve(n)
Mensch mit einem häßlichen, ab-
stoßenden Gesicht.
Herk.: Loafa *Larve; Gesicht* (ver-
ächtlich)
A sechane graisliche Loafa!
Loam|ōsch der; Loamōschn –
Lehmarsch
gleichbed. mit → Lāmōsch.
Herk.: Loam *Leim;* hier *Lehm.*
loam|ōschad – lehmarschig
wer wie ein → Loamōsch ist.
Loam|siada der; Ez = Mz – Leim-
sieder
langweiliger, müder, uninteressan-
ter, läppischer Mann.
loam|siadarisch – leimsiederisch
wer wie ein → Loamsiada ist.
Loas die; Mz ungebr.
sehr unsaubere, ungepflegte, ver-
wahrloste, ordinäre Frau.
Herk.: Loas *Mutterschwein,*
Zuchtsau. Ausspr. auch Lous.
Lōb|hūdla der; Ez = Mz – Lob-
hudler
gleichbed. mit → Ōschgriacha.
lōb|hūdlarisch – lobhudlerisch
wer wie ein → Lōbhūdla ist.
Lōb|hūdlarischa Mann, der →
lōbhūdlarisch ist.
Lōch das; Mz ungebr. – Loch
Mann; Frau, allg. abwertend
Du Loch, du faschíssns!
Loitl der; Loitln

95

gleichbed. mit → Biffe.

Herk. unsicher: vielleicht von Loy *Eligius* (Koseform) mit Sproßkonsonant -t- und Verkleinerungs-l (Loy-t-l)?

Lotta der; Ez = Mz – Lotter
Taugenichts, Lump, Spitzbube, Faulenzer.

Herk.: wahrscheinlich verwandt mit lottern.

Luada das; Luadana – Luder
1. gerissener, heimtückischer, raffinierter Mann. 2. freche, unverschämte, liederliche, ausschweifende Frau.

Herk.: urspr. *Lockmittel, Aas zum Anlocken von Tieren*

A so a frɛchs Luada, a frɛchs!

Luang|schippe der; Luangschippen
gleichbed. mit → Liangbail.

Herk.: luang *lügen;* Schippe = ?

Lucke der; Lucken
1. Zuhälter. 2. arbeitsscheuer, gerissener Müßiggänger. 3. ungeschliffener, ordinärer Mann.

Herk.: Lucke *Ludwig* (Kurzform). → Lui.

luft|gsɛicht – luftgeselcht
allg. abwertend, etwa *dumm*
Du Ạff, du luftgsɛichta!

Lui der; Mz ungebr. – Louis
gleichbed. mit → Lucke (Bed. 1 und 2).

Herk.: frz. Louis *Ludwig; Zuhälter.*

Lump der; Lumpm – Lump
gleichbed. mit → Hōdalump.

Lumpm|gsindl das; (Gruppe) –
Lumpengesindel
verstärkte Form von → Gsindl,
betont die Verächtlichkeit
Lumpmgsindl, farɛckts!

Lumpm|hund der; Lumpmhunt –
Lumpenhund
gleichbed. mit → Hōdalump, etwas verächtlicher
Du Lumpmhund, du misráwliga!

Lūra der; Ez = Mz – Lurer
Mann, der lauert, späht, heimlich beobachtet, angestrengt hinsieht.

Herk.: luan *lauern.*

lūrad – lurend
wer wie ein → Lūra ist.

Lūrada Mann, der → lūrad ist.

Lūsa der; Ez = Mz – Luser
Mann, der lauscht, anderen heimlich zuhört.

Herk.: lūsn *lauschen.*

lūsad – lusend
1. wer wie ein → Lūsa ist. *2. langweilig, läppisch, unentschlossen*
A so a lusada Saubaze!

Lūsada Mann, der → lūsad ist.

Lux der; Mz ungebr. – Luchs
Mann, der alles scharf beobachtet, dem nichts entgeht.

lux|augad – luchsäugig
wer wie ein → Lux ist.

Lux|augada Mann, der → luxaugad ist.

M

Mackla der; Ez = Mz
1. *Mann, der nörgelt, ständig kritisiert, alles herabsetzt.* 2. *Mann, der unerlaubte, unredliche, betrügerische Dinge treibt.*

Magánt der; Magántn
Mann, der Krankheit, Trauer, Freude, Freundlichkeit usw. vortäuscht; Simulant.

Magíara der; Ez = Mz – Markierer
gleichbed. mit → Magánt.

Mai|kɛfa der; Maikɛfan – Maikäfer
Mann, allg. abwertend, etwa dummer Kerl
Du Maikɛfa, du blɛda!

mãin|aidig – meineidig
1. *wer vorsätzlich falsch schwört.*
2. *verflucht, tückisch, gemein, zu allem fähig* (Füllwort)
Du Huntsbaze, du mãinaidiga!

Mãin|aidiga Mann, der → mãinaidig ist.

Maitara der; Ez = Mz – Meuterer
Mann, der ständig schimpft, nörgelt, sich beschwert.
Herk.: maitan *meutern, schimpfen, sich auflehnen.*

Maitn die; (Gruppe) – Meute(n)
gleichbed. mit → Bagásch.

Mampsa der; Ez = Mz – Mamser
gleichbed. mit → Āfmampsa.

Mankla der; Ez = Mz – Mankler
gleichbed. mit → Mackla (Bed. 2).

Mandal das; Mandaln

armseliger, schwächlicher, nicht ernst genommener Mann.
Herk.: Mandal *Männlein* (Mann-d-erl = Sproßkonsonant).

Mandl das; Mandln
gleichbed. mit → Mandal.

mannig – männig
brünstig, wollüstig, mannstoll (nur Frau)
A so a Matz, a mannige!

Mannige Frau, die → mannig ist.

Markn die; Markna – Marke(n)
durchtriebener, raffinierter, leichtlebiger Mensch, bes. Frau.

marṓd – marode
kränkelnd, schwach, körperlich matt, heruntergekommen.

Marṓda Mann, der → marṓd ist.

Massla der; Ez = Mz – Massler
Mann, der ständig schimpft, nörgelt; der sich laut und ausdauernd beschwert.
Herk.: massln *laut schimpfen und nörgeln.*

masslad – masselnd
wer wie ein → Massla ist.

Masslade Frau, die → masslad ist.

Masslarin die; Masslarinna – Masslerin
weibl. Gegenstück zu → Massla
A so a lɛstige Masslarin, a lɛstige!

matschig – matschig
müde, energielos, erschöpft, läppisch, unentschlossen.

Matschiga Mann, der → matschig ist.

Matz die; Matzna

1. liederliche, unsittliche, wollüstige Frau; Hure. 2. bösartige, heimtückische, gemeine, niederträchtige Frau.

Herk.: <Matz *Hündin;* Metze *Mathilde, Mechthild* (Kurzform) Matz, faréckte!

mau – mau
läppisch, müde, energielos, schwächlich.

maulad – maulend
wer vorlaut, aufsässig, frech zurückredet, unterdrückt und mürrisch widerspricht.

Maulada Mann, der → maulad ist.

Maul|aff der; Maulaffn – Maulaffe
gleichbed. mit → Glɛzn
Du Maulaff, du rinnaugada!

Mausa der; Ez = Mz – Mauser
1. Mann, der stiehlt, kleinere Dinge mitgehen läßt. 2. unsittlicher, begattungsfreudiger Mann; Schürzenjäger.

Herk.: mausn *stehlen; koitieren.*

maus|augad – mausäugig
wer nahe zusammenstehende, durchdringend blickende, dunkle, stechende Augen hat.

Maus|augada Mann, der → mausaugad ist.

Maus|drēg āfgštɛida der; Mz ungebr. – Mäusedreck, aufgestellter *kleiner Mann, der sich wichtig machen will, der groß tut*
Du Mausdreg, du afgštɛida!

Maus|foin|handla der; Ez = Mz – Mäusefallenhändler
armer, schäbiger, zerlumpter, verächtlicher Mann.

Herk.: früher zogen italienische und andere Hausierer mit Mäusefallen durch das Land.

Mãũza der; Ez = Mz
weinerlicher, jammernder, läppischer Mann.

Herk.: eigtl. *wie eine Katze schreien, miauen* (iterativ).

mãũzad
wer wie ein → Mãũza ist.

Mãũzada Mann, der → mãũzad ist.

Mãũzn die; Mãũzna
weibl. Gegenstück zu → Mãũza.

Malefīz der; Malefīzn – Malefiz
durchtriebener, raffinierter, Ärger bereitender Mann.

Mampfa der; Ez = Mz – Mampfer
Mann, der (geräuschvoll) mit vollen Backen kaut.

Herk.: mampfa *mit vollen Backen kauen, essen.* Mampf *dicker Brei.*

mampfad – mampfend
wer wie ein → Mampfa ißt.

Mampfada Mann, der → mampfad ißt.

Mannads das; Mz ungebr.
Mann, allg. abwertend.

Manna|laid das; Ez = Mz – Mannerleut
Mann, allg. abwertend
A so a dɛppads Mannalaid, a dɛppads!

Mannts|buid das; Manntsbuida – Mannsbild
Mann, allg. abwertend.

Molla der; Ez = Mz
Mann, der viel, Uninteressantes und monoton spricht.

Herk. unsicher, vielleicht verwandt mit mahlen?

mɔllad
wer wie ein → Mɔlla spricht.

Mɔllada Mann, der → mɔllad spricht.

Mensch das; Mentscha–Mensch, s.
1. einfältige, unmanierliche, derbe, ungebildete Frau. 2. dreiste, liederliche, unverschämte, ordinäre Frau. 3. Hure.
Herk.: Mensch urspr. *Magd, weibl. Hilfskraft beim Bauern.*

Mentscha|kāl der; Mentschakaln
1. Mann, der sich gern bei leichtlebigen Frauen aufhält; Hurenbock. 2. Mann, der ständig den Frauen nachstellt; Schürzenjäger.
Herk.: Mentscha *Frauen* (abwertend); → Mensch, → Kāl *Kerl.*

Mentschal das; Mentschaln
junge Frau, die auf dem besten Weg ist, ein → Mensch (Bed. 2 u. 3) zu werden; Flittchen.

Mentschara der; Ez = Mz
gleichbed. mit → Mentschakāl.

miad – müde
schlapp, energielos, uninteressant, läppisch
Du miada Hund, du miada!

Miada Mann, der → miad ist.

miad|augad – müdäugig
wer müde dreinblickt, verschlafen ist; wer herabhängende Augendeckel hat
A so a miadaugada Hiasch, a miadaugada!

Miad|augada Mann, der → miadaugad ist.

Mial das; Mialn
einfältige, dumm-gutmütige Frau.
Herk.: Mial *Maria* (Koseform).

Mille|britschla der; Ez = Mz
armseliger Mann, der es trotz schwerer Arbeit zu nichts bringt; armer Hungerleider.
Herk.: Mille *Milch;* britschln *Flüssigkeiten (ver-)gießen, panschen.*

mīsrǎwlig – miserablig
gemein, hinterlistig, durchtrieben, verdammt, verflucht
Huntsgrippe, misrǎwliga!

Mīsrǎwlige Frau, die → mīsrǎwlig ist.

miss|drauisch – mißtrauisch
wer andere verdächtigt, argwöhnisch ist.

Miss|drauische Frau, die → missdrauisch ist.

Miss|gebuat die; Missgebuatn – Mißgeburt
gemeiner, bösartiger Mensch
A so a Missgebuat, a so a gopfaflúachte!

Mist|ɑmpsl die; Mistampsln – Mistamsel
gleichbed. mit → Drēgampsl.

Mist|baua der; Mistbauan – Mistbauer
verstärkte Form von → Baua
Mistbaua, štingada!

Mist|britschn die; Mistbritschna – Mistpritsche(n)
verstärkte Form von → Britschn
Mistbritschn, saugrówe!

Mist|bua der; Mistbuama – Mistbub

99

gleichbed. mit → Huntsbua.

Mist|dĕăndl das; Mistdĕăndln
weibl. Gegenstück zu → Mistbua
Du frεchs Mistdĕăndl, du frεchs!

Mist|duschn die; Mistduschna
verstärkte Form von → Duschn.

Mist|fich das; Mistficha – Mist-
vieh
bösartige, ordinäre, hinterlistige,
gemeine, tückische Frau
Du Mistfich, du ganz graislichs!

Mist|guagl die; Mistguagln –
Mistgurgel
verstärkte Form von → Guagl.

Mist|hamme der; Misthammen –
Misthammel
grober, starrsinniger, ungeschlif-
fener, unmanierlicher Mann.

Mist|hund der; Misthunt – Mist-
hund
verstärkte Form von → Hund,
bes. Bed. 1
Misthund, gschεada!

mistig – mistig
frech, unverschämt, widerlich, un-
angenehm
Huntsgrippe, mistiga!

Mist|sau die; Mistsai – Mistsau
etwa gleichbed. mit → Drĕgsau.

Mist|schlampm die; Mistschlampm-
ma – Mistschlampe(n)
verstärkte Form von →
Schlampm
A so a Mistschlampm, a fakémmane!

Moasn|kepfal das; Mz ungebr. –
Meisenköpferl
1. Mann mit einem besonders klei-
nen Kopf; Mikrozephale. 2. dum-

mer, beschränkter, einfacher
Mann.
Herk.: wie bei → Špŏznhian wird
der kleine Kopf (= kleines Gehirn) mit Dummheit gleichge-
setzt. → Mucknkepfe (beide Aus-
sprachemöglichkeiten bestehen:
- kepfal und -kepfe).

Mock der; Mockn
verdrossene, mürrische, unfreund-
liche Frau.
Herk.: wahrscheinlich mockn
schmollen, verdrießlich sein, trot-
zen. Aber auch Mock *Brocken;*
Vulva; Kuh.

mockad
wer wie ein → Mock ist.

Moin die; Moina
nichtssagende, fade, langweilige,
mürrische, freudlose Frau.
Herk.: Moin *weiches Brot?* Molle
kastrierter Stier (= läppisch)?
Du fade Moin, du fade!

Mops der; Mopsn – Mops
Mann, allg. abwertend
Du Mops, du blεda!

Mops|gsicht das; Mz ungebr. –
Mopsgesicht
Mensch mit einem dummen, mür-
rischen Gesicht.

Moráckl der; Moráckln
grober, derber, ungeschliffener,
unmanierlicher Mann.
Herk. unsicher.

Mottn die; Mottna – Motte(n)
leichtfertige, unverschämte junge
Frau; Flittchen
Du frεche Mottn, du frεche!

motzad

mürrisch, verdrießlich, trotzig.
Herk. unsicher.

Motzada Mann, der → motzad ist.

Muatta|biawal das; Muatta-
biawaln – Mutterbüberl
verzogener, verweichlichter, ver-
zärtelter junger Bursche.
Herk.: Biawal *Büberl, kl. Bub*
A so a lɛdschads Muattabiawal!

Muaxa der; Ez = Mz – Murkser
schlampig, fehlerhaft, pfuscher-
haft arbeitender Mann
A sechana graislicha Muaxa, a
graislicha!

muaxa|hɑft – murkserhaft
wer wie ein → Muaxa arbeitet.

Muckal der; Muckaln – Muckerl
störrischer, eigensinniger, dick-
schädliger, trotziger Mann.
Herk.: Muckal *junger Stier.*
Gramm. eigtl. sächl.

Muckn|kepfe das; Mucknkepfen
– Mückenköpferl

gleichbed. mit → Moasnkepfal
Herk.: Muckn *Mücke.* → Štãüzn-
kepfe.

Muffe der; Muffen – Muffel
mürrischer, brummiger, unfreund-
licher, grober Mann.

Mühãgl der; Mühãgln
ungehobelter, grober, unmanier-
licher, sturer Mann.
Herk. unsicher, vielleicht verwandt mit → Hachl.
Du gschɛada Muhagl, du
gschɛada!

Musch die; Mz ungebr.
1. Frau, allg. abwertend. 2. lieder-
liche, leichtlebige Frau.
Herk.: Musch *Vulva.*

mūz|oarad
wer abstehende Ohren hat.
Herk.: oarad *ohrig;* mutzn *stutzen*
(z. B. Hund).

Mūz|oarada Mann, der → mūz-
oarad ist.

N

Naid|grɔng der; Naidgrang – Neidkragen
Mann, der neidisch, geizig, knickrig, sehr sparsam ist, anderen nichts vergönnt.

Naid|hamme der; Naidhammen – Neidhammel
gleichbed. mit → Naidgrɔng.
Herk.: → Hamme (abwertend) wird durch Neid- erweitert und erhält dadurch seine bestimmte Bedeutung „neidischer Kerl". Ein Dreghamme ist ein „dreckiger Kerl"; was nach Kluge-Mitzka und Abschreibern der mhd. Dichter Neidhart von Reuental mit „Neidhammel" zu tun hat, ist unerklärlich!

naidig – neidig
wer wie ein → Naidgrɔng ist.

Naidiga Mann, der → naidig ist.

naidisch – neidisch
gleichbed. mit → naidig.

Naidische Frau, die → naidisch ist.

Naid|nīgl der; Naidnīgln – Neidnickl
gleichbed. mit → Naidgrɔng. → Nickl
Naidnigl, foudiga!

Naid|sau die; Naidsauan – Neidsau
gleichbed. mit → Naidgrɔng.
Herk.: die übliche Mehrzahlform Sai wird wegen des vorausgehenden Naid (gleicher Laut) vermieden und durch eine andere Mehrzahl, Sauan, ersetzt.

nai|giarig – neugierig
wer über andere etwas erfahren will, überall seine Nase drin hat
A so a naigiarigs Waiwalaid, a naigiarigs!

Nai|giarige Frau, die → naigiarig ist.

nāī|mɔi|gschaid – neunmalgescheit
gleichbed. mit → sīmgschaid.

nārisch – närrisch
verrückt, eigenartig, übergeschnappt
(Aussprache auch narrisch)
Du narischa Daife, du narischa!

Nārischa Mann, der → nārisch ist.

Nachtigɑi gschiaglade die; Mz ungebr. – Nachtigall, schielende
1. schielende Frau. 2. dumme, einfältige Frau. → gschiaglad.

Nacht|liachtl das; Mz ungebr.
Mann, der nachts spät nach Hause kommt, der bis früh morgens herumbummelt und zecht.
Herk.: Liachtl *Lichtlein, kl. Licht. Lämpchen.*

Nɑcht|wɛchta drauriga der; N. draurige – Nachtwächter, trauriger
langweiliger, müder, schlapper, energieloser, einfältiger Mann
A so a drauriga Nɑchtwɛchta!

Nɑrr der; Nɑrrn – Narr
dummer, sonderbarer, unverständlich handelnder, eingebildeter Mann.
→ Noa. Aussprache auch Nār.

nɑrrad – narrig

wer wie ein → Narr ist. Aussprache auch nārad.

Nasch die; Naschna

1. gleichbed. mit → Loas. *2. unzüchtige, wollüstige Frau; Hure.*
Herk.: Nasch *Mutterschwein, Zuchtsau,* <mhd. naschen *Wollust treiben.* Vgl. „eine vernaschen" = koitieren.
Du Nasch, du graisliche!

Nassl die; Nassln – Nessel
gleichbed. mit →Ạssl. N- ist ein Sproßkonsonant (S. 193).
A so a gscheade Nassl, a gscheade!

Nōfaza der; Ez = Mz
schläfriger, müder, langweiliger Mann.
Herk.: nōfazn *einnicken, im Sitzen einschlafen.* Mhd. nafzen (iterative Form); vgl. engl. nap *einschlummern, Nickerchen machen.*
A sechana ɔida Nɔfaza!

Nōfazn die; Nōfazna
weibl. Gegenstück zu → Nōfaza.

nōsad – nasig
1. wer eine auffällig lange oder große Nase hat. 2. allg. abwertend.
A so a nɔsada Biandiab!

Nōsn|bḗne der; Nōsnbḗnen
Mann mit einer auffällig langen oder großen Nase.
Herk.: Nōsn *Nase;* Bēne *Benedikt* (Koseform).

Nōsn|boara der; Ez = Mz – Nasenbohrer
1. Mann, der in der Nase bohrt.
2. langweiliger, müder, uninteressanter, dummer Mann
Du Nɔsnboara, du beaugada!

Nōsn|dralla der; Ez = Mz
grober, sturer, ungebildeter, ungehobelter, dummer Mann.
Herk.: Nōsn *Nase;* drān *drehen;* Dralla *etwas Gedrehtes.* Nōsndralla *fester Nasenschleim.* Aussprache auch -drāla.
Nɔsndralla, gscheada!

Nōsn|ramme der; Nɔsnrammen – Nasenrammel
gleichbed. mit → Nōsndralla.
Herk.: Nōsn *Nase;* Nōsnramme *verhärteter Nasenschleim.* → Ramme.

Nɛagla der; Ez = Mz – Nörgler
Mann, der ständig kritisiert, immer etwas auszusetzen hat, immer unzufrieden ist.

nɛaglad – nörgelnd
wer wie ein → Nɛagla ist.

nēdig – nötig
wer überbeschäftigt ist oder so tut, daher immer herumeilt, drängt; wem es stets pressiert.

Nēdige Frau, die → nēdig ist.

Nēga der; Ez = Mz – Neger
dummer, ungebildeter, unmanierlicher Mann.

Nēga|hua die; Nēgahuana – Negerhure
1. Frau, die sich mit Negersoldaten abgibt. 2. Frau, sehr abwertend.
Herk.: Erst ab 1945 allgemein üblich. Verächtlichste Stufe von Hure.

Niatn die; Niatna – Niete(n)
Mann, der nichts fertigbringt, der zu nichts fähig ist; Versager.

Herk.: aus der Lotterie; holl. niet *nichts*.

niatn|haft – nietenhaft
wer wie eine → Niatn ist.

Nickl der; Nickln – Nickel
1. kleiner, boshafter Mann. 2. allg. abwertende Nachsilbe.
Herk. unsicher: < Nikolaus? <Igel? <Nuckel *Schwein?* Aussprache in Zusammensetzungen meist Nīgl, Mz Nīgln → Schwāīnīgl.

nīda|drɛchtig – niederträchtig
hinterlistig, heimtückisch, böswillig, absichtlich gemein
Du Matz, du nidadrɛchtige!
Nīda|drɛchtiga Mann, der → nīdadrɛchtig ist.

nissig – nissig
1. verlaust, voller Nissen. 2. *verwahrlost, heruntergekommen; wer verschmutztes Haar hat*
Dregsau, nissige!

nixig – nichtig
wertlos, uninteressant, nichtswürdig, nichtssagend.

nix|nutzig – nichtsnutzig
wer zu nichts zu gebrauchen ist; verächtlich
Biaschal, nixnutzigs!

Nix|nūz der; Mz ungebr. – Nichtsnutz
wer → nixnutzig ist.

Noa hauwada der; Noan hauwade
gleichbed. mit → Nɑrr.
Herk.: hauwad *wer eine Haube (Narrenkappe) aufhat;* Noa *Narr.*

Noagal|dringa der; Ez = Mz
armseliger, erbärmlicher Mann.

Herk.: Noagal *Neige; Überrest; übriggebliebenes Bier in Krügen.*
Dringa *Trinker.* Der N. trinkt das von anderen nicht völlig ausgetrunkene, meist schon warme Bier.

Nocka die; Nockana – Nocke(n)
gezierte, fade, langweilige, eingebildete, dumm-stolze, launenhafte Frau.
Herk.: Nocka, Nockn, Nockal *Klößchen;* ital. gnocco *Kloß;* wie in → Moin wird das Weiche, Weichliche betont.
A so a fade Nocka, a fade!

noud|haftig – nothaftig
arm, dürftig, notleidend.

Noud|haftiga Mann, der → noudhaftig ist.

noudig – notig
arm, dürftig, notleidend
Du Pfenningfegla, du noudiga!

Noudiga Mann, der → noudig ist.

Noud|nīgl der; Noudnīgln – Notnickel
geiziger, knausriger, knickriger, übertrieben sparsamer Mann.
Herk.: Nīgl → Nickl.

Nūl die; Mz ungebr. – Nudel
dickleibige, schwerfällige, einfältige Person, bes. Frau.

Nuss gschɛade die; Mz ungebr.
Mensch, der → gschɛad ist.

Nuttn die; Nuttna – Nutte(n)
gleichbed. mit → Hua.
Herk.: mhd. nuot *Ritze; Schlitz.*
Auf dem Lande ungebräuchlich; aus Norddeutschland (Berlin) importiert.

O

Oa|gackal|kōbf der; Oagackal-
kepf – Eiergackerlkopf
*1. Mann mit einem spitzen, ovalen,
eiförmigen Kopf. 2. dummer, läppischer, uninteressanter Mann.*
Herk.: Oa *Ei;* Gackal *Ei* (Kinder-
sprache); Oagackal *Ei.*

oag|wēnisch – argwöhnisch
*wer mißtrauisch ist, andere ver-
dächtigt; wer stets Schlimmes
oder Böses vermutet.*
Oag|wēnischa Mann, der → oag-
wēnisch ist.

Oa|kōbf der; Oakepf – Eierkopf
gleichbed. mit → Oagackalkōbf

oa|kopfad – eierköpfig
wer wie ein → Oagackalkōbf ist.
Oa|kopfada Mann, der → oa-
kopfad ist.

oam|sēlig – armselig
*erbärmlich, dürftig, kümmerlich,
arm*
Du Millebritschla, du oamsɛlig a!
Oam|sēliga Mann, der → oam-
sēlig ist.

õā|r|augad – einäugig
*wer nur ein Auge hat; wer ein
Auge verloren hat.*
Herk.: das -r- ist ein Sproßkonsonant; siehe S. 193.
Õā|r|augada Mann, der → õār-
augad ist.

õā|schichtig – einschichtig
*alleinestehend, vereinsamt; unver-
heiratet, ledig, verwitwet.*
Õā|schichtiga Mann, der → õā-
schichtig ist.

õā|špannig – einspännig
gleichbed. mit → õāschichtig.
Herk.: wie ein Zugtier an einem
Wagen, der für zwei Tiere ge-
dacht ist.
Õā|španniga Mann, der → õāšpan-
nig ist.

oatinḗa – ordinär
*gewöhnlich, gemein, unanständig,
frech, verachtungswürdig*
Du Schnɔin, du oatinḗare!
Oatinḗare Frau, die → oatinḗa ist.

õ̃|fāīntad – anfeindend
*wer andere (mit Worten) angreift,
bekämpft, befeindet.*
Õ̃|fāīntade Frau, die → õfāīntad
ist.

õ̃|fɛllig – anfällig
*wer leicht zu Krankheiten neigt;
wer aus mangelnder Widerstands-
kraft häufig krank ist oder kränkelt*
A sechas õfɛlligs Fimbfemesswai!
Õ̃|fɛllige Frau, die → õfɛllig ist.

Offessías|madratzn die; Offessías-
madratzna – Offiziersmatratze(n)
gleichbed. mit → Ạmḗmadratzn.

Õ̃|gēwa der; Ez = Mz – Angeber
*Mann, der angibt, prahlt, wichtig
tut.*

õ̃|gēwarisch – angeberisch
wer wie ein → Õgēwa ist.
Õ̃|gēwarischa Mann, der → õ-
gēwarisch ist.

õ̃|hōwarisch – anhaberisch
*wer aufdringlich an jemandem
hängt; wer seinen Partner nicht*

aus den Augen läßt, seine Besitz-
ansprüche gegen ihn erhebt
A so an õhəwarischa Kal!
Õ|hōwarische Frau, die → õhōwa-
risch ist.
õ|hɛrrisch – anherrisch
gebieterisch, barsch, befehlerisch,
arrogant
De Matz, de õhɛrrisch!
Õ|hɛrrische Frau, die → õhɛrrisch
ist.
Õ|štauwa der; Ez = Mz – An-
stauber.
Mann, der sich an die Frauen her-
anmacht, ihnen schmeichelt, um
eine Liebelei einzuleiten; Schür-
zenjäger.
Herk.: õštaum *anstauben, sich*
schmeichelnd an Frauen machen.
Õ|štauwarischa Mann, der → õ-
štauwarisch ist.

Õwa|drēg|hamme der; Õwadrēg-
hammen – Oberdreckhammel
verstärkte Form von → Drēg-
hamme.
Õ|wandla der; Ez = Mz – An-
wandler
Mann, der sich bei anderen anbie-
dert; der sich lästig aufdrängt,
freundlich einschmeichelt.
õ|wandlarisch – anwandlerisch
wer wie ein → Õwandla ist
A sechana õwandlarischa Kunt!
Ox der; Oxn – Ochse
dummer, primitiver, grober Mann
Du blɛda Ox, du blɛda!
Oxn|kōbf der; Oxnkepf – Ochsen-
kopf
gleichbed. mit → Ox.
Oxn|schēl der; Oxnschɛln –
Ochsenschädel
gleichbed. mit → Ox.

Pf

Pfaiffa die; Pfaiffana – Pfeife(n)
Frau, allg. abwertend.
Herk.: Pfaiffa *Vulva*
Du Pfaiffa, du graisliche!

Pfãūza der; Ez = Mz
gleichbed. mit → Fãūza.

pfãūzad
gleichbed. mit → fãūzad.

Pfãūzada Mann, der → pfãūzad
ist.

Pfãūzn die; Pfãūzna
weibl. Gegenstück zu → Pfãūza.

Pfēãgaza der; Ez = Mz
gleichbed. mit → Pfãūza (iterativ
verstärkte Form).

Pfēãza der; Ez = Mz
gleichbed. mit → Fãūza, →
Fēãza.

pfēãzad
gleichbed. mit → fãūzad.

Pfēãzada Mann, der → pfēãzad
ist.

Pfēãzn die; Pfēãzna
weibl. Gegenstück zu → Pfēãza.

Pfenning|fēgla der; Ez = Mz –
Pfennigvögler
*geiziger, sparsamer, knickriger
Mann.* → Fēgla.

Pfenning|fuxa der; Ez = Mz –
Pfennigfuchser
gleichbed. mit → Pfenningfēgla,
etwas schwächer.

Pfingst|ox der; Pfingstoxn –
Pfingstochse
1. verstärkte Form von → Ox.
2. *übertrieben gekleideter, her-
ausgeputzter Mann.*

Herk.: es war der Brauch, Ochsen
mit Blumen und Kränzen beim
Almauftrieb zu Pfingsten besonders schön zu schmücken.

Pflantzal das; Pflantzaln
1. gleichbed. mit → Mentschal
(Frau). 2. gleichbed. mit → Frichtal (Mann).

Pflēãdscha der; Ez = Mz
*1. Mann, der das Gesicht weiner-
lich verzogen hat. 2. läppischer,
weichlicher, weinerlicher, emp-
findlicher Mann.*
Herk.: verwandt mit flennen; →
Flēãdscha.

pflēãdschad
gleichbed. mit → flēãdschad; wer
wie ein → Pflēãdscha ist.

Pflēãdschada Mann, der → pflēãdschad ist.

Pflēãdschn die; Pflēãdschna
weibl. Gegenstück zu →
Pflēãdscha
A so a lɛstige Pflēãdschn, a
lɛstige!

pfloudschad
*plump, schwerfällig, ungeschickt,
bes. gehen*
Kua, pfloudschade!

Pfloudschada Mann, der → pfloudschad geht.

Pflūdan die; Pflūdana
gleichbed. mit → Flūdan.

Pfūgaza der; Ez = Mz
*Mann, der unterdrückt, (oft) spöt-
tisch lacht; der verhalten in die
Hand lacht.*

Herk.: mhd. pfugetzen *lachen* (iterative Form). Aussprache auch Pfūchaza.

Pfūgazn die; Pfūgazna
weibl. Gegenstück zu → Pfūgaza.

Pfund|hamme der; Pfundhammen – Pfundhammel
grober, sturer, ungehobelter, un-manierlicher Mann.

Pfund|sau die; Pfundsai – Pfundsau
gleichbed. mit → Pfundhamme.

Pfuntzn die; Pfuntzna
häßliche alte Frau.
Herk. unsicher.

Pfuscha der; Ez = Mz – Pfuscher
Mann, der schlampig, fehlerhaft, ungenau, stümperhaft arbeitet.

pfuschad – pfuschend
wer wie ein → Pfuscha arbeitet.

pfuscha|haft – pfuscherhaft
gleichbed. mit → pfuschad.

Q

Quadrâd|rādschn die; Quadrâd-rādschna – Quadratratsche(n)
gleichbed. mit → Rādschn, etwas stärker.

Quadrâd|schēl der; Quadrâd-schɛln – Quadratschädel
1. Mann mit einem großen, wür-felförmigen Kopf. 2. sturer, dick-schädliger, eigensinniger Mann.

Quɛa|kōbf der; Quɛakepf – Quer-kopf
eigensinniger Mann, der gegen die Pläne anderer ist.

Quɛarulánt der; Quɛarulántn – Querulant
Mann, der stets nörgelt, sich be-schwert, sich beklagt.

Quɛck|suiwa das; Mz ungebr. – Quecksilber
Mensch, der nicht stillsitzen kann, der sich stets unruhig bewegt; bes. Kind.

Quɛi|gaist der; Quɛigaista – Quäl-geist
Mensch, der ständig bittet, bettelt, keine Ruhe gibt
A so a lɛstiga Quɛigaist, a lɛstiga!

R

Rabáuk der; Rabáukn – Rabauke
grober, ungeschliffener, gewalt-
tätiger Mann; Krawallmacher.
rabáukisch – rabaukisch
wer wie ein → Rabáuk ist.
Rabáukischa Mann, der → rabáukisch ist.
rabáukn|haft – rabaukenhaft
gleichbed. mit → rabáukisch
Bauanbiffe, rabáuknhafta!
Rabáukn|hafta Mann, der → ra-
báuknhaft ist.
Racka der; Ez = Mz – Racker
1. ungezogener, dreister junger
Kerl. 2. Mann, der sich schwer
abarbeitet, bes. um Geld zusam-
menzuraffen.
Herk.: urspr. *Grubenräumer;*
Schinder.
Radáu|bruada der; Radáubriada
– Radaubruder
Mann, der immer Unruhe, Krach,
Krawall macht.
Rädscha der; Ez = Mz – Ratscher
männl. Gegenstück zu →
Rädschn.
rädschad – ratschend
wer wie eine → Rädschn ist.
Rädschade Frau, die → rädschad
ist.
Rädsch|katl die; Rädschkatln
gleichbed. mit → Rädschn.
Herk.: rädschn *klatschen, schwät-*
zen; Katl *Katharina* (Koseform).
Rädschn die; Rädschna –
Ratsche(n)
geschwätzige, ausplaudernde, klat-

schende Frau; Frau, die gern Un-
schönes oder Unwahres über an-
dere verbreitet; Frau, die das ihr
Anvertraute weitererzählt.
Herk.: rädschn *klatschen, schwät-*
zen, ausplaudern. Rädschn *Holz-*
rassel, Klapper. → Kāfráida-
rädschn.
Rädsch|wai das; Rädschwaiwa –
Ratschweib
gleichbed. mit → Rädschn, etwas
stärker.
Rāf|boitl der; Rāfboitln
Mann, der für seine Rauflust be-
kannt ist; Raufbold.
Herk.: raffa *raufen.* Boitl < *Leo-*
pold (Koseform)? < Namen großer Hunde? < -bold?
Raffa der; Ez = Mz – Raufer
gleichbed. mit → Rāfboitl.
raffad – raufend
wer wie ein → Raffa ist.
Raffada Mann, der → raffad ist.
raffiníad – raffiniert
durchtrieben, gerissen; nicht ver-
trauenswürdig, tückisch
A so a raffiníada Baze, a raffiníada!
Raffiníade Frau, die → raffiníad
ist.
Rāf|gickal der; Rāfgickaln – Rauf-
gickerl
gleichbed. mit → Rāfboitl. →
Gickal.
Rāf|hansl der; Rāfhansln – Rauf-
hansl
gleichbed. mit → Rāfboitl.

Herk.: Hansl *Hänslein* (Nachsilbe).

raišpal|día
sehr mager, knochig.
Herk.: mhd. rispe *Gesträuch* („so dürr wie ein Zweig").

Raišpal|díare Frau, die → raišpaldía ist.

Raiwa der; Ez = Mz – Räuber
Mann, allg. abwertend, etwa wilder Kerl.

Räl|fōra der; Ez = Mz – Radfahrer
Mann, der Untergebene befehlerisch behandelt, den Vorgesetzten gegenüber jedoch unterwürfig ist; widerlicher, speichelleckerischer, schöntuerischer Schmeichler.
Herk.: Bild eines Radfahrers, der sich oben beugt und nach unten tritt.

Rām|fotzn die; Rāmfotzna
gleichbed. mit → Lēdsch.
Herk.: Rām *Rahm;* Fotzn *Gesicht* (verächtlich).

Ramme der; Rammen – Rammel
1. sturer, unhöflicher, ungehobelter, grober Mann. 2. verschmutzt aussehender, ungepflegter Mann.
Herk.: Bed. 1 < ahd. rammil *Bock;* Bed.2 < mhd.râm*Schmutz.*
Ramme *Kruste von Speiseresten usw.; harter Nasenschleim*
A so a gscheada Ramme, a gscheada!

Ran|gánkal der; Rangánkaln
gleichbed. mit → Gankal, → Fankal.
Herk. unsicher.

rass – raß
bösartig, scharfzüngig, feindselig, gehässig, widerspenstig.

Rass die; (Gruppe) – Rasse
gleichbed. mit → Bagásch; auch *Verwandtschaft* (abwertend).

Rasse Frau, die → rass ist.

Rassl|bande die; (Gruppe) – Rasselbande
laute, lärmende, tobende Kinder.

Rau|bial das; Raubialn
grober, ungehobelter, sturer Mann.
Herk.: rau *rauh,* Bial *Beerlein, kl. Beere.*

Raude der; Rauden – Rowdy
gleichbed. mit → Rabáuk.
Herk.: < engl. rowdy, wahrscheinlich von engl. row *Streit.*

Rau|waschl der; Rauwaschln
grober, derber, ungeschliffener, ungestüm auftretender Mann.
Herk. unsicher: rau *rauh.* Waschl *großes Ohr; grober Pinsel; Name großer Hunde.*

Rau|wɛaka der; Ez = Mz – Rauhwerker
1. lärmender, herumtobender, Krach machender Bursche. 2. grober, ungehobelter, primitiver, dummer Mann.
Herk.: rauwɛakn urspr. *Äste von gefällten Bäumen abschlagen; grobe Arbeit leisten.* Im Straßenbau z. B. verrichten die Rauwɛaka zuerst die gröbste Arbeit. Bed. 1 rauwɛakn *herumtoben, alles auf den Kopf stellen.*

Rau|wɛakarin die; Rauwɛakarinna – Rauhwerkerin

weibl. Gegenstück zu → Rauwɛaka.

rau|wɛakarisch – rauhwerkerisch
wer wie ein → Rauwɛaka ist.

Rau|wɛakarischa Mann, der → rauwɛakarisch ist.

Rãũza der; Ez = Mz – Raunzer
Mann, der wie eine Frau wehleidig klagt, weinerlich jammert, bittet, unzufrieden nörgelt, sich stets wimmernd beschwert.

rãũzad – raunzend
wer wie ein → Rãũza ist.

Rãũzade Frau, die → rãũzad ist.

Rãũzn die; Rãũzna – Raunze(n)
weibl. Gegenstück zu → Rãũza
Rãũzn, lɛstige!

rawiát – rabiat
wer heftig aufbraust, jähzornig, wütend, gewalttätig ist
A so a rawiáts Mistfich, a rawiáts!

Rawiáta Mann, der → rawiát ist.

Rammla der; Ez = Mz – Rammler
geiler, wollüstiger, begattungsfreudiger Mann.
Herk.: Rammla *männl. Hase;*
rammen *koitieren.*

rammlig – rammlig
schmutzig, dreckig, unappetitlich (Körper, Kleidung).
Herk.: mhd. râm *Schmutz;* →
Ramme *Kruste*
Saubɛa, rammliga!

Rammliga Mann, der → rammlig ist.

Rampscha der; Ez = Mz – Ramscher
Mann, der unordentlich, flüchtig, hastig handelt.

rampschad – ramschend
wer wie ein → Rampscha ist.

Rampschada Mann, der → rampschad ist.

Rampschn die; Rampschna – Ramsche(n)
weibl. Gegenstück zu → Rampscha.

Rantzn der; Mz ungebr. – Ranzen
Mensch mit einem dicken, großen Bauch.
Herk.: Rantzn *dicker Bauch;*
urspr. *Sack.*

Ratz der; Ratzn – Ratte
Mann, allg. abwertend (nicht wie schriftspr. gemein usw.).

Ratzn|kōbf der; Ratznkepf – Rattenkopf
gleichbed. mit → Hiasch.

Rẽãk der; Rẽãkn
grober, derber, großgebauter, ungeschlachter, ungestümer Mann.
Herk.: Rẽãk *großes Stück.*

rẽãkn|haft
wer wie ein → Rẽãk ist.

Rẽãkn|hafta Mann, der → rẽãknhaft ist.

rɛcht|hōwarisch – rechthaberisch
wer hartnäckig darauf besteht, daß er recht hat; wer andere Ansichten nicht gelten läßt.

Rɛcht|hōwarischa Mann, der → rɛchthōwarisch ist.

rɛšpέkt|lous – respektlos
wer vor Höhergestellten, Älteren usw. keinen Respekt hat; wer frech, dreist, unverfroren ist.

Rɛšpέkt|lousa Mann, der → rɛšpέktlous ist.

rɛwéllisch – rebellisch
wer sich auflehnt, trotzt, sich nicht
fügt
Huntsgrippe, rɛwéllischa!
Rɛwéllischa Mann, der → rɛwél-
lisch ist.
Renn|sau die; Rennsai – Rennsau
Mensch, der stets unterwegs ist;
der nie zu Hause bleibt; Frau, die
sich im Ort herumtreibt und ihren
Haushalt vernachlässigt.
Herk.: urspr. eine Sau, die armen
Leuten gehörte; weil diese kein
Futter für das Schwein hatten,
lief das Tier im Ort von Haus zu
Haus, um sich das Fressen zu
suchen. Auch in Städten ließen
z.B. Klöster ihre Schweine zur
Futtersuche umherlaufen, die z.T.
die heutige Müllabfuhr ersetzten.
Riape der; Riapen – Rüpel
grober, unhöflicher, ungeschliffe-
ner, derber Mann.
Herk. unsicher: < Ruprecht?
< Ruppert? < ruppig? < mhd.
ribalt?
Du umfrãïndlicha Riape, du!
riape|haft – rüpelhaft
wer wie ein → Riape ist.
Riape|hafta Mann, der → riape-
haft ist.
Riassl der; Riassln – Rüssel
gleichbed. mit → Riape.
Herk.: wahrscheinlich von →
Sauriassl
A so a gscheada Riassl!
Rimb|fïch das; Rimbfïcha – Rind-
vieh
dummer, läppischer, ungeschick-

ter, langweiliger, uninteressan-
ter, energieloser Mensch
Du Rimbfïch, du saublɛds!
rinn|augad – rinnäugig
1. wer rinnende, wäßrige, schlei-
mige Augen hat. 2. läppisch, müde,
energielos, uninteressiert, dumm.
Du Hiasch, du rinnaugada!
Rinn|augada Mann, der → rinn-
augad ist.
Rinôzarus das; Mz ungebr. –
Rhinozeros
gleichbed. mit → Rimbfïch.
Rints|gschling das; Mz ungebr. –
Rindsgeschlinge
gleichbed. mit → Rimbfïch, etwas
schwächer.
Herk.: eigtl. Gurgel, Lunge und
andere innere Organe des Rindes.
Rïsn|rimb|fïch das; Rïsnrimbfïcha
– Riesenrindvieh
verstärkte Form von → Rimbfïch.
Ritta dammischa der; R. dammische
Mann, der leicht verrückt, schrul-
lenhaft, seltsam, eingebildet ist.
Herk.: Ritta *Ritter;* → dammisch
A so a dammischa Ritta, a dammischa!
röglig
wer sehr vorsichtig, behutsam,
zimperlich ist.
Rögliga Mann, der → röglig ist.
Rös Góttes das; Mz ungebr. – Roß
Gottes
dummer, einfältiger, närrischer,
läppischer Mann.

Herk.: eigtl. *Esel* (worauf Jesus nach Jerusalem ritt).

Ross|boin|sammla der; Ez = Mz – Roßballensammler
gleichbed. mit → Rimbfīch.
Herk.: Rossboin *Pferdeäpfel;* Boin *rundl. Exkrement. Kleingärtner, der Pferdeäpfel sammelt.*

Ross|boin|schutza der; Ez = Mz Berufsschelte für Straßenkehrer.
Herk.: Rossboin *Pferdeäpfel;* schutzn *schieben.*

Ross|daischa der; Ez = Mz – Roßtäuscher
betrügerischer, unehrlicher Mann.
Herk.: Pferdehändler sind dafür bekannt, ihre Kunden zu betrügen, z. B. durch Verschweigen von Gebrechen der Tiere.

Ross|diab der; Ez = Mz – Roßdieb
nicht vertrauenswürdiger, gaunerhafter Mann.

rotzig – rotzig
1. wer ein unsauberes, mit Nasenschleim verschmiertes Gesicht hat.
2. wer unreif, unerfahren, frech, vorlaut ist.
Saubuama, rotzige!

Rotziga Mann, der → rotzig ist.

roud|fotzad
wer ein auffallend rotes Gesicht hat, z. B. durch hohen Blutdruck, Trunksucht.
Herk.: roud *rot;* Fotzn *Gesicht* (verächtlich)
Bauanschel, roudfotzada!

Roud|fotzada Mann, der → roudfotzad ist.

roud|hōrad – rothaarig
1. wer rotes Haar hat. 2. liederlich, unsittlich (Frau).
Herk.: rothaarige Menschen sind in Süddeutschland und Österreich eine Seltenheit, deshalb „verdächtig"; rothaarige Frauen werden als leichtlebig, sinnlich verschrien. Mythologische und abergläubische Einflüsse verbinden rotes Haar mit dem Teufel. (Aussprache auch roudhōrig.)

Roud|hōrada Mann, der → roudhōrad ist.

roud|kopfad – rotköpfig
gleichbed. mit → roudhōrad.

Roud|kopfada Mann, der → roudkopfad ist.

roud|schεllad – rotschädlig
gleichbed. mit → roudhōrad
A so a roudschεllada Huntsgrippe, a roudschεllada!

Roud|schεllade Frau, die → roudschεllad ist.

Rōz|bangad der; Rōzbangatn – Rotzbankert
junger Mensch, der → rotzig ist.
Herk.: Rōz *flüssiger Nasenschleim.*
→ Bangad.

Rōz|bippm die; Rozbippma
gleichbed. mit → Rōzbangad (frech).
Herk. von Bippm unsicher, wohl *Nase; Rohr.*

Rōz|bua der; Rōzbuama – Rotzbub
gleichbed. mit → Rōzbangad (frech).

Rōz|dēāndl das; Rōzdēāndln
weibl. Gegenstück zu → Rōzbua.

Rōz|grippe der; Rōzgrippen
verstärkte Form von → Grippe.

Rōz|leffe der; Rōzleffen – Rotz-
löffel
gleichbed. mit→ Rōzgrippe.

Rōz|nōsn die; Rōznōsna – Rotz-
nase(n)
gleichbed. mit → Rōzgrippe.

rōz|nōsad – rotznäsig
wer → rotzig ist.

Rōz|nōsada Bursche, der → rōz-
nōsad ist.

Ruach der; Mz ungebr.
geiziger, nimmersatter, habgieri-
ger Mann; einer, der sich abschin-
det, viel arbeitet, um viel zu er-
werben.
Herk.: mhd. ruochen *begehren,*
raffen, wollen.

ruachad
wer wie ein → Ruach ist.

Ruachada Mann, der → ruachad
ist.

Ruam die; Mz ungebr. – Rübe(n)
grober, derber, ungeschliffener,
ungebildeter Mensch.
A so a gschεade Ruam!

Ruam|kōbf der; Ruamkepf – Rü-
benkopf
gleichbed. mit → Bodácknkōbf.

Ruam|schēl der; Ruamschεln –
Rübenschädel
gleichbed. mit → Ruamkōbf.

Ruam|štεssl der; Ruamštεssln –
Rübenstößel
gleichbed. mit → Ruam, aber
stärker.

Herk.: štεssn *stoßen;* Ruam-
štεssl *Gerät zum Zerstoßen von*
Rüben
Ruamštεssl, štiagnackada!

ruaschad
wer wie eine → Ruaschn handelt.

Ruaschade Frau, die → ruaschad
ist.

Ruaschn die; Ruaschna
Frau, die übertrieben eilfertig,
hastig, oberflächlich, schlampig
ist.
Herk.: ruaschn *sich hastig be-*
wegen; durchstöbern; schnüffeln.

Ruas|kōda der; Ruaskōdan – Ruß-
kater
ungewaschener, ungepflegter, un-
sauberer Mann.

Rūfal|gsicht das; Mz ungebr. –
Ruferlgesicht
1. Mann mit Schorf, eingetrockne-
ten Wunden im Gesicht. 2. un-
appetitlicher, ungepflegt ausse-
hender Mann.
Herk.: Rūfal *verkrustete Wunde,*
Geschwür; rūflig *mit eingetrockne-*
ten Geschwüren, Wunden behaftet.

Rūfal|kōbf der; Rūfalkepf – Ru-
ferlkopf
1. Mann mit Schorf an der Kopf-
haut. 2. unappetitlicher, ungepflegt
aussehender Mann.

rūflig
1. wer mit eingetrockneten Ge-
schwüren, Wunden behaftet ist.
2. wer unappetitlich, unsauber ist.
→ Rūfalgsicht

Rumpe|kαstn der; Mz ungebr. –
Rumpelkasten

114

alte Frau, allg. abwertend.
Herk.: rumpen *poltern; koitieren.*
Runkl die; Runkln – Runkel
gleichbed. mit → Gunkl.
Herk.: Runkl *Runkelrübe.*
Run|gúnkl die; Rungúnkln – Run-
gunkel
gleichbed. mit→Runkl,→Gunkl.
Russ der; Russn – Russe

gleichbed. mit → Bollack
Du Russ, du gschɛada!
Rutschn die; Rutschna – Rut-
sche(n)
alte Frau, allg. abwertend.
Herk.: Rutschn *Vulva;* hier vielleicht Abkürzung von → Kiacha-
rutschn
A sechane ɔide Rutschn!

S

sackl|augad
*wer unter den Augen geschwollene,
flüssigkeitsgefüllte Säcke hat.
(Ermüdung, ausschweifendes Leben usw.)*
Du Schnɔindraiwa, du sacklaugada!

Sackl|augada Mann, der → sacklaugad ist.

Sackramént der; Sackraménta –
Sakrament
gleichbed. mit → Malefīz, etwas
stärker.

sackrisch
verdammt, verflucht.
Herk.: verkürzt von sakraméntisch.

Sāf|aus der; Mz ungebr. – Saufaus
*Mann, der viel und gewohnheits-
mäßig trinkt; einer, der das Lokal
nicht verläßt, bis der letzte Tropfen
ausgetrunken ist.*

Sāf|bail der; Sāfbailn – Saufbeutel
gleichbed. mit → Sāfaus. → Bail.

Sāf|bruada der; Sāfbriada – Saufbruder
gleichbed. mit → Sāfaus.

Sau die; Sai – Sau
*1. Mensch mit schmutzigem Körper oder verwahrloster Kleidung.
2.unsittlicher,zotenhafter Mensch.*

Sau|bail der; Saubailn – Saubeutel
*1. gemeiner, niederträchtiger
Mann. 2. grober, ungehobelter
Mann.*
Herk.: eigtl. *Hodensack, Penis
eines Schweins.* → Bail

Du Saubail, du gschɛada!

Sau|bande die; (Gruppe) – Saubande
verstärkte Form von → Bande.

Sau|bāze der; Saubāzen – Saubazi
verstärkte Form von → Bāze
Saubaze, misráwliga!

Sau|bɛa der; Saubɛan – Saubär
gleichbed. mit → Sau. → Bɛa
(Eber)
A so a gschɛada Saubɛa, a
gschɛada!

sau|blēd – saublöd
verstärkte Form von → blēd
Du Hund, du saublēda!

Sau|blēda Mann, der → saublēd
ist.

Sau|braiss der; Saubraissn – Saupreuße
verstärkte Form von → Braiss
(Verstärkung überflüssig!).

Sau|britschn die; Saubritschna –
Saupritsche(n)
verstärkte Form von → Britschn.
Herk.: eigtl. *Schweinevulva.*

Sau|bua der; Saubuama – Saubub
gleichbed. mit → Huntsbua.

Sau|dēāndl das; Saudēāndln
weibl. Gegenstück zu → Saubua.

Sau|draiwa der; Ez = Mz – Sautreiber
*grober, ungehobelter, unmanier-
licher, ungebildeter Mann.*
Herk.: eigtl. *Schweinehirt.*

sau|dúmm – saudumm
verstärkte Form von → dumm
Du Rimbfich, du saudúmms!

Sau|dúmma Mann, der → saudúmm ist.

Sau|foik das; (Gruppe) – Sauvolk
verstärkte Form von → Foik.

Sau|fratz der; Saufratzn – Saufratz
verstärkte Form von → Fratz.

sau|fréch – saufrech
verstärkte Form von → frech
Rozbua, saufrécha!

Sau|fréche Frau, die → saufréch
ist.

Sau|grippe der; Saugrippen
verstärkte Form von → Grippe.

sau|grõb – saugrob
verstärkte Form von → grõb
Hamme, saugrówa!

Sau|grõwa Mann, der → saugrõb
ist.

Sau|hund der; Sauhunt – Sauhund
verstärkte Form von → Hund
Du Sauhund, du hintafotzada!

Sau|kãl der; Saukaln – Saukerl
gleichbed. mit → Sauhund, etwas
schwächer.

Sau|kõbf der; Saukepf – Saukopf
*1. Mann mit einem dicken, aufge-
schwollenen Kopf. 2. sturer, eigensinniger Mann. 3. ungehobelter,
grober Mann.*

Sau|luada das; Sauluadana – Sau-
luder
verstärkte Form von → Luada.

Sau|matz die; Saumatzna
verstärkte Form von → Matz.

Sau|mɔng der; Saumang – Sauma-
gen
gleichbed. mit → Saudraiwa.

Sau|mensch das; Saumentscha –
Saumensch, s.

verstärkte Form von → Mensch
Du Saumensch, du oatinéas!

Sau|nïgl der; Saunïgln – Sau-
nickl
*1. unsauberer, ungepflegter, ver-
wahrloster Mann. 2. unmoralischer Mann, der gern von Unzüch-
tigem spricht.* → Nickl.

Sau|rẽãm der; Mz ungebr.
gleichbed. mit → Saudraiwa.
Herk.: Rẽãm *Riemen; Penis.*

Sau|riassl der; Mz ungebr. – Sau-
rüssel
gleichbed. mit → Saudraiwa; verstärkte Form von → Riassl.

Sɔppa der; Ez = Mz – Sapper
*Mann, der langsam, schwerfällig,
schleifend geht; der die Füße beim
Gehen fast nicht abhebt.*
Herk.: sɔppm *schwerfällig, schlei-
fend gehen.*

sɔppad – sappend
wer wie ein → Sɔppa geht.

Sɔppada Mann, der → sɔppad
geht.

Satan der; Mz ungebr. – Satan
*sehr bösartige, tückische, herrsch-
süchtige, übellaunige Frau.*

Satans|brõn der; Mz ungebr. –
Satansbraten
gleichbed. mit → Satan.

Sɔifan die; Sɔifana
*Frau, die geistloses, uninteressan-
tes Zeug spricht; die unwichtige
Kleinigkeiten ausführlich be-
spricht.*
Herk.: sɔifan *Speichel absondern*
A sechane ɔide Sɔifan!

Sɔifara der; Ez = Mz

männl. Gegenstück zu → Sɔifan.
Herk.: Sɔifara, Sɔifaling *Speichel;* lat. saliva.

Schachara der; Ez = Mz – Schache-
rer
*Mann, der Schacher treibt; der
erst nach langem Handeln ver-
kauft oder kauft; der feilscht.*

Schadéckn die; Schadéckna –
Scharteke(n)
alte Frau, allg. abwertend.
Herk.: eigtl. *altes Buch, Schmö-
ker*
A sechane ɔide Schadéckn!

Schafóttn|pflantzal das; Scha-
fóttnpflantzaln
*gerissener, unverschämter, fre-
cher, dreister junger Mensch.*
Herk.: Pflantzal *kl. Pflanze.* →
Pflantzal. Eine junge Person, die
einmal am Schafott enden wird.

schãĩ|hailig – scheinheilig
heuchlerisch, schöntuerisch
Du Matz, du schãĩhailige!

Schãĩ|hailige Frau, die → schãĩ-
hailig ist.

Schai|sɔi das; Schaisɔia – Scheusal
*häßlicher, widerlicher, abstoßen-
der Mensch.*

Schais|gfrīs das; Schaisgfrīsa –
Scheißgefrieß
verstärkte Form von → Gfrīs.

Schais|grippe der; Schaisgrippen
verstärkte Form von → Grippe.

Schais|haus lɔngs; Mz ungebr. –
Scheißhaus, langes
sehr großer, schlanker Mensch.
Is des filláicht a lɔngs Schaishaus,
a lɔngs!

Schais|kãl der; Schaiskaln –
Scheißkerl
*1. feiger, ängstlicher, furchtsamer
Mann. 2. läppischer, uninteressanter, energieloser Mann.*

schais|lich – scheußlich
*1. wer häßlich aussieht. 2. wer ver-
ächtlich ist.*

Schaissa der; Ez = Mz – Scheißer
*1. Mann, der störend oft den Darm
entleert.* 2. gleichbed. mit →
Schaiskãl.

Schän|schlaiffa der; Ez = Mz –
Scherenschleifer
*1. armseliger, bedürftiger Mann.
2. gemeiner, ordinärer, unverschämter, dreister Mann.*
Herk.: früher zogen die durch ihr
ordinäres Wesen bekannten Scherenschleifer von Ort zu Ort.
Schä *Schere*
Du Schanschlaiffa, du gscheada!

Schaukl die; Schaukln – Schaukel
alte Frau, allg. abwertend. →
Hüdschn.

Schaukl|buasch der; Schaukl-
buaschn – Schaukelbursche
*grober, ungeschliffener; lieder-
licher, unzuverlässiger Mann.*
Herk.: Beim Volksfest werden
die Schiffsschaukeln von starken
Burschen bedient; diese Burschen
sind meist ungebildete Strolche,
die von Ort zu Ort ziehen.
(Wienerisch: Hutschnschlädara
Hutschenschleuderer; Hutschn
Schaukel).

Schachtl die; Schachtln – Schach-
tel

alte Frau, allg. abwertend.
Herk.: Schachtl *Vulva*
Du Schachtl, du ɔide!

schām|lous – schamlos
*dreist, unverschämt; liederlich,
unmoralisch, unsittlich*
A so a schamlouse Matz, a schamlouse!

Schām|louse Frau, die → schām-
lous ist.

Schand|goschn die; Schandgosch-
na – Schandgosche(n)
verstärkte Form von → Goschn.

Schand|mai das; Mz ungebr. –
Schandmaul
gleichbed. mit → Schandgoschn.

Schōf das; Ez = Mz – Schaf
*dummer, einfältiger, naiver, hilf-
loser, ungeschickter Mensch.*

Schōf bai da Nacht das; Mz ungebr. – Schaf bei der Nacht
gleichbed. mit → Schōf.
Herk.: so hilflos wie ein Schaf
in der Nacht, Dunkelheit.

Schōfal das; Schōfaln – Schaferl
gleichbed. mit → Schōf, aber
schwächer, fast mitleidig.

Schōf|bail der; Schōfbailn – Schaf-
beutel
*dummer, läppischer, uninteres-
santer, langweiliger Mann.*
Herk.: eigtl. *Hodensack, Penis
eines Schafbocks.* → Bail

Schōf|bōg der; Schōfbeck – Schaf-
bock
gleichbed. mit → Schōf, etwas
stärker.

Schōf|kōbf der; Schōfkepf – Schaf-
kopf

gleichbed. mit → Schōfbail
Du dammischa Schɔfkobf, du
dammischa!

Schōf|nɔsn die; Schōfnɔsna – Schaf-
nase(n)
gleichbed. mit → Schōf.

Schōf|zipfe der; Schōfzipfen –
Schafzipfel
gleichbed. mit → Schōfbail.
Herk.: Zipfe *Penis.* → Zipfe
Du rinnaugada Schɔfzipfe, du
rinnaugada!

schōn|fraidig – schadenfreudig
*wer sich über das Mißgeschick,
Unglück anderer freut.*

Schɛafla der; Ez = Mz – Scherfler
*Mann, der beim Gehen die Füße
nicht genügend abhebt und deshalb
die Schuhe am Boden schleift.*
Herk.: schɛafen, sɛafen, *schleifend gehen.*

schɛaflad – scherfelnd
wer wie ein → Schɛafla geht.

Schɛaflada Mann, der → schɛaflad
geht.

schɛ̄āglad – schielend
gleichbed. mit → gschiaglad.

Schɛ̄āglada Mann, der → schɛ̄āglad
ist.

schɛi – schelch
*1. wer nicht gerade steht, an einer
Wirbelsäulenverkrümmung leidet.
2. hinterlistig, verschlagen.*
Herk.: schɛi, schɛich *schelch,
scheel, schief, krumm.* (Alle folgenden Wörter können schɛi-
oder schɛich- ausgesprochen werden, die als schɛi- angeführt
sind.)

schɛi|augad – scheeläugig
1. wer schielt. 2. wer andere seit-
wärts aus den Augen ansieht.
Schɛi|augada Mann, der → schɛi-
augad ist.

schɛi|būglad – scheelbucklig
wer an einer Wirbelsäulenver-
krümmung (seitwärts) leidet. →
būglad.
Schɛi|būglada Mann, der → schɛi-
būglad ist.

Schɛicha der; Ez = Mz – Schelcher
1. Mann, der beim Gehen die Füße
nicht gerade aufsetzt und dadurch
die Absätze oder Außenseite der
Sohlen abtritt. 2. Mann, der viel
und langsam geht.
A sechana ɔida Schɛicha!

schɛichad – schelchend
wer wie ein → Schɛicha geht.
Schɛichada Mann, der → schɛichad
geht.

schɛi|fotzad
1. wer einen schiefen Mund hat. 2.
wer ein schief-verzerrtes Gesicht
hat. 3. hinterlistig, heimtückisch,
verleumderisch.
Herk.: schɛi *schief;* Fotzn *Ge-*
sicht, Mund (verächtlich)
Huntsbaze, schɛifotzada!
Schɛi|fotzada Mann, der → schɛi-
fotzad ist.

schɛi|goschad
gleichbed. mit → schɛifotzad
(Bed. 1 und 2). → Goschn.
Schɛi|goschada Mann, der → schɛi-
goschad ist.

schɛi|haxad
wer krumme Beine hat.

Herk.: schɛi *schief, krumm;* Haxn
Beine (abwertend).
Schɛi|haxada Mann, der → schɛi-
haxad ist.

Schɛim der; Mz ungebr. – Schelm
1. harmloser Spitzbub, Gauner.
2. Mann, der harmlosen Unfug
treibt.
Herk.: urspr. *Leichnam; Vieh-*
seuche.

schɛi|maiad – scheelmäulig
gleichbed. mit → schɛigoschad.
Schɛi|maiada Mann, der → schɛi-
maiad ist.

schɛi|nōsad – scheelnasig
wer eine schiefe Nase hat.
Schɛi|nōsada Mann, der → schɛi-
nōsad ist.

Schēl der; Schɛln – Schädel
eigensinniger, sturer, halsstarrer
Mann.

Schēsn die; Schēsna – Chaise
alte Frau, allg. abwertend
Herk.: < frz. chaise *Stuhl*
A sechane ɔide Schɛsn!
Schēwan die; Schēwana
alte Frau, allg. abwertend.
Herk. unsicher, wohl von lat.
scabies *Krätze, Räude.*

Schepps der; Scheppsn – Schöps
gleichbed. mit → Schōfbail.
Herk.: Schepps *verschnittener*
Schafbock; (auch *minderwerti-*
ges, alkoholarmes Erntebier).

schēwig – schäbig
1. äußerlich heruntergekommen,
ungepflegt, verwahrlost. 2. ge-
mein, verachtungswürdig, verräte-
risch, unverläßlich

A so a schewiga Hund, a schewiga!

Schēwiga Mann, der → schēwig ist.

schiach
wer ein häßliches, abstoßendes Gesicht hat
A so a schiachs Waiwalaid, a schiachs!

Schiache Frau, die → schiach ist.

schiaglad – schielend
gleichbed. mit → gschiaglad
Rimbfich, schiaglads!

Schiaglade Frau, die → schiaglad ist.

schialich
gleichbed. mit → schiach.

Schialiche Frau, die → schialich ist.

Schiawa der; Ez = Mz – Schieber
Mann, der unredliche Geschäfte macht; nach dem Zweiten Weltkrieg: *Schwarzhändler.*

Schickaníara der; Ez = Mz – Schikanierer
gleichbed. mit → Huntza.

schickaníarad – schikanierend
wer wie ein → Schickaníara ist.

Schicks die; Schicksna – Schickse
liederliche, sittenlose, unzüchtige Frau; Hure.
Herk.: urspr. *Christenmädchen* (jidd.)
Du Schicks, du zammbɛade!

Schicksl das; Schicksln – Schicksl
gleichbed. mit → Schicks, aber schwächer, für jüngere Frauen.

Schicksal das; Schicksaln – Schickserl
gleichbed. mit → Schicksl.

schicksn|haft – schicksenhaft
wer wie eine → Schicks ist.

Schicksn|hafte Frau, die → schicksnhaft ist.

Schind|luada das; Schindluadana – Schindluder
verstärkte Form von → Luada (Bed. 2 = Frau).

Schinta der; Ez = Mz – Schinder
gleichbed. mit → Huntza.

Schinta|matz die; Schintamatzna
verstärkte Form von → Matz (Bed. 2).

Schissa der; Ez = Mz – Schisser
feiger, ängstlicher, furchtsamer Mann.

Schlaicha der; Ez = Mz – Schleicher
gleichbed. mit → Duckmausa
A so a hintafotzada Schlaicha, a hintafotzada!

schlaichad – schleichend
wer wie ein → Schlaicha ist.

Schlaichada Mann, der → schlaichad ist.

Schlāīm|schaissa der; Ez = Mz – Schleimscheißer
1. sehr furchtsamer, ängstlicher Mann. 2. schleimiger, rückgratsloser, energieloser, läppischer Mann.

Schlampal das; Schlampaln – Schlamperl
gleichbed. mit → Schlampm, aber schwächer, gegen jüngere Frauen.

Schlankl der; Schlankln
schlingelhafter, spitzbübischer, müßiggängerischer Bursche.
Herk.: schlankln *schlendern, her-*

umschweifen. Schlankl *Penis.*

Schlantzn die; Schlantzna
liederliche, schlampige, herum-
treiberische Frau; Schlunze.
Herk.: schlantzn *schlendern, sich*
herumtreiben.

Schlauchal das; Schlauchaln –
Schlaucherl
1. schlauer, listiger, gerissener
Bursche. 2. dummer, beschränkter
Bursche (ironisch).

Schlaudar|aff der; Schlaudaraffn
– Schlauderaffe
dummer, einfältiger, uninteressan-
ter, energieloser Mann.
Herk.: < mhd. slûderaffe; verwandt mit schludern *nachlässig*
arbeiten.

Schlau|maia der; Ez = Mz –
Schlaumeier
gleichbed. mit → Schlauchal.

Schlawáck der; Schlawáckn – Slo-
wake
gerissener, durchtriebener, listi-
ger, unehrlicher Mann.
Herk.: die slowakischen Hausierer und Pfannenflicker, die früher
von Ort zu Ort zogen, waren als
gerissen oder betrügerisch bekannt.

Schlawína der; Ez = Mz – Schlawiner
gleichbed. mit → Schlawáck.
Herk.: eigtl. *Slowene, sloweni-*
scher Hausierer.
Du Schlawina, du ɔdrada!

Schlawűze der; Schlawűzen
gleichbed. mit → Schlawáck,
etwas schwächer.

Herk. unsicher, vielleicht humor-
volle Änderung von → Schlawáck, → Schlawína?

Schlampa der; Ez = Mz – Schlamper
männl. Gegenstück zu →
Schlampm.

schlampad – schlampend
wer wie eine → Schlampm ist.
Auch schlampig.

Schlampade Frau, die → schlampad ist.

Schlamparin die; Schlamparinna
– Schlamperin
gleichbed. mit → Schlampm.

Schlampámpm die; Schlam-
pámpma – Schlampampe(n)
gleichbed. mit → Schlampm.

Schlampm die; Schlampma –
Schlampe(n)
1. unordentliche, unreinliche,
schmutzige, nachlässig gekleidete
Frau. 2. Frau, die oberflächlich,
unzuverlässig, pfuscherhaft arbei-
tet. 3. liederliche, sittenlose Frau;
Hure.
Du Schlampm, du graisliche!

Schlang die; Schlangan – Schlange
hinterlistige, tückische, bösartige,
gemeine, giftige Frau.

Schlapp|schwanz der; Schlapp-
schwanz – Schlappschwanz
läppischer, kraftloser, uninteres-
santer, energieloser, feiger Mann.

Schlɔ̄f|haum die; Schlɔ̄fhauma –
Schlafhaube(n)
geistig träger, schläfriger, unauf-
merksamer, läppischer Mann.

schlɔ̄g|oarad – schlagohrig

1. *wer abstehende Ohren hat.* 2.
hinterlistiger, falscher, heimtük-
kischer Mann, der dumm und gut-
mütig zu sein scheint, sich aber nur
verstellt.
Schlogoarada Saubaze, schlogoarada!

Schlōg|oarada Mann, der → schlōg-
oarad ist.

schlɛcht – schlecht
gemein, gerissen, verdammt, nie-
derträchtig.

Schlɛcht|macha der; Ez = Mz –
Schlechtmacher
Mann, der gern Unschönes von
anderen verbreitet; der sie ver-
leumdet, hinterrücks herabsetzt.

Schlɛcka der; Ez = Mz – Schlecker
Mann, der gern Süßigkeiten (Tor-
ten, Bonbons, Eis) nascht.

schlɛckad – schleckend
wer wie ein → Schlɛcka ist.

Schlɛckade Frau, die → schlɛckad
ist.

Schlēdan die; Schlēdana
Frau, die unordentlich, schlampig
handelt; die Speisen, Flüssigkeiten
verschüttet.
Herk.: schlēdan *etwas verschüt-*
ten; verwandt mit schludern,
schleudern.

Schlēdara der; Ez = Mz
männl. Gegenstück zu → Schlēdan.

Schlɛndriān der; Mz ungebr. –
Schlendrian
schlampiger, phlegmatischer, trä-
ger Mann.

schlēzig

schleimig, feucht-schmutzig, un-
appetitlich, widerlich (wörtlich
und übertragen).
Herk.: Schlēz *Schleim*
A so a schlɛziga Kal, a schlɛziga!

Schlēziga Mann, der → schlēzig
ist.

Schlēgl der; Schlēgln – Schlegel
gleichbed. mit → Mūhāgl.

Schlentz der; Schlentzn
gleichbed. mit → Schlankl.

Schliaffa der; Ez = Mz
gleichbed. mit → Ɔschgriacha.
Herk.: schliaffa *schliefen, schlüp-*
fen, kriechen
A so a widalicha Schliaffa!

schliaffad
wer wie ein → Schliaffa ist.

Schliaffada Mann, der → schliaffad
ist.

Schliaffe der; Schliaffen
ungehobelter, grober, ungebilde-
ter, unmanierlicher Mann.
Herk.: Schliaffe *Penis.* (Nicht zu
verwechseln mit → Schliffe).
Du Schliaffe, du gschɛada!

schliaffe|haft
wer wie ein → Schliaffe ist.

Schliaffe|hafta Mann, der →
schliaffehaft ist.

Schliffe der; Schliffen
gerissener, raffinierter, schlauer
Mann. → Schliaffe.

Schlingl der; Schlingln – Schlingel
gerissener, frecher, dreister junger
Mann.

schlīz|augad – schlitzäugig
1. wer Schlitzaugen hat. 2. hinter-
listig, heimtückisch, bösartig

Sauhund, schlizaugada!

Schlīz|augada Mann, der → schlīz-
augad ist.

Schlīz|oa das; Schlīzoan – Schlitz-
ohr
*hinterlistiger, verschlagener,
durchtriebener Mann.*
Herk.: früher bestrafte und kenn-
zeichnete man Betrüger, indem
man ihre Ohrmuschel schlitzte.
(Meist nordbairisch.)

schlīz|oarad – schlitzohrig
wer wie ein → Schlīzoa ist.

Schlīz|oarada Mann, der → schlīz-
oarad ist.

Schloapfa die; Schloapfana
gleichbed. mit → Schlampm (Bed.
1 und 3).
Herk.: Schloapfa *Kufe; gebogenes
Holzbrett; Gerät zum Schleppen,
Schleifen des Pfluges.*

Schlūdan die; Schlūdana
gleichbed. mit → Schlēdan.

Schlūdara der; Ez = Mz
männl. Gegenstück zu → Schlūdan.

Schlūdriān der; Mz ungebr. –
Schludrian
*Mann, der schlampig, oberfläch-
lich, stümperhaft, übereilt handelt.*

Schmaichl|katz die; Schmaichl-
katzna – Schmeichelkatze
gleichbed. mit → Katz.

Schmarótza der; Ez = Mz –
Schmarotzer
gleichbed. mit → Barasít.

Schmatza der; Ez = Mz
*Mann, der Uninteressantes aus-
führlich bespricht; der viel Un-*
*sinn daherredet; der nur redet,
aber nichts zustande bringt.*
Herk.: schmatzn *schwätzen;* mhd.
smetzen, smatzen.

schmatzad
wer wie ein → Schmatza ist.

Schmatzada Mann, der → schmatzad ist.

Schmatzn die; Schmatzna
weibl. Gegenstück zu →
Schmatza.

Schmām|bēne der; Schmāmbēnen
1. gleichbed. mit → Schmatza.
*2. lächerlicher, nicht ernst genom-
mener Mann.*
Herk.: Schmām, Schmarrn
*Schmarren; Mehlspeise; Unsinn,
Mist.* Bēne *Benedikt* (Koseform).

schmɔitzig – schmalzig
*1. schmierig; übertrieben und auf-
dringlich höflich; wer sich lästig
und schmeichlerisch anbiedert. 2.
wer öffentlich seine amourösen
Gefühle zeigt, Händchen hält usw.*

Schmɔitziga Mann, der → schmɔitzig ist.

Schmɔiz|bruada der; Schmɔiz-
briada – Schmalzbruder
Mann, der → schmɔitzig ist.

Schmɔiz|gsɛi der; Schmɔizgsɛin
– Schmalzgeselle
gleichbed. mit → Schmɔizbruada.

Schmoara der; Ez = Mz – Schmar-
rer
gleichbed. mit → Schmāmbēne.

schmoarad
wer wie ein → Schmoara ist.

Schmia|fink der; Schmiafinkn –
Schmierfink

1. Mensch, der unsauber, ver-
schmutzt, unappetitlich ist. 2.
Mensch, der schlampig, unleser-
lich schreibt.

Schmiam|dremme der; Schmiam-
dremmen
gleichbed. mit → Schmɔizbruada.
Herk.: Schmiam *Schmiere*; mhd.
smirwe. Dremme *Knüttel, grober*
Prügel.

schmiarig – schmierig
1. gleichbed. mit → schmɔitzig.
2. wer fettige, unsaubere, fett-
glänzende Kleidung trägt.

Schmiariga Mann, der → schmiarig
(Bed. 1) ist.

Schmüdl die; Schmüdln – Schmud-
del
1. unreinliche, schmutzige, schlam-
pige Frau. 2. liederliche Frau.

schmüdlig – schmuddlig
wer wie eine → Schmüdl ist.

Schmüdlige Frau, die → schmüdlig
ist.

Schmüsa der; Ez = Mz – Schmuser
1. Mann, der Unsinn, dummes
Zeug redet. 2. Mann, der öffentlich
liebkost, zärtlich ist.
Herk.: Bed. 1 < Schmüs *dummes*
Gerede, < hebr. semu'oth. Bed. 2
<schmüsn *schmeicheln, liebko-*
sen.

schmüsad – schmusend
wer wie ein → Schmüsa (Bed. 2)
ist
A so a Schmiamdremme, a
schmusada!

Schmüsada Mann, der → schmüsad ist.

Schnaitza der; Ez = Mz – Schneu-
zer
Mann, der nicht ernst genommen
wird; der noch unreif ist.
A so a junga Schnaitza!

Schnäüzn die; Schnäüzna –
Schnauze(n)
Mensch, der frech, aufsässig zu-
rückredet oder schimpft.

Schnɑppm die; Schnɑppma –
Schnappe(n)
vorlaute, freche, unverschämte,
kurz angebundene Frau
Du Schnɑppm, du saufréche!

Schnōdan die; Schnōdana
Frau, die viel redet, schwätzt, nie
den Mund hält.
Herk.: schnōdan schnattern.

Schnōdara der; Ez = Mz
männl. Gegenstück zu → Schnōdan.

Schnɔin die; Schnɔina – Schnal-
le(n)
liederliche, unsittliche Frau; Hure.
Herk.: eigtl. *Vulva des Wildes*
(Jägersprache)
Du Schnɔin, du misráwlige!

Schnɔin|draiwa der; Ez = Mz –
Schnallentreiber
1. Zuhälter. 2. begattungsfreudiger
Mann, der sich gern in der Gesell-
schaft von leichtlebigen Frauen
oder Huren aufhält.
Herk.: Schnɔin *Vulva; Hure*
Du Schnɔindraiwa, du faréckta!

Schnōwe der; Mz ungebr. – Schna-
bel
frecher, unverschämter, wider-
sprechender junger Mensch.

Schnē|bruntza der; Ez = Mz – Schneebrunzer
dummer, nicht ernst genommener Bursche (auch *alter Mann*).
Herk. unsicher; das *tertium comparationis* ist allgemein unbekannt; siehe S. 170.

Schnɛckal|madām die; Mz ungebr. – Schneckerlmadame
1. gleichbed. mit → Bixlmadām.
2. *Frau mit kleinlockiger Frisur.*
Herk.: Schnɛckal *kl. Schnecke; Haarlöckchen; Vulva.*

Schnɛpfan die; Schnɛpfana – Schnepfe(n)
liederliche, unsittliche Frau; Hure.
Herk.: wahrscheinlich davon, daß die Schnepfe in der Dämmerung herumzustreichen beginnt („auf den Strich geht").

Schnēsl der; Schnēsln – Schnösel
gleichbed. mit → Schnēbruntza.

Schnoata der; Ez = Mz
Mann, der neugierig in allen Schränken, Schubladen usw. herumschnüffelt, sie durchstöbert.
Herk.: schnoatn *neugierig suchen, herumstöbern.*

schnoatad
wer wie ein → Schnoata ist.

Schnoatada Mann, der → schnoatad ist.

schnoatarisch
gleichbed. mit → schnoatad.

Schnoatarische Frau, die → schnoatarisch ist.

Schnoatn die; Schnoatna
weibl. Gegenstück zu Schnoata.

Schnuara der; Ez = Mz – Schnorrer
Mann, der sich stets etwas bettelt; der schmarotzt.
Herk.: urspr. Bettler mit einer Schnurrpfeife (Musikinstrument).

schnuarad – schnorrend
wer wie ein → Schnuara ist.

Schnuarada Mann, der → schnuarad ist.

schnuararisch – schnorrerisch
gleichbed. mit → schnuarad.

Schnuararischa Mann, der → schnuararisch ist.

Schnūfal das; Schnūfaln
kleiner, unscheinbarer, nicht ernst genommener Mann.
Herk.: verwandt mit schnaufen; → Schnūfaza.

Schnūfaza der; Ez = Mz
1. Mann, der herumschnüffelt, herumriecht; herumspioniert. 2. Mann, der weinerlich schnüffelt, schluchzt.
Herk.: mhd. snûfen *schnaufen;* iterativ = schnüfazn *heftig schnaufen; schluchzen; schnüffeln.*

Schnūfazn die; Schnūfazna
weibl. Gegenstück zu → Schnūfaza.

Schnūfla der; Ez = Mz – Schnufler
gleichbed. mit → Schnūfaza (Bed. 1)
A sechana ɔida Schnufla!

schnūflad – schnufelnd
wer wie ein → Schnūfla ist.

Schnūflada Mann, der → schnūflad ist.

Schnüflarin die; Schnüflarinna – Schnuflerin
weibl. Gegenstück zu→ Schnüfla.

Schoas der; Schoass
kleiner, nicht ernst genommener Mann.
Herk.: Schoas *Darmwind;* verwandt mit Scheiße.

Schoas|drumme die; Schoasdrummen
alte Frau, allg. abwertend.
Herk.: Schoas *Darmwind;* Drumme *Trommel*
A sechane ɔide Schoasdrumme!

Schoassla der; Ez = Mz
Mann, der häufig Darmwinde läßt.
Herk.: Schoas *Darmwind.*

schoasslad
1. wer häufig Darmwinde läßt.
2. wer nach Darmwinden riecht.
Herk.: Schoas *Darmwind;* schoassln *Darmwinde lassen, nach Darmwinden riechen*
Du Saubɛa, du schoasslada!

Schoasslada Mann, der → schoasslad ist.

schöflig – schoflig
knickrig, schäbig, elendig.
Herk.: hebr. safal *niedrig*
A so a schofliga Kunt, a schofliga!

Schöfliga Mann, der → schöflig ist.

Schraum die; Mz ungebr. – Schraube(n)
Frau, allg. abwertend.

Schraum|dɑmpfa der; Ez = Mz – Schraubendampfer
dicke, ältere, überladen gekleidete Frau.

Herk.: Vergleich mit einem großen, sich wuchtig bewegenden Schraubendampfer?

Schrãz der; Schrãzn – Schrat
kleiner, nicht ernst genommener Mann.
Herk.: Schrãz *Kobold; uneheliches Kind.* Herkunft (nach Avé-Lallemant) von hebr. schrazim *Tierchen, Kriechendes* nicht wahrscheinlich.

Schrɔng der; Schrɔnga – Schragen
Frau mit langen, dünnen Beinen.
→ lɑngschrangad.

Schrēfla der; Ez = Mz
Mann, der viel redet; der mit sich selber lange Gespräche führt.
Herk.: schrēfen *leise reden, schimpfen, nörgeln;* urspr. *Holz fein zerspalten*
Hɔit dãĩ Mai, du ɔida Schrɛfla!

schroppig – schroppig
schroff, grob, unhöflich.

Schroppiga Mann, der → schroppig ist.

Schuasta der; Ez = Mz – Schuster
gleichbed. mit → Muaxa.

Schucks die; Schucksna
1. gleichbed. mit → Schucksn, →Schicks. 2. hastige, schlampige Frau.

Schucksl das; Schucksln
gleichbed. mit → Schicksl.

Schucksn die; Schucksna
1. gleichbed. mit → Schicks.
2. Frau, die billig, aufdringlich, geschmacklos gekleidet ist.

Schuft der; Schuftn – Schuft
1. gemeiner, hinterlistiger, nicht

vertrauenswürdiger Mann. 2. *fei-*
ger, ängstlicher Mann.

Schui|schwantza der; Ez = Mz –
Schulschwänzer
1. *Bursche, der vom Schulunter-*
richt fernbleibt. 2. *Herumtreiber.*

Schummla der; Ez = Mz –
Schummler
gleichbed. mit → Bschaissa, etwas
schwächer.

schundig – schundig
wer wie ein → Schundnīgl ist.

Schundiga Mann, der → schundig
ist.

Schund|nīgl der; Schundnīgln –
Schundnickl
geiziger, knausriger, übertrieben
sparsamer Mensch.
Herk.: Schund- verwandt mit
etwas herausschinden; → Nickl.

Schussl die; Schussln – Schussel
Frau, die hastig, übereilt, fahrig,
unbedacht, schlampig ist.

Schussla der; Ez = Mz – Schussler
männl. Gegenstück zu → Schussl.

schusslad – schusslig
wer wie eine → Schussl ist.

Schusslada Mann, der → schusslad
ist.

Schwāīn das; Schwāīne – Schwein
1. gleichbed. mit → Sau. 2. gleichbed. mit → Schwāīnehund.
„Schwein" als Bezeichnung des
Tiers kommt im Bairischen nicht
vor (immer „Sau"); nur als
Schimpfwort wird es benutzt, das
wegen der schriftsprachlichen
Aussprache stärker als „Sau"
wirkt.

A so a Schwāīn, a misráwligs!

Schwāīne|hund der; Schwāīnehunt
– Schweinehund
sehr gemeiner, tückischer, cha-
rakterloser, verabscheuungswür-
diger, verächtlicher Mann.
Wegen der schriftspr. Aussprache
stärker als das bairische Gegenstück → Sauhund.

Schwāīnīgl der; Schwāīnīgln –
Schweinigel
1. *schmutziger, ungepflegter*
Mann. 2. *unmoralischer, zoten-*
hafter Mann.
Herk.: Es ist unsicher, ob es aus
Schwein + Igel oder Schwein +
Nickel zusammengesetzt ist. →
Nickl. Es gibt einen Schweinigel
(Igel mit einer schweineförmigen
Schnauze); es kann aber tauto-
logisch Schwein + Nickel sein.

Schwāīnts|kōbf der; Schwāīnts-
kepf – Schweinskopf
gleichbed. mit → Saukōbf.

Schwammal der; Mz ungebr. –
Schwammerl
kleiner, nicht ernst genommener,
einfältiger Mann.
Herk.: Schwammal, Schwammaling *Pilz.*

Schwammaling der; Ez = Mz –
Schwammerling
gleichbed. mit → Schwammal.

Schwanz der; Schwantz – Schwanz
gleichbed. mit → Bail.

Schwōfla der; Ez = Mz – Schwafler
gleichbed. mit → Schmatza.

Schwengl der; Schwengln –
Schwengel

dummer, grober, ungeschliffener, unmanierlicher Mann.
Herk.: Schwengl *Penis*
A·so a Schwengl, a gschɛada!

Schwindla der; Ez = Mz – Schwindler
1. gleichbed. mit → Bschaissa;
2. gleichbed. mit → Gauna.

schwind|sichtig – schwindsüchtig
lungenkrank; schwächlich, kränkelnd, abgemagert
Du schwindsichtigs Zigréttnbiaschal!

Schwind|sichtiga Mann, der → schwindsichtig ist.

schwoasslad – schweißelnd
wer nach Schweiß riecht; wer stark schwitzt, bes. Frau.

Schwoasslade Frau, die → schwoasslad ist.

schwoaz – schwarz
katholisch; frömmelnd, glaubensstark.

Schwoaza Mann, der → schwoaz ist.

schwül – schwul
homosexuell.

Schwüla Mann, der → schwül ist.

Sɛafla der; Ez = Mz – Serfler
gleichbed. mit → Schɛafla.

sɛaflad – serfelnd
wer wie ein → Sɛafla *geht.*

Sɛaflada Mann, der → sɛaflad geht.

Sɛckíara der; Ez = Mz – Sekkierer
1. gleichbed. mit → Huntza. *2. Mann, der ständig und lästig bittet, bettelt, Fragen stellt, drängt.*
Herk.: < ital. seccare *belästigen.*

sɛckíarad – sekkierend

wer wie ein → Sɛckíara *ist.*

Sɛckíarada Mann, der → sɛckíarad ist.

sɛibst|sichtig – selbstsüchtig
egoistisch, wer immer seinen eigenen Vorteil im Sinne hat.

Sɛibst|sichtiga Mann, der → sɛibstsichtig ist.

Sɛim|zonga der; Mz ungebr. – Selbstgezogener
eigenbrötlerischer, sonderbarer, ungeselliger Mann.

sɛid|sam – seltsam
eigenartig, eigenbrötlerisch, schrullenhaft
A so a sɛidsama Fogl!

Sɛid|sama Mann, der → sɛidsam ist.

Sɛ|raiwa der; Ez = Mz – Seeräuber
1. ungepflegter, zerzauster, bärtiger Mann. 2. Mann, allg. abwertend.
Du Sɛraiwa, du blattada!

Sēchana der; Sēchane – (ein) Solcher
Mann, allg. abwertend.
Herk.: Sēchana, Soichana *Solch-Einer.* Dieses an und für sich harmlose Wort kann sehr wirkungsvoll sein, weil man nicht genau sagt, was man meint; der Angesprochene stellt sich dann vor, daß der Sprecher irgend etwas Schlimmes über ihn weiß.
Du bist ā a Sechana!

Sēchane die; Ez = Mz – (eine) Solche
weibl. Gegenstück zu → Sēchana

Dēs is ā a Sechane!

Seckl der; Seckln
einfältiger, dummer, träger, läp-
pischer, uninteressanter Mann.
Herk. unsicher: < Seckl *(kl.)*
Socken; Hodensack → Socka.

Semme|diak der; Semmediakn –
Semmeltürke
gleichbed. mit → Hūdack.
Herk. unsicher.

Semme|gaist der; Mz ungebr. –
Semmelgeist
gleichbed. mit → Hūdack; auch
allg. abwertend.
Herk. unsicher
Du blattada Semmegaist, du blattada!

Siach der; Mz ungebr.
1. läppischer, einfältiger Mann,
der sich ausnutzen läßt. 2. elender,
bösartiger, gemeiner, widerwärti-
ger Mann.
Herk.: vielleicht von siech *krank,*
kränklich?

siarig
gereizt, zornig, wütend, aufge-
bracht.
Herk.: mhd. sêr *wund, verletzt;*
schmerzend; vgl. engl. sore und
nhd. versehrt.

Siariga Mann, der → siarig ist.

siass – süß
schmeichlerisch, kriecherisch,
schöntuerisch, hinterlistig.

Siassa Mann, der → siass ist.

Siass|maia der; Ez = Mz – Süß-
meier
Mann, der → siass ist.

Sī|mandl der; Sīmandln
läppischer Mann, der sich von der
Ehefrau herumbefehlen läßt;
willenloser Weiberknecht; Pan-
toffelheld. Eigtl. sächl.
Herk. unsicher. → Mandl.

sīm|gschaid – siebengescheit
vorwitzig, neunmalklug, nase-
weis; wer alles besser wissen will.
Herk.: wahrscheinlich „einer, der
die Sieben Freien Künste (Trivium
und Quadrivium) kennt".

Sīm|gschaida Mann, der → sīm-
gschaid ist.

Simmal der; Mz ungebr. – Simmerl
einfältiger, dummer, unbeholfener
aber gutmütiger Mann.
Herk.: Simmal *Simon* (Koseform).

Simpe der; Simpen → Simpel
gleichbed. mit → Simmal.

Sippm die; (Gruppe) – Sippe(n)
1. gleichbed. mit → Bagāsch.
2. *Verwandtschaft* (abwertend).

Sipp|schaft die; (Gruppe) – Sipp-
schaft
gleichbed. mit → Sippm.

Soacha der; Ez = Mz – Seicher
gleichbed. mit → Bruntza.
Herk.: soacha *seichen, harnen.*

soachad – seichend
gleichbed. mit → bruntzad.

Soachada Mann, der → soachad
ist.

Soach|bail der; Soachbailn – Seich-
beutel
gleichbed. mit → Soacha, →
Bruntza.
Herk.: soacha *harnen;* Bail *Penis.*
→ Bail

Soach|kāl der; Soachkaln – Seich-kerl
gleichbed. mit → Soachbail.
soachlad – seichelnd
wer nach Urin riecht. → bruntzlad.
Soachlade Frau, die → soachlad
ist.
Soadara der; Ez = Mz
gleichbed. mit → Schmatza.
Herk.: Gsoad *das Gesagte.*
Soaffa die; (Gruppe) – Seife(n)
gleichbed. mit → Bagāsch.
Herk. unsicher: < hebr. sefel
Mist; charakterloser Mensch?
Socka der; Sockan – Socke(n)
gleichbed. mit → Seckl.
sonda|bar – sonderbar
eigenartig, seltsam, unverständ-lich, schrullenhaft
A sechana sondabara Kal!
Sonda|bara Mann, der → sonda-bar ist.
Sonda|ling der; Ez = Mz – Son-derling
Mann, der → sondabar ist.
Špāri|fánkal der; Špārifánkaln
gleichbed. mit → Fankal.
Herk. von Špāri- unsicher.
Špaséttl|macha der; Mz ungebr.
gleichbed. mit → Faxnmacha
(Bed. 1).
Herk.: Špaséttln *Possen, Unfug,Streiche.*
Špōz der; Špōzn – Spatz
kleiner, schmächtiger, nicht ernst genommener Mann.
Špōzn|hian das; Špōznhiana –
Spatzenhirn
1. Mensch mit einem kleinen Kopf;

Mikrozephale. 2. dummer, be-schränkter, läppischer, vergeß-licher Mensch. → Moasnkepfal.
Špōzn|kōbf der; Špōznkepf –
Spatzenkopf
gleichbed. mit → Špōznhian.
špettisch – spöttisch
wer andere auslacht, verhöhnt, neckt, verspottet.
Špettischa Mann, der → špettisch
ist.
Špettla der; Ez = Mz – Spöttler
Mann, der → špettisch ist.
Špettlarin die; Špettlarinna –
Spöttlerin
weibl. Gegenstück zu → Špettla.
Špiatza der; Ez = Mz
Mann, der störend oft ausspuckt.
Herk.: špiatzn *ausspucken;* mhd.
spirzen = iterative Form von
mhd. spien *speien, spucken.*
špiatzad
wer wie ein → Špiatza ist
A so a špiatzada Saubɛa, a
špiatzada!
Špiatzada Mann, der → špiatzad
ist.
Špicka der; Ez = Mz – Spicker
Bursche, der von anderen in der Schule abschreibt, betrügt.
Špinōdara der; Ez = Mz – Spina-terer
männl. Homosexueller.
Herk. unsicher; vielleicht Ver-gleich von gekochtem Spinat mit
menschlichem Exkrement? →
Špinōdstecha.
Špinōd|stecha der; Ez = Mz –
Spinatstecher

gleichbed. mit → Špinŏdara.

Herk. unsicher: einer, der in den „Spinat" = menschl. Exkrement sticht? Aus der Landwirtschaft?

Špinŏd|wachtl die; Špinŏdwachtln
– Spinatwachtel
gleichbed. mit → Schraumdampfa.

Herk. unsicher: < wachtln *schwerfällig gehen?* < Wachtl *Vagina?*

Du Špinŏdwachtl, du ŏide!

špinnad – spinnend
(leicht) verrückt, seltsam, sonderbar; eingebildet, geckenhaft, überspannt

A so a špinnada Daife, a špinnada!

Špinnade Frau, die → špinnad ist.

Špīri|fánkal der; Špīrifánkaln
gleichbed. mit → Špārifánkal,
→ Fankal.

Špīsa der; Ez = Mz – Spießer
engstirniger, kleinlicher Mensch, der sich gegen alles Neue und Ungewohnte sträubt; Spießbürger.

Špitála der; Ez = Mz – Spitaler
alter, kränklicher, gebrechlicher Mann

A sechana ŏida Špitála!

špīz|bauchad – spitzbäuchig
wer dickleibig ist.

Špīz|bauchada Mann, der → spīzbauchad ist.

Špīz|bua der; Špīzbuama – Spitzbub
gerissener, betrügerischer, raffinierter Mann.

Špīz|buam|haiptling der; Ez = Mz

– Spitzbubenhäuptling
gleichbed. mit → Špīzbua, etwas stärker.

Špīz|buam|kŏbf der; Mz ungebr.
– Spitzbubenkopf
gleichbed. mit → Špīzbua.

Špīz|kŏbf der; Špīzkepf – Spitzkopf
gleichbed. mit → Oakŏbf.

špīz|kopfad – spitzköpfig
wer wie ein → Špīzkŏbf ist
Saubaze, špizkopfada!

Špīz|kopfada Mann, der → špīzkopfad ist.

špīz|lochad – spitzlochig
wer ein knochiges, dürres, spitziges Gesäß hat.

Herk.: Lŏch *Gesäß* (verächtlich).

Špīz|lochade Frau, die → špīzlochad ist.

Špīz|maus die; Mz ungebr. – Spitzmaus
1. ängstlicher, furchtsamer, zaghafter Mensch. 2. Mensch, der körperlich klein, feingliedrig ist.

špīz|nŏsad – spitznasig
wer eine auffallend spitze Nase hat. Spitznasige gelten als böse.

Špīz|nŏsade Frau, die → špīznŏsad ist.

Špŏ|sau die; Mz ungebr. – Spansau
Mann, allg. abwertend.

Herk.: Špŏsau *Spanferkel; Ferkel, das noch säugt.*

Šprīch|bail der; Šprīchbailn – Sprüchbeutel
Mann, der viel prahlt, verspricht, angibt, keine Versprechen hält.

Herk.: Šprīch *Sprüche; Verspre-*

chungen; Prahlereien. → Bail.

Šprīch|macha der; Ez = Mz –
Sprüchemacher
gleichbed. mit → Šprīchbail.

Špring|ginkal der; Špringginkaln
1. gleichbed. mit → Fankal. *2.
lebhaft herumtollendes Kind.*

Špritza der; Ez = Mz – Spritzer
*unreifer, nicht ernst genommener
Bursche.*
Herk.: *špritzn harnen; ejakulie-
ren.* → Bruntza
A so a junga Špritza !

Šprüch|bail der; Šprüchbailn –
Spruchbeutel
gleichbed. mit → Šprīchbail.

Špui|ratz der; Špuiratzn – Spiel-
ratte
*Mann, der leidenschaftlich gerne
spielt, bes. Glücksspiele.*

štäd
*wer nicht viel sagt; wer schüchtern,
auffällig scheu, still, zurückhal-
tend ist; wer seine Gefühle nicht
kundgibt.*
Herk.: *štäd still,* mhd. stæte *stetig.*

Štäde Frau, die → štäd ist.

Štangl|madām die; Mz ungebr.
*liederliche, leichtlebige, unsitt-
liche Frau.*
Herk.: Madām *Madame;* štangln
koitieren; Štangl *kl. Stange; Penis.*

Štanta|ling der; Ez = Mz
*Mann, der herumsteht, müßig-
gängerisch ist.*
Herk.: Štantaling *Herumsteher.*

štauwig – staubig
1. unehrlich, nicht vertrauenswür-

dig, gerissen. 2. allg. abwertend.
Herk.: → Bruada, štauwiga.

Štäūzn|kepfe das; Štäūznkepfen
gleichbed. mit → Moasnkepfal.
Herk.: Štäūzn *Mücke;* → Mucknkepfe.

Štōd|frack der; Štōdfrackn – Stadt-
frack
*Städter, Stadtbewohner. Abwer-
tende Bezeichnung des Bauern für
den Städter.* → Baua.

Štɛssl der; Štɛssln – Stößel
*ungeschliffener, unhöflicher, un-
manierlicher, grober Mann.*
Herk.: Štɛssl *Stößel, Stoßgerät
zum Zerstampfen von Rüben*
A so a gschɛada Štɛssl, a gschɛada !

Šteffe der; Šteffen – Stoffel
gleichbed. mit → Štɛssl.
Herk. unsicher: < *Stephan?
< Christophorus?*

Šteftn der; Šteftna
gleichbed. mit → Štɛssl, etwas
schwächer.
Herk.: Šteftn *Stift;* mhd. steft
Stengel, Stachel, Stift; Penis.
A so a umfräīndlicha Šteftn !

Štengl der; Štengln – Stengel
gleichbed. mit → Šteftn, → Štɛssl.
Herk.: Štengl *Penis.*

Štentz der; Štentzn
*1. Zuhälter. 2. Mann, der sich
geckenhaft, affektiert, modisch
kleidet. 3. arbeitsscheuer Müßiggänger.*
Herk.: auf die Štantz gehen *den
Hof machen.* Gštenz *Penis.*

štentzn|haft
wer wie ein → Štentz ist.

Štentzn|hafta Mann, der → štentznhaft ist.

Štia der; Ez = Mz – Stier
grober, ungehobelter, eigensinniger, widerspenstiger, dickschädliger, sturer Mann.

Štia|bail der; Štiabailn–Stierbeutel
gleichbed. mit → Štia, etwas stärker.
Herk.: eigtl. *Stierpenis, Stierskrotum.* → Bail
Štiabail, growa!

Štia|binkn der; Ez = Mz – Stierbinken
gleichbed. mit → Štia; verstärkte Form von → Binkn.

Štia|bummal der; Štiabummaln – Stierbummerl
gleichbed. mit → Štia; verstärkte Form von → Bummal.

štia|gnackad – stiernackig
1. wer ein sehr breites Genick hat.
2. wer wie ein → Štia ist.
Herk.: Štia *Stier;* Gnack *Genick, Nacken*
A so a štiagnackada Bauanbiffe, a štiagnackada!

Štia|gnackada Mann, der → štiagnackad ist.

Štial das; Štialn
gleichbed. mit → Štia; etwas schwächer und auf jüngere Männer angewendet.
Herk.: Štial *kl. Stier, Stierlein, junger Stier.*

Štia|muckal der; Štiamuckaln – Stiermuckerl
gleichbed. mit → Štia; verstärkte Form von → Muckal.

Štia|schɛl der; Štiaschɛln – Stierschädel
gleichbed. mit → Štia, etwas stärker
Du gschwoikopfada Štiaschɛl, du gschwoikopfada!

Štichla der; Ez = Mz – Stichler
Mann, der andere gegeneinander aufhetzt; der stichelnde, boshafte Bemerkungen macht.

štichlad – stichelnd
wer wie ein → Štichla ist.

Štichlada Mann, der → štichlad ist.

Štiftal|köbf der; Štiftalkepf – Stifterlkopf
1. Mann mit einem Bürsten-Haarschnitt (Igel). 2. dummer, läppischer, unreifer, nicht ernst genommener Bursche.
Herk.: Štiftal *kl. Stift(e).* Nach 1945 waren die amerikanischen Stifterlköpfe beliebt; heute sind es die → Langzōdadn
Du blɛda Štiftalkobf, du blɛda!

štiftal|kopfad – stifterlköpfig
wer wie ein → Štiftalköbf ist.

Štiftal|kopfada Mann, der → štiftalkopfad ist.

Štimpa der; Ez = Mz – Stümper
gleichbed. mit → Muaxa.

štimpa|haft – stümperhaft
wer wie ein → Štimpa ist.

Štimpa|hafta Mann, der → štimpahaft ist.

štingad – stinkend
1. wer stinkt (nach Schweiß, Darmwind). 2. faul, arbeitsscheu, träge

Štingada Mann, der → štingad ist.

šting|faul – stinkfaul
wer sehr faul, arbeitsscheu ist
Du Hund, du štingfaula!

Šting|faula Mann, der → štingfaul
ist.

Štingl der; Štingln
gleichbed. mit → Štengl.

Štoffe der; Štoffen – Stoffel
gleichbed. mit → Šteffe, → Štɛssl.

štoffe|haft – stoffelhaft
wer wie ein → Štoffe ist.

Štoffe|hafta Mann, der → štoffe-
haft ist.

štōg|dámmisch
verstärkte Form von → dammisch
Noa, štogdámmischa!

Štōg|dámmischa Mann, der →
štōgdámmisch ist.

štōg|dúmm – stockdumm
verstärkte Form von → dumm.

Štōg|dúmme Frau, die → štōg-
dúmm ist.

Štōg|físch der; Štōgfisch – Stock-
fisch
*wortkarger, mundfauler, steifer,
langweiliger Mann.*

štōg|nárisch – stocknärrisch
verstärkte Form von → nārisch
A so a štognárischa Kunt, a
štognárischa!

Štōg|nárischa Mann, der → štōg-
nárisch ist.

Štopsl der; Štopsln – Stöpsel
*kleiner, dicker, nicht ernst ge-
nommener Mann.*

Štraid|hamme der; Štraidham-
men – Streithammel

*Mann, der zänkisch, unverträg-
lich, immer zum Streiten aufgelegt
ist.* → Hamme

Štraid|hansl der; Štraidhansln –
Streithansl
gleichbed. mit → Štraidhamme,
aber schwächer.

štraid|sichtig – streitsüchtig
wer wie ein → Štraidhamme ist
A sechane štraidsichtige Waiwabritschn, a štraidsichtige!

Štraid|sichtiga Mann, der→štraid-
sichtig ist.

Štraina der; Ez = Mz – Streuner
*Mann, der sich herumtreibt, der
oft nicht zu finden ist, der nachts
erst spät nach Hause kommt.*

Štrawántza der; Ez = Mz
*Mann, der sich herumtreibt, her-
umvagabundiert, meist nicht zu
Hause ist; Müßiggänger, Tage-
dieb.*

Herk. unsicher: vielleicht aus
dem Italienischen? Vielleicht eine
iterativ-intensive Form von stre-
ben?

štrawántzad
wer wie ein → Štrawántza ist.

Štrawántzada Mann, der → štrawántzad ist.

Štrawántzarin die; Štrawántza-
rinna
weibl. Gegenstück zu → Štrawántza.

Štrawántzn die; Štrawántzna
weibl. Gegenstück zu → Štrawántza
A sechane fakémmane Štra-
wántzn!

Štrēwa der; Ez = Mz – Streber
*Mann, der störend ehrgeizig ist
(Schule, Beruf).*
Štrīg der; Štrick – Strick
gerissener, raffinierter, durchtriebener Mann.
Herk.: wohl Kurzform von →
Gɔingštrīg.
Štrīze der; Štrīzen – Strizzi
gleichbed. mit → Štentz, → Bāze.
Herk.: < ital. strizzare *pressen,
ausdrücken.*
štrīze|haft – strizzihaft
wer wie ein → Štrīze ist.
Štroich der; Ez = Mz – Strolch
gleichbed. mit → Gauna
(Ez. Štrŏich, Mz. Štroich, d. h.
kurzer Diphthong.)
štua – stur
halsstarrig, dickköpfig, eigensinnig
Du štuara Hund, du štuara!
Štuara Mann, der → štua ist.
Štuan die; Štuana – Stute(n)
plumpe, derbe, grobe, schwerfällige, träge, dumme Frau
Aussprache auch Štuatn, Mz.
Štuatna.
Štummal der; Štummaln – Stummerl, s.
1. taubstummer Mensch. 2. wortkarger, mundfauler Mensch.

Štūm|hocka der; Ez = Mz – Stubenhocker
*energieloser Mann, der meist zu
Hause bleibt; Mann, der lieber zu
Hause liest usw. als Sport treibt,
Wanderungen macht usw.*
štumpal|fuassad – stumperlfüßig
wer auffällig kurze Beine hat.
Herk.: Štumpal *kl. Stumpen.*
Štumpal|fuassada Mann, der →
štumpalfuassad ist.
štumpf|sinnig – stumpfsinnig
*wer uninteressiert, teilnahmslos,
langweilig, geistig träge ist*
A so a štumpfsinniga Kal, a
štumpfsinniga!
Štumpf|sinniga Mann, der →
štumpfsinnig ist.
štupíd – stupid
gleichbed. mit → štumpfsinnig.
Štupída Mann, der → štupíd ist.
Štutza der; Ez = Mz – Stutzer
gleichbed. mit → Gɛck (Bed. 1).
štutza|haft – stutzerhaft
wer wie ein → Štutza ist.
Štūzl der; Štūzln – Stutzel
kleiner, dicker, nicht ernst genommener Mann.
Suckl das; Suckln – Suckel
körperlich unsauberer Mensch.
Herk.: Suckl *Ferkel;* verwandt
mit saugen.

T siehe D

U

Uaschl die; Uaschln – Ursel
einfältige, naive; schlampige; un-
beholfene Frau (auch Füllwort).
Herk.: Uaschl *Ursel, Ursula* (Koseform).

Ūhū der; Mz ungebr. – Uhu
sonderbarer, wunderlicher, ver-
rückter, überspannter Mann.
A so a špinnada Uhu, a špinnada!

Um|anánda|draiwa der; Ez = Mz
– Umeinandertreiber
gleichbed. mit → Štraina.
Herk.: umanándadraim *umein-*
andertreiben, herumtreiben.

Um|draiwa der; Ez = Mz – Um-
treiber
gleichbed. mit → Āfdraiwa.

um|draiwarisch – umtreiberisch
wer wie ein → Umdraiwa ist.

Um|draiwarischa Mann, der →
umdraiwarisch ist.

um|faschämbt – unverschämt
gleichbed. mit → ausgschämbt
Aussprache auch umbfaschämt;
Assimilierung bei diesem Wort
und anderen Wörtern mit der
Lautfolge *un-f* zu *umbf;* siehe
S. 192f.
Du Huntsbaze, du umfa-
schambta!

Um|faschämbte Frau, die → um-
faschämbt ist.

um|frãindlich – unfreundlich
wer nicht freundlich ist, wer ab-
weisend, mürrisch ist

Um|frãindlicha Mann, der → um-
frãindlich ist.

um|manialich – unmanierlich
grob, ungezogen, unerzogen, takt-
los, unhöflich.

Um|manialicha Mann, der → um-
manialich ist.

Um|štands|gramma der; Ez = Mz
– Umstandskrämer
Mann, der umständlich, langsam
ist; der sich mit Nebensächlich-
keiten abgibt, anstatt sich der
eigentlichen Sache zuzuwen-
den.

um|štent|lich – umständlich
wer wie ein → Umštandsgramma
ist.

Um|štent|licha Mann, der → um-
štentlich ist.

un|aus|štḗlich – unausstehlich
unerträglich, widerwärtig, sehr lä-
stig, unsympathisch
A so a Waiwalaid, a unaus-
štḗlichs!

Un|aus|štḗ|liche Frau, die → un-
ausštḗlich ist.

un|appadit|lich – unappetitlich
wer abstoßend, widerlich, unsauber
ist (Schorf, Pickel, Mitesser, Na-
senschleim; Schmutz; Speise-
reste)
Dreghamme, unappaditlicha!

Un|appadit|licha Mann, der → un-
appaditlich ist.

un|dank|bar – undankbar
wer Freundlichkeit, Dienstbereit-
schaft, Hilfe mit Gleichgültigkeit
oder Unfreundlichkeit erwidert
A so a undankbars Mistfich!

Un|dank|bara Mann, der → un-
dankbar ist.

un|ghōwed – ungehobelt
ungeschliffen, grob, unhöflich, un-
manierlich, rauh.

Un|ghōweda Mann, der → un-
ghōwed ist.

un|gschlacht – ungeschlacht
wer grob und derb auftritt; wer
einen grobknochigen, klotzigen
Körperbau hat.
Herk.: mhd. geslaht *wohlgeartet;*
mhd. ungeslaht *nicht wohlgear-*
tet, entartet
Biffe, ungschlachta!

Un|gschlachta Mann, der → un-
gschlacht ist.

un|guad – ungut
mürrisch, übellaunig, unfreund-
lich, abweisend
Waiwabritschn, unguade!

Un|guade Frau, die → unguad ist.

un|gwaschn – ungewaschen
1. unsauber, unappetitlich, ver-
schmutzt. 2. grob, rüpelhaft

A sechana ungwaschna Biffe!

un|kamped – ungekämmt
wer zerzaustes, unfrisiertes, unge-
pflegtes Haar hat.
Herk.: Kampe *Kamm;* kampen
kämmen. Das -p- ist archaisch
(vgl. engl. comb), obgleich es
nach Sproßkonsonant aussieht
(Kamm-p-l).

un|rūig – unruhig
1. wer nicht stillsitzen kann, immer
hin und her läuft. 2. wer sich Sorgen
macht, Unannehmlichkeiten aus-
malt.

Un|rūiga Mann, der → unrūig ist.

un|simpatisch – unsympathisch
wer einem widerwärtig ist; wer
unangenehm, unausstehlich ist.

Un|simpatische Frau, die → unsim-
patisch ist.

unta|εa|nεad – unterernährt
schwächlich, sehr mager, knochig
A sechas untaεaneads Biaschal!

Unta|εa|nεada Mann, der → un-
taεanεad ist.

V siehe F

W

Wādschn|gsicht das; Wādschn-
gsichta – Watschengesicht
*Mensch mit einem frechen, unver-
schämten, aufsässigen Blick, der
einen zum Ohrfeigen reizt.*
Herk.: Wādschn *Ohrfeige.*

Wāgl|hund der; Wāglhunt
*liederlicher, elender, herunterge-
kommener Mann.*
Herk.: Wāgl *kl. Wagen, Karren.*
Arme Leute konnten sich weder
Pferd, Kuh noch Esel leisten und
benutzten deshalb einen Hund
als Zugtier für ihre kleinen Wagen.

Wai das; Waiwa – Weib
Frau, allg. abwertend
A so a blɛds Wai, a blɛds!

Waibs|buid das; Waibsbuida –
Weibsbild
Frau, allg. abwertend.

Waibs|daife der; Waibsdaifen –
Weibsteufel
*Frau, allg. abwertend; auch böse,
bissige Frau.*

Waibs|štick das; Waibsšticka –
Weibsstück
*Frau, allg. abwertend, etwas stär-
ker als Wai*
A so a Waibsštick, a dammischs!

wais|fotzad
*wer ein auffällig blasses, käsiges
Gesicht hat.*
Herk. wais *weiß;* Fotzn *Gesicht*
(verächtlich).

Wais|fotzada Mann, der → wais-
fotzad ist.

wais|schɛllad – weißschädlig

*1. wer grauhaarig ist. 2. wer auf-
fallend blondes Haar hat.*

Wais|schɛllada Mann, der → wais-
schɛllad ist.

Waitla der; Ez = Mz
*ungehobelter, unhöflicher, grober,
primitiver Mann.*
Herk.: Waitla *Wäldler, Bewohner
des Bayrischen Waldes*
A so a gschɛada Waitla, a
gschɛada!

Waitla|biffe der; Waitlabiffen
verstärkte Form von → Waitla
und → Biffe.

Waitla|binkn der; Waitlabinkn
verstärkte Form von → Waitla
und → Binkn.

Waitla|štia der; Ez = Mz
verstärkte Form von → Waitla
und → Štia.

Waiwa|britschn die; Waiwa-
britschna – Weiberpritsche(n)
verstärkte Form von → Britschn
Waiwabritschn, misráwlige!

Waiwads das; Mz ungebr.
Frau, allg. abwertend.

Waiwa|hengst der; Waiwahengstn
– Weiberhengst
gleichbed. mit → Hengst.

Waiwa|laid das; Ez = Mz – Wei-
berleut
Frau, allg. abwertend
A so a miads Waiwalaid, a miads!

waiwisch – weibisch
*läppisch, kraftlos, weichlich, zag-
haft (nur Mann)*
Du Kunt, du waiwischa!

Waiwischa Mann, der → waiwisch
ist.

Waschl der; Waschln
grober, ungehobelter, plumper,
schwerfälliger Mann.
Herk.: unsicher: < Waschl *große*
Bürste. < großes Ohr?

Watschla der; Ez = Mz – Watsch-
ler
Mann, der schwerfällig, schlep-
pend geht.

watschlad – watschelnd
wer wie ein → Watschla geht.

Watzn|bēne der; Watznbēnen –
Warzenbene
1. Mann mit vielen Warzen, bes.
im Gesicht. 2. Mann, allg. abwertend, etwa *grober Kerl.*
Herk.: Bēne *Benedikt* (Koseform).

Wauk der; Waukn
grober, widerspenstiger, hals-
starriger, ungehobelter Mann.
Herk. unsicher: < Waukal *Nasen-*
schleim; Zehenkäs? < Abkürzung
(mit Spirantisierung) von → Rabáuk?

waukisch
wer wie ein → Wauk ist.

Waukischa Mann, der → waukisch
ist.

Wachtl die; Wachtln – Wachtel
Frau, allg. abwertend.
Herk.: Wachtl *Vulva.* Wachtln
schwerfällig gehen. → Špinōd-
wachtl.

Waffe die; Waffen – Waffel
Mensch mit frechem, unverschäm-
tem Mundwerk.

Herk.: Waffe *Mund* (veräch-
lich).

wampad
wer dickbäuchig ist.
Herk.: Wampm *(dicker) Bauch.*

Wampada Mann, der → wampad
ist.

Wampm die; Wampma – Wam-
pe(n)
dickleibiger, aufgedunsener
Mensch.
Herk.: Wampm *(dicker) Bauch*
(abwertend).

Wanst der; Wanst – Wanst
gleichbed. mit → Wampm.

Wantzn die; Wantzna – Wan-
ze(n)
1. aufdringlicher, anhänglicher
Mensch. 2. unruhiger Mensch.

Wasch|lappm der; Waschlappma
– Waschlappen
läppischer, weichlicher Mann.

Wasch|wai das; Mz ungebr. –
Waschweib
gleichbed. mit → Rādschn, bes.
Mann.

Wassa|kōbf der; Wassakepf –
Wasserkopf
1. Mann mit einem auffällig gro-
ßen Kopf; Hydrozephalus. 2. dum-
mer, läppischer, ungeschickter, un-
interessanter Mann.

Wastl der; Wastln
einfältiger, läppischer, langweili-
ger, hilfloser, gutmütiger Mann.
Herk.: Wastl *Sebastian* (Koseform).

Wōg|schail bsuffas das; Mz un-
gebr.

1. Mann, der viel trinkt, oft betrunken ist. 2. betrunkener, schwankend gehender Mann.

Herk.: Schail *Scheitel*, kl. *Scheit;* Wōgschail *waageartiger Balken quer vor dem Wagen, an den die Zugtiere angespannt werden;* es schwankt auf und ab, hin und her. A so a bsuffas Wɔgschail, a bsuffas!

Wɔid|aff der; Mz ungebr. – Waldaffe

gleichbed. mit → Hoizaff, → Ạff.

Wɔid|schrāz der; Wɔidschrāzn – Waldschrat

gleichbed. mit → Schrāz.

Wēdl der; Wēdln – Wedel
grober, ungeschliffener Mann.

Herk.: Wēdl *Penis.*

wē|laidig – wehleidig
empfindlich, zimperlich, jammernd, klagend

A so a wɛlaidiga Kal!

Wē|laidiga Mann, der → wēlaidig ist.

Wɛps der; Wɛpsn – Wespe
unruhiger, geschäftiger Mensch, der sich nicht stillhalten kann, der immer hin und her wetzt.

Wɛxl|bɔig der; Wɛxlbɛig – Wechselbalg

1. dreister, unverschämter, frecher junger Mensch. 2. häßlicher, mißgestalteter junger Mensch.

Herk.: Im Volksglauben sind Wechselbälge Kinder von bösen Geistern, die ihre mißgestalteten Kinder gegen Menschenkinder austauschen.

Wēda|hɛx die; Wēdahɛxn – Wetterhexe

zerzauste, ungepflegte, schlampige Frau. → Hɛx.

wēda|lāūnisch – wetterlaunisch
gleichbed. mit → lāūnanhaft.

Herk.: ein Mensch, dessen Stimmung sich so schnell wie das Wetter ändert; wahrscheinlicher aber: wessen Stimmung vom Wetter (Föhn usw.) beeinflußt wird.

Wēda|lāūnische Frau, die → wēdalāūnisch ist.

Wetza der; Ez = Mz – Wetzer
gleichbed. mit → Wɛps.

wetzad – wetzend
wer wie ein → Wetza ist.

Wetzade Frau, die → wetzad ist.

Wetzn die; Wetzna – Wetze(n)
weibl. Gegenstück zu → Wetza.

wiaflig
hinterlistig, gemein, heimtückisch, unberechenbar.

Herk.: wiaflig *irre, schwindlig;* verwandt mit Wirbel. Eigtl. *von der Drehkrankheit der Schafe befallen.*

Wiafliga
Mann, der → wiaflig ist.

wiast – wüst
1. grob, derb, ungeschliffen. 2. häßlich, abstoßend aussehend.

A so a wiasts Waiwalaid!

Wiaste Frau, die → wiast ist.

Wiats|haus|hocka der; Ez = Mz – Wirtshaushocker
Mann, der oft und viel trinkt; der oft im Wirtshaus sitzt.

Wicht der; Wichtn – Wicht
kleiner, nicht ernst genommener
Mann.
Wichtig|dua der; Ez = Mz – Wich-
tigtuer
Mann, der prahlt, angibt, sich für
wichtig hält.
Wichtig|macha der; Ez = Mz –
Wichtigmacher
gleichbed. mit → Wichtigdua.
wīda|boaštig – widerborstig
widerspenstig, eigensinnig; wer
sich sträubt, trotzt
Huntsgrippe, widaboaštiga!
Wīda|boaštiga Mann, der → wīda-
boaštig ist.
wīda|hārig – widerhaarig
mürrisch, verdrossen, übellaunig,
griesgrämig; trotzig.
Wīda|hāriga Mann, der → wīda-
hārig ist.
wīda|lich – widerlich
sehr unangenehm, widerwärtig, ab-
stoßend (Aussehen und Beneh-
men).
Wīda|licha Mann, der → wīdalich
ist.
wīda|špenstig – widerspenstig
gleichbed. mit → wīdaboaštig.
Wīda|špenstige Frau, die → wīda-
špenstig ist.
Wimmal|gsicht das; Wimmal-
gsichta – Wimmerlgesicht
1. Mensch, dessen Gesicht mit
Pusteln, Eiterbläschen bedeckt ist.
2. dummer, läppischer, uninter-
essanter Mensch.
Herk.: Wimmal *Pusteln, Eiter-*
bläschen. Mhd. wimmer.

Wimm|bail der; Wimmbailn –
Windbeutel
leichtsinniger, unseriöser, lügen-
hafter, liederlicher Mann.
Wind|hund der; Windhunt – Wind-
hund
gleichbed. mit → Wimmbail.
windig – windig
nichtsnutzig, liederlich, leichtsin-
nig.
Windiga Mann, der → windig ist.
winnig
1. wütend, rasend. 2. wer sehr be-
gierig auf etwas ist. 3. geil.
Herk.: mhd. winnec *wütend, ra-*
send, toll.
Winnige Frau, die → winnig ist.
Winsla der; Ez = Mz – Winsler
Mann, der stets weinerlich klagt,
wimmert, bettelt, fragt; der sich
häufig beschwert, beklagt.
winslad – winselnd
wer wie ein → Winsla ist.
Winslada Mann, der → winslad ist.
Winslarin die; Winslarinna – Wins-
lerin
weibl. Gegenstück zu → Winsla
Du Winslarin, du lestige!
wīsl|hārig
gleichbed. mit → wīdaboaštig.
Wīsl|hāriga Mann, der → wīsl-
hārig ist.
Wišpla der; Ez = Mz – Wispler
Mann, der flüsternd, heimlich
spricht; der andere flüsternd ver-
leumdet, über sie spricht; Ohren-
bläser.
Wixa der; Ez = Mz – Wichser
1. Mann, der sich oft autoerotisch

betätigt; Onanist. 2. junger, un-reifer, nicht ernst genommener Bursche.
Herk.: wixn *masturbieren.*

Wix|bruada der; Wixbriada – Wichsbruder
gleichbed. mit → Wixa.

woam – warm
homosexuell.

Woama – Warmer
männl. Homosexueller.
Herk. unsicher: vielleicht ähn-liche Bedeutungsverschiebung wie bei schwul: schwül?

Woame die; Ez = Mz – Warme
Lesbierin → Woama.

wõãnad – weinend
*1. wer häufig oder leicht weint.
2. gleichbed. mit* → winslad.

Woi|būgla der; Ez = Mz – Wohl-buckler
widerlich schmeichlerischer, schöntuerischer Mann.

woi|būglarisch – wohlbucklerisch
wer wie ein → Woibūgla ist.

Woi|būglarischa Mann, der → woibūglarisch ist.

Woi|dẽãna der; Ez = Mz – Wohl-diener
gleichbed. mit· → Woibūgla.

woi|dẽãnarisch – wohldienerisch
wer wie ein → Woidẽãna ist
A sechana woidẽãnarischa Sau-baze!

Woi|dẽãnarischa Mann, der → woidẽãnarisch ist.

wuadig – wutig
wer jähzornig ist, leicht wütend wird.

Wuadiga Mann, der → wuadig ist.

Wuaštl der; Wuaštln – Wurstel
gleichbed. mit → Hansdámbf, → Hanswuašt.

Wuaštla der; Ez = Mz – Wurstler
Mann, der übereilt, stümperhaft, oberflächlich, schlampig ist.

wuaštlad – wurstelnd
wer wie ein → Wuaštla ist.

Wuaštlada Mann, der → wuaštlad ist.

Wuatzl|sεpp der; Mz ungebr. – Wurzelsepp
ungehobelter, primitiver, unzivili-sierter Mann; Naturbursche.
Herk.: Sεpp *Josef* (Kurzform).

Wuatzn die; Wuatzna – Wurz(en)
einfältiger, gutmütiger, freigebi-ger Mann.
Herk. unsicher: vielleicht von wuatzn *Geld leihen, erpressen?*

wuckal|hōrad – wuckerlhaarig
wer (klein-) gelocktes Haar hat, wie Neger, Italiener.
Herk.: Wuckal *Löckchen, klein-geringelte Haarlocken.*

Wuckal|hōrada Mann, der → wuckalhōrad ist.

Wuckal|kōbf der; Wuckalkepf – Wuckerlkopf
Mensch mit lockigem, kleinge-locktem Haar.

wuckal|kopfad – wuckerlköpfig
gleichbed. mit → wuckalhōrad.

Wuckal|kopfada Mann, der → wuckalkopfad ist.

wuid – wild
ungestüm, kühn, draufgängerisch, rücksichtslos, toll

A so a wuida Hund, a wuida!

Wuida Mann, der → wuid ist.

Wuid|fang der; Mz ungebr. –
Wildfang
herumtobender, wilder, unmanier-
licher junger Mensch.

Wuid|sau die; Wuidsai – Wildsau
verstärkte Form von → Sau.

Wuisla der; Ez = Mz
gleichbed. mit → Winsla.
Herk.: wuisln *winseln, weinerlich*
klagen.

wuislad
wer wie ein → Wuisla ist.

Wuislada Mann, der → wuislad
ist.

Wuislarin die; Wuislarinna

weibl. Gegenstück zu → Wuisla.

Wuit|ling der; Ez = Mz – Wildling
gleichbed. mit → Wuidfang und
→ Āfdraiwa.

Wūzal das; Wūzaln – Wutzerl
kleiner, dicker, nicht ernst genom-
mener Mann. → wuzalfétt.

wūzal|fétt – wutzerlfett
sehr dickleibig, feist, wohlgenährt.
Herk. unsicher: <wūzln *1. rollen*
(Teig usw.); 2. schoppen, nudeln,
vollpropfen (Gänse). <Wūzl *1.*
etwas Gerolltes (Nudeln; Exkre-
ment); 2. fettes Schwein
A so a Saubea, a wuzalfétta!

Wūzal|fétta Mann, der → wūzal-
fétt ist.

X

Xāfal der; Xāfaln – Xaver
einfältiger, läppischer, unbeholfener, gutmütiger Mann.

Herk.: Xāfal *Xaver* (Koseform),
Xaverl.

Z

Zaigl das; (Gruppe)
gleichbed. mit → Bagásch.
Herk.: Zaigl *kl. Zeug.*
Zampal der; Zampaln – Zamperl
*kleiner, nicht ernst genommener
Mann.*
Herk.: beliebter Hundename,
bes. für Promenadenmischungen.
Gramm. eigtl. sächl.
zāũ|día – zaundürr
verstärkte Form von → dia
Bonanštang, zãũdíare!
Zāũ|diare Frau, die → zãũdía ist.
zāũ|grišpal|día
verstärkte Form von → dia. →
Grišpal.
Zāũ|grišpal|díare Frau, die → zãũ-
grišpaldía ist.
Zauk der; Zaukn
schlampige, verwahrloste, liederliche, unsittliche Frau.
Herk. unsicher: wahrscheinlich
verwandt mit → Zoch *Zuchtsau;
Hündin.*
zamm|bɛad – zusammengebärt
*verlebt; durch häufigen Geschlechtsverkehr körperlich ganz
heruntergekommen.*
Herk.: bɛan *ausschweifend leben,*

*viel koitieren; sich wie ein Bɛa
(Eber) benehmen*
Du Mistfich, du zammbɛads!
Zamm|bɛada Mann, der → zammbɛad ist.
zamm|gfēglt – zusammengevögelt
*1. durch häufiges oder ausgiebiges
Koitieren erschöpft, geschwächt,
mitgenommen. 2. wollüstig, unsittlich.* → Fēgla.
Zamm|gfēglta Mann, der →
zammgfēglt ist.
zamm|gštopft – zusammengestopft
gleichbed. mit → zammgfēglt.
Herk.: štopfa, fēgln *koitieren.*
Zamm|gštopfte Frau, die → zamm-
gštopft ist.
zamm|gsuffa – zusammengesoffen
*durch häufiges (Bier-) Trinken
körperlich mitgenommen*
Saubaze, zammgsuffana!
Zamm|gsuffana Mann, der →
zammgsuffa ist.
zamm|zupft – zusammengezupft
*1. schäbig, billig, geschmacklos,
auffällig gekleidet (nur Frau).
2. gerissen, raffiniert, bes. Frau.*
Zamm|zupfte Frau, die → zamm-
zupft ist.

zānad – zahnend
1. wer andere auslacht, verhöhnt,
verspottet. 2. wer feixt, immer
blöd grinst. 3. weinen. jammern.
A so a zanada Hoizfux, a zanada!
Zānada Mann, der → zānad ist.

zān|luckad – zahnlückig
wer Zahnlücken hat; wem Schnei-
de- und Eckzähne fehlen
Du zanluckada Dreghamme, du
zanluckada!
Zān|luckada Mann, der → zān-
luckad ist.

zō|fichtig
wer einen schwächlichen, dünnen
Körper hat
Du zəfichtigs Grišpal!
Zō|fichtige Frau, die → zōfichtig
ist.

Zɛck der; Zɛckn – Zecke
aufdringlicher, überaus anhäng-
licher, lästiger Mensch.
Herk.: Zɛck *Zecke; Klette.* Beide
sind sehr „anhänglich".

zɛckal|fétt – zeckerlfett
gleichbed. mit → wüzalfétt.
Herk.: Zɛck *Zecke;* so dick und
rund wie eine mit Blut vollge-
saugte Zecke.
Zɛckal|fétta Mann, der → zɛckal-
fétt ist.

zɛckal|fóast – zeckerlfeist
gleichbed. mit → zɛckalfétt.
Zɛckal|fóaste Frau, die → zɛckal-
fóast ist.

Zɛitn der; Zɛitna – Zelten
läppischer, langweiliger, saftloser,
ermüdender, ungeschickter, ein-
fältiger Mann.

Herk.: Zɛitn *Zelten, Fladen,*
flaches Gebäck.

zɛitn|haft – zeltenhaft
wer wie ein → Zɛitn ist.
Zɛitn|hafta Mann, der → zɛitnhaft
ist.

Zentz die; Mz ungebr. – Zenz
einfältige, begriffsstutzige, dum-
me, unbeholfene, gutmütige Frau.
Herk.: Zentz *Kreszentia* (Kurzform).

zgriagt – zerkriegt
verärgert, verfeindet, unversöhn-
lich.
Herk.: von *Krieg,* nicht *kriegen*
(bekommen).

Zīfan die; Zīfana
fade, langweilige, dumme Frau.
Herk. unsicher: < *Zīfa junge Hen-*
ne, kl. Tier? Vgl. nhd. Ungeziefer.

Zigāina der; Ez = Mz – Zigeuner
1. gleichbed. mit → Štrawántza.
2. unzuverlässiger, betrügerischer,
gerissener Mann
A so a Zigāina, a faréckta!
Zigāina|foik das; (Gruppe) – Zi-
geunervolk
gleichbed. mit → Bagásch.

Zigāina|gsindl das; (Gruppe) –
Zigeunergesindel
gleichbed. mit → Bagásch, aber
stärker. Verstärkte Form von
→ Gsindl.

Zigāina|haiptling der; Ez = Mz –
Zigeunerhäuptling
gleichbed. mit → Zigāina, aber
stärker.

Zigréttn|biaschal das; Zigréttn-
biaschaln – Zigarettenbürscherl

1. frecher, dreister, unverschämter Bursche. 2. aufgeschossener, schnell gewachsener, aber noch kindlicher Bursche. → Biaschal.

Zinsla der; Ez = Mz
Mann, der störend oft uriniert.
Herk.: zinsln *urinieren.* →
Bruntza.

Zipfe der; Zipfen – Zipfel
gleichbed. mit → Zεitn.
Herk.: Zipfe *Penis.*

Zipfe|britschn die; Zipfebritschna
– Zipfelbritsche(n)
bösartige, herrschsüchtige, gemeine Frau. Mannweib.
Herk.: Zipfe *Penis*, Britschn *Vulva;* eigtl. *Hermaphrodit, Zwitter.*
Du Zipfebritschn, du misráwlige!

Zipfla der; Ez = Mz – Zipfler
langsamer, trödelnder, zeitverschwendender Mann; einer, der umständlich handelt, nichts zuwege bringt.
Herk.: (umanánda) zipfen *(herum) trödeln.*

zipflad – zipfelnd
wer wie ein → Zipfla ist.

Zipflada Mann, der → zipflad ist.

Zoan|binkl der; Zoanbinkln –
Zornbinkel
jähzorniger, leicht aufbrausender Mann; Hitzkopf.

zoanig – zornig
wer wie ein → Zoanbinkl ist.

Zoaniga Mann, der → zoanig ist.

Zoch der; Zochan
gleichbed. mit → Zauk.
Herk.: Zoch, Zocha *Zuchtsau; Hündin.*

Zockl der; Zockln
einfältiger, läppischer, dummer, unbeholfener Mann.
Herk. unsicher: vielleicht < Zockl *Holzschuh?*

zōdad – zottig
wer langes, ungekämmtes, zerzaustes Haar hat, bes. Mann.
Herk.: Zōn *Zotten; schulterlanges Haar.* Zōdad *zottig; langhaarig, unfrisiert.*
Wuidsau, zodade!

Zōdada Mann, der → zōdad ist.

Zōfan die; Zōfana
gleichbed. mit → Zīfan.

Zoipe der; Zoipen
ungeschliffener, grober, unhöflicher, klotziger Mann.
Herk. unsicher: wohl von Zoll, Zollel, (mit Sproßkonsonant) Zoll-p-el *länglich-runder Klumpen;* vgl. Zollen, Zoin *Exkrement;* vgl. span. zulla *menschl. Exkrement;* vgl. ital. zolla *Erdklumpen.*
A so a gschεada Zoipe, a gschεada!

Zotzl der; Zotzln
liederliche, unreinliche Frau.
Herk. unsicher: < Zatz *Hündin?* verwandt mit zottig?

zua|dappisch
1. wer andere oft anfaßt, plump mit den Händen angreift. 2. wer übertrieben anhänglich ist.
Herk.: dappisch *tappend;* dαppm *tappen, plump anfassen usw.*
A sechana zuadappischa Kal, a zuadappischa!

Zua|dappischa Mann, der → zua-
dappisch ist.

Zua|draiwa der; Ez = Mz – Zu-
treiber
gleichbed. mit → Schnɔindraiwa
(Zuhälter).
Herk.: zuadraim *zutreiben*, eigtl.
*das weibliche Tier zur Begattung
treiben.*

Zua|drucka der; Ez = Mz – Zu-
drücker
gleichbed. mit → Zuadraiwa.

Zua|groasta der; Zuagroaste –
Zugereister
Nichtbayer, der in Bayern lebt.

Zucht|haisla der; Ez = Mz –
Zuchthäusler
*verbrecherischer, gefährlicher, ge-
fürchteter, verachtungswürdiger
Mann.*

Zuchtl die; Zuchtln
*sehr unsaubere, verwahrloste, un-
gepflegte, schlampige, ordinäre,
unsittliche Frau.*
Herk.: Zuchtl *Zuchtsau, Mutterschwein*
A sechane unappaditliche Zuchtl!

Züfan die; Züfana
gleichbed. mit → Zifan.

Zunsn die; Zunsna – Zunze(n)
*liederliche, schlampige, dicklei-
bige Frau.*
Herk. unsicher: < *sich langsam
bewegen?* Aussprache auch
Zuntzn.
Zunsn, gsodwampade!

Zupf|gaing die; Zupfgainga – Zupf-
geige(n)
Frau, allg. abwertend.

Herk.: Gaing *Vulva.* Derber Vergleich zwischen der Zupfgeige
(Gitarre) und der Frau: „I backs
bãĩn Hɔis und zupfs bãĩn Lõch."

Zuschl die; Zuschln
*liederliche, schlampige, zerzauste,
eilfertige Frau.*
Herk.: Zusch *Vulva;* mhd. zûse
Haarstrang; Vulva; Hure.

Zwackl der; Zwackln
*kleiner, nicht ernst genommener
Mann.*
Herk.: mhd. zweck *Holznagel,
Zwecke.* < *abzwacken?*

Zwɛagal das; Zwɛagaln – Zwergerl
gleichbed. mit → Zwackl.
Herk.: Zwɛag *Zwerg.*

zwẽãg|augad
*1. wer heimlich, unter der Stirne
hervorschaut, wer andere schief,
aus den Augenwinkeln ansieht;
wer verkniffen schaut. 2. hinterlistig, falsch, heimtückisch.*
Herk.: wohl von mhd. twerch
quer? Vgl. Zwerchfell.
Saubaze, zwẽãgaugada!

Zwẽãg|augada Mann, der →
zwẽãgaugad ist.

Zwẽãk der; Zwẽãkn
*grober, ungeschliffener, ungestü-
mer, grobknochiger Mann.*

Zwẽãkl der; Zwẽãkln
gleichbed. mit → Zwẽãk.

zwẽãkn|haft
wer wie ein → Zwẽãk ist.

Zwẽãkn|hafta Mann, der →
zwẽãknhaft ist.

Zwetschgn die; Zwetschgna –
Zwetschge(n)

Frau, allg. abwertend.

Herk.: Zwetschgn *Zwetschge, Pflaume; Vulva.*

Zwetschgn|kōbf der; Zwetschgn- kepf – Zwetschgenkopf

läppischer, dummer, langweiliger, uninteressanter, müder Mann

A so a rinnaugada Zwetschgn- kobf, a rinnaugada!

Zwetschgn|mandl das; Zwetschgn- mandln

kleiner, magerer, unscheinbarer, schmächtiger, nicht ernst genom- mener Mann.

Herk.: Mandl *kl. Mann;* Z. eigtl. *Figur aus Dörrpflaumen usw.*

zwīda – zuwider

unangenehm, mürrisch, übellau- nig, griesgrämig, sauer

A so a zwīdana Kunt!

Zwīdana Mann, der → zwīda ist.

Zwīda|wuatzn die; Zwīdawuatzna

– Zuwiderwurz(en)

Mensch, der stets → zwīda ist.

Zwīfe|kōbf der; Zwīfekepf – Zwie- belkopf

1. gleichbed. mit → Zwetschgn- kōbf. 2. *ungeschliffener, unhöf- licher, grober Mann*

Du Zwifekobf, du blɛda!

Zwīfla der; Ez = Mz

gleichbed. mit → Huntza.

Herk.: zwīfen *schikanieren, quä- len, peinigen.*

zwī|hārig – zwiehaarig

widerspenstig, eigensinnig, trot- zig, halsstarrig

Du Bauanbummal, du zwihariga!

Zwī|hāriga Mann, der → zwīhārig ist.

Psychologisch-sprachliche Einführung
in das Schimpfen

I. Das Schimpfen

1. Warum schimpft der Mensch?

Das Schimpfen ist ein Angriffsakt durch abwertende, beleidigende Worte. Es ist, psychologisch gesehen, das Endglied einer dreigliedrigen Kausalkette. Die Ursachen, die dem Schimpfen vorausgehen und die diese Reaktion hervorrufen, sollen hier ausführlicher betrachtet werden.

Aufs Äußerste reduziert, sieht diese Kette von Ursache und Wirkung folgendermaßen aus:

Frustration (vereitelnde Ursache)

↓

Affekt (Erregungszustand)

↓

Aggression (Schimpfen, Feindseligkeit)

Das Schimpfen ist also eine verbal-aggressive (sprachlich-feindselige) Handlung, die meist im Erregungszustand geschieht und durch irgendein Ärgernis verursacht wird.

a. Frustration

Dieses Wort wurde aus der amerikanischen Tiefenpsychologie ins Deutsche übernommen und bedeutet „Vereitelung, Nichterfüllung", genauer: „Gefühl einer tiefen Enttäuschung durch das Nichterfüllen von Wünschen, Hoffnungen und Bedürfnissen", „Vereitelung eines Strebens nach einem Ziel durch wirkliche oder eingebildete Hindernisse" und „gerechtfertigte oder ungerechtfertigte Überzeugung, daß die Ehre, Würde oder das Ansehen verletzt, oder daß man ungerecht behandelt wurde."

Betrachten wir eine Anzahl von Situationen, die alle eine Frustration hervorrufen können, d. h. die uns in einen Erregungszustand versetzen

und ärgern können: beim Ausflug regnet es; man hat einen Verkehrs-
unfall; man schlägt sich mit dem Hammer auf den Daumen; man ver-
paßt den Zug; ein Knopf reißt ab; im Buch fehlt eine Seite; man
bekommt eine schlechte Note; man verliert seine Stellung; ein Beamter
oder Angestellter behandelt uns herablassend; ein fauler Kollege
erhält eine stattliche Gehaltserhöhung; man wird beim Tanzen ab-
gewiesen; man wird gekränkt, ausgelacht, geärgert, beschimpft; ein
unerwarteter Todesfall; eine unerwartete Schwangerschaft; die Freun-
din betrügt uns; der Bleistift bricht ab; man rutscht aus und fällt;
der Verlag lehnt das Manuskript ab; der Ehemann kommt zu spät
nach Hause; unsere Arbeit wird getadelt; der Wirt schenkt schlecht
ein; der Hagel zerstört das Getreide; ein Hund beißt uns; man schneidet
sich beim Rasieren... Diese und unzählige andere Situationen des
täglichen Lebens sind ärgererregende Frustrationen; die Ursache kann
ein Gegenstand, ein Tier, ein Mensch oder man selbst sein.

Außer diesen vorübergehenden Ursachen von Frustrationen gibt es
noch andere, die eine lange Zeit oder das Leben lang eine Quelle
unserer Frustration sein können und durch körperliche, geistige oder
gesellschaftliche Umstände verursacht werden: man ist zu groß, zu
klein, zu mager, zu dick; man hinkt, stottert, schielt, lispelt; man ist
rothaarig, impotent, hat zu kleine Brüste, eine unsympathische Stimme,
hervorquellende Augen oder abstehende Ohren; man lebt außerhalb
seiner Heimat und spricht mit einem deutschen, bairischen, schwei-
zerischen, norddeutschen oder sächsischen Akzent; man wird als langweilig, aufdringlich, beschränkt, schlampig oder faul betrachtet; man
wohnt in einer armen oder verrufenen Gegend; man ist in einem
Bauerndorf aufgewachsen; der Vater ist ein Polizist, Bauer, Prolet,
Säufer oder Zuchthäusler; die Mutter ist geschieden, unverheiratet,
überspannt, eine Dirne oder ein Hausdrachen; der Sohn oder Bruder,
die Tochter oder Schwester fällt körperlich, geistig oder moralisch aus
der Norm – kurz, gerechtfertigt oder nicht, fast alles kann vorüber-
gehend oder anhaltend eine Frustration hervorrufen, da es den lieben
Mitmenschen eine Zielscheibe zum Spotten, Auslachen, Verhöhnen
oder Beleidigen bietet.

b. Affekt

Auf die Frustration folgt der Affekt, das zweite Glied der Kausalkette.
Der Affekt ist ein mehr oder minder starker körperlicher oder seelischer

Erregungszustand. Je nach Ursache dieses seelischen Erregungszu-
standes empfinden wir Angst, Begierde, Eifersucht, Furcht, Groll, Haß,
Neid, Rache, Ressentiment, Schrecken, Ungeduld, Wut oder Zorn.
Der durch eine Frustration hervorgerufene körperliche Erregungszustand offenbart sich im Wechsel von Blutdruck (Erröten, Erbleichen),
in erhöhter oder verlangsamter Atmung, in Schweißausbrüchen oder
Zittern.

All diese seelischen und körperlichen Erregungszustände werden im
Zwischenhirn ausgelöst. Um den Zusammenhang zwischen dem Affekt
und dem Schimpfen besser verstehen zu können, ist es notwendig, daß
wir uns mit dem Gehirn näher befassen, wovon das Stamm- oder Alt-
hirn und die Großhirnrinde für uns hier wichtig sind.

Das Stammhirn, das u. a. aus dem Zwischenhirn besteht, ist biologisch
(phylogenetisch) älter als die Großhirnrinde, unter der es sich befindet.
Unser Affekt-, Instinkt- und Triebleben wird von dort aus gesteuert,
unterliegt aber nur teilweise unserer Kontrolle und unserem Willen.
Manche Psychologen nennen diesen Teil unserer Persönlichkeit die
„Tiefenperson", das „Es", also das Primitive, Tierische in uns.

Die Großhirnrinde (der Kortex) ist biologisch jünger als das Stammhirn und beim Menschen am weitesten entwickelt. Diesen Teil unserer
Persönlichkeit bezeichnet man als die „Kortikalperson", das „Ich",
also das Zivilisierte, Beherrschte in uns. Die „Kortikalperson" reguliert,
kontrolliert, zügelt unsere primitiven Gefühle und Verhaltensformen,
die im Stammhirn ausgelöst werden.

Aber die gewollte, kritische Kontrolle unserer Affekte ist nur teilweise
erfolgreich; stark vereinfacht kann man sagen, daß wir schimpfen oder
sonstwie aggressiv handeln, wenn sich unsere primitive „Tiefenperson"
von der zivilisierten „Kortikalperson" nicht beherrschen und zügeln
läßt. Menschen, bei denen die „Tiefenperson" stärker als die „Kortikalperson" ist, bezeichnet man als Trieb- oder Gefühlsmenschen, eben
weil sie sich nicht beherrschen und ihren primitiveren Trieben und
Gefühlen freien Lauf lassen. Der schimpfende Mensch ist unbeherrscht;
der nichtschimpfende Mensch dagegen zügelt seine Affekte. Nicht die
Schulbildung, sondern das Verhältnis zwischen „Tiefenperson" und
„Kortikalperson" ist der Grund, warum der eine schimpft und der
andere nicht.

Für uns hier am wichtigsten ist das dritte und letzte Glied der Kausalkette: die Aggression. Das Wort bedeutet soviel wie „Angriffslust" und
„Feindseligkeit" und ist eigentlich ein Drang, sich selbst zu erhalten,
sich zu behaupten, sich durchzusetzen.

Irgendein Grund verursachte in uns eine Frustration, die ihrerseits
einen Affekt hervorrief, der sich dann in einer Aggression äußern kann
(aber nicht muß). Diese Kette von Ursache und Wirkung verläuft
blitzschnell: kaum hat z. B. ein anderer unser Auto beschädigt (Frustration), werden wir wütend (Affekt) und schimpfen: „Du blöder
Hund!" (Aggression). Das Schimpfen ist aber nur *eine* Art von Aggression, nämlich eine verbale.

Die körperliche Aggression ist eine zweite und häufige Reaktion auf
Frustration. Sie äußert sich in Gesten (mit dem Fuß aufstampfen, mit
der Faust drohen), in der Mimik (Verzerren von Gesichtsmuskeln,
Zähneblecken, Herausstecken der Zunge, finster oder drohend drein-
blicken) und im körperlichen Angriff auf den Gegner.

Diese körperlichen Aggressionsäußerungen sind ebenfalls beim Tier
festzustellen. Tierpsychologen nach sollen die Menschenaffen die
einzigen Tiere sein, die wie der Mensch ihre Aggression durch eine
Art Schimpfen verbalisieren können. Die dem Schimpfen ähnlichen
Laute anderer Tiere, wie etwa das Zischen der Schlange, das Fauchen
der Katze und das Knurren und Bellen des Hundes sind jedoch kein
primitiveres, tierisches Schimpfen, weil sie eine ganz andere Funktion
erfüllen, nämlich zu warnen und abzuschrecken. Das echte, menschliche Schimpfen erfüllt vor allem einen anderen Zweck: es ist ein Me-
chanismus zum Abreagieren von Erregungszuständen.

2. Schimpfen ist gesund – meistens

Den erregten, affektgeladenen Menschen kann man mit einem über-
vollen Dampfkessel vergleichen: wie die Hitze im Kessel Dampf
erzeugt, so erzeugt die Frustration im Menschen Affekte und Aggres-
sionsgefühle. Wird der Überdruck im Kessel nicht abgelassen, dann
wird der Kessel zerstört; werden die Affekte nicht abgelassen, so wird
der Mensch krank.

Wenn der Mensch seine aufgestauten Affekte nicht abreagiert, seinen
Ärger, Haß, Zorn also in sich hineinfrißt, dann zieht er sich körperliche

und seelische Schäden zu. Organische Krankheiten, die durch aufge-
staute Erregungszustände verursacht werden, sind Magen-, Gallen-
und Herzleiden; die seelischen Erkrankungen reichen von der Neurose
bis zum manisch-depressiven Wahnsinn.

Es ist deshalb keine Ironie zu sagen, daß das Schimpfen gesund ist.
Wenn Überdruck besteht, dann muß er abgelassen werden; am besten
wäre es freilich, wenn wir uns durch Selbstbeherrschung derart zügeln
könnten, daß erst gar kein Erregungszustand entstehen kann. Aber
das Leben ist eine einzige Frustration – da hilft kein logisches Denken,
keine Strafe, kein drohender Pfarrerfinger, wenn sich die „Tiefenperson"
nicht zügeln läßt.

Besteht aber nun einmal ein Überdruck, dann muß er durch ein Sicher-
heitsventil abgelassen werden, damit der seelische und körperliche
Erregungszustand vermindert und somit das psycho-physische Gleichgewicht wieder hergestellt wird. Der Mensch hat mehrere solcher
Sicherheitsventile, durch die er seine Erregung abreagieren kann, z. B.
das Schimpfen, Fluchen, Weinen, Lachen und Zuschlagen. Kulturelle
und gesellschaftliche Bräuche schreiben uns vor, welches Ventil von
wem unter welchen Umständen benutzt werden darf[1]. Der Mann darf
schimpfen, fluchen und zuschlagen; die Frau darf nur weinen. Weint
der Mann, dann ist er „weibisch" und „läppisch"; schimpft, flucht
oder schlägt die Frau zu, dann ist sie „maskulin", „ordinär" – oder
eine Frauenrechtlerin, die sich gegen diese Rollenzuteilung aufbäumt.
Das Schimpfen erfüllt eine durchaus wichtige Funktion: es stellt
unser inneres Gleichgewicht wieder her, es wirkt wie eine Katharsis,
es läutert uns, wir fühlen uns nach dem Schimpfen erleichtert. Dem-
nach ist das Schimpfen unserer Gesundheit zuträglich. Doch dürfen
wir eines nicht vergessen – den Gegner. Unsere Beschimpfung ist ja
eine Frustration für den Beschimpften, und wenn dieser ein unbe-
herrschter *Hammel* ist, dann gerät er durch unsere Beschimpfung in
einen Erregungszustand und wird seinerseits aggressiv.

Der Schimpfende und der Beschimpfte stehen sich nun beide aggressiv
gegenüber; vom Hinhalten der anderen Backe ist meist keine Rede –

---

[1] Es geschieht manchmal, daß der Überdruck durch ein „falsches" Ventil abgelassen wird,
z. B. wenn man bei großer Freude weint oder bei übergroßem Schmerz lacht; das Lachen
ist in solchen Situationen „unpassend", und wird als „verrückt" oder „irr" bezeichnet.

höchstens zu hinterlistigen Zwecken! Der Beschimpfte besitzt hoffentlich eine starke „Kortikalperson", ist tolerant, unterdrückt seine aggressiven Triebe – und zieht sich ein Magenleiden oder eine Neurose zu. Ist aber seine „Tiefenperson" stärker, dann schimpft er zurück, läßt seinerseits Dampf ab, und beide haben ihr seelisches und körperliches Gleichgewicht wieder gefunden. Wenn aber der Gegner eine überaus starke „Tiefenperson" besitzt, dann beläßt er es nicht beim bloßen Schimpfen, sondern greift den Schimpfenden körperlich an, mit der Faust, dem Fuß, dem Stuhlbein oder dem Bierkrug.

Das Schimpfen kann auf verschiedene Weisen ungesund werden, vor allem, wenn man seinen Gegner falsch einschätzt. Der Gewohnheitsschimpfer entwickelt einen sechsten Sinn, blitzartig das Verhältnis zwischen der „Kortikalperson" und der „Tiefenperson" seines Gegners richtig einzuschätzen. Der ungeübte Gelegenheitsschimpfer hingegen läuft Gefahr, sich bei einer Auseinandersetzung durch ein Fehlurteil ein blaues Auge, eine Beule, eine Zahnlücke, eine Stichwunde oder ein unerwartet frühes Grab zuzuziehen (wenn die „Tiefenperson" des Gegners stärker als vermutet ist) oder als Folge eines Prozesses eine erhebliche Geldstrafe bezahlen oder eine Gefängnisstrafe absitzen zu müssen (wenn die gegnerische „Kortikalperson" unerwartet stark ist). Die Beschimpfung wird in der Rechtssprache als Verbalinjurie (Wort-Verletzung) bezeichnet. In der Tat ist das Schimpfen eine sprachliche Gewalttat; ein richtig gewähltes Schimpfwort hat die gleiche Wirkung wie ein Schlag mit der Faust oder einer Waffe. Manchmal hat ein Schimpfwort sogar eine stärkere Wirkung, seelisch und körperlich, als ein Hieb. Schimpfwörter, die ruhig, berechnend, mit kaltem Hohn gesprochen oder geschrieben werden, sind sehr schmerzhaft; solch kaltblütige Schimpfwörter können töten – sie stammen aus der „Kortikalperson" des zivilisierten Menschen...

B. SPRACHLICH-LITERARISCHES

1. Schimpfwörter in der deutschen Literatur

Da die Literatur das Leben widerspiegelt, sind in jeder Literaturepoche und -gattung Schimpfwörter zu finden. In dieser Einleitung kann nur andeutungsweise auf das reichliche Material eingegangen werden.

Von den ersten schriftlichen Zeugnissen um 800 n. Chr. bis zur Gegenwart enthält die deutsche Literatur eine Fülle von Schimpfwörtern, die aus kulturellen und gesellschaftlichen Gründen besonders häufig in der Literatur des späten Mittelalters, der Reformation, des Sturm und Drang, des Realismus, des Naturalismus und der Gegenwart auftreten.

In der *Lex Salica,* dem Gesetzbuch der salischen Franken (verfaßt um 510 n. Chr. in lateinischer Sprache) findet man bereits, daß die Verwendung der Schimpfwörter „Lüstling", „Scheißkerl", „Hase" usw. mit Geldbußen bestraft wurde.

Die *Kasseler Glossen* (um 800) enthalten eine Beschimpfung der Romanen. In diesen lateinisch-althochdeutschen Wortlisten steht „Stulti sunt Romani – Tole sint Uualhä" – die Romanen sind dumm.

Im *Hildebrandslied* beschimpft der Sohn seinen ihm unbekannten Vater mit „treuloser alter Mann", was in der ahd. Zeit eine starke Beleidigung der Kriegerehre darstellte.

In der mhd. Literatur um 1200 liest man „Kebse" und „erbärmlicher Feigling" im *Nibelungenlied,* „alter Lasterbalg" im *Rosengarten* und „Waldluder" und „Teufelsgenosse" im *Wolfdietrich.* Wolframs *Parzival* enthält über ein Dutzend Schimpfwörter: der Knappe schilt Parzival eine „Gans", Bene nennt Gramoflanz einen „treulosen Hund", Sigune schimpft Parzival einen „verfluchten Mann", und Kundrie la surziere beleidigt Parzival mit einer Kette von Schimpfwörtern. Walther von der Vogelweide nennt Atze einen „Affen", und Meister Boppe beschimpft einen Konkurrenten mit „Esel", „Galgenschwengel" und „Affenschwanz". In den Osterspielen des Mittelalters beschimpfen sich der Salbenkrämer und seine Frau mit „altes Redefaß", „Plagegeist", „Klotz" und „betrunkenes Schwein". Im Redentiner Osterspiel heißt Jesus den Teufel eine „verdammte Schlange".

Wittenweilers *Ring* (um 1400) enthält starke Beleidigungen durch unappetitliche und obszöne Bauernnamen, und Bertschi wird ein „Hurensohn" genannt. Der *Ackermann aus Böhmen,* ebenfalls um 1400, ist voller Beschimpfungen, die sich die zwei Gegner an den Kopf werfen, und die der Tod gegen den Menschen anwendet, z. B. „Stankhaus", „übelriechender Harnkrug" und „stinkender Eimer". Die Fastnachtsspiele sind eine Fundgrube für Schimpfwortsammler: „Bösewicht", „Grindskopf", „Rotzaff" usw. Eine Dame der Barockliteratur nennt ihren Liebhaber „geiler Hengst", und selbst die Klassiker kommen ohne Schimpfwörter nicht aus: „Metze" und „Bastard" bei Schiller,

„vermaledeiter Rattenfänger" und „Lumpenhund" bei Goethe, „Drache", „Rüpel", „Vettel", „Hure" und „Rabenaas" bei Kleist.
In Grabbes *Scherz, Satire* lesen wir von „Mißgeburt" und „Du hämischer, neidischer, kaltblütiger, heimtückischer Racker!", in Hauptmanns *Friedensfest* von „Taugenichtse" und „Banditen". Die letzten Abschnitte in Handkes „Publikumsbeschimpfung" (1965) sind eine Schimpfwortlitanei.
Überall in der deutschen Literatur fliegen die Schimpfwörter herum, bei Karl Kraus, Ludwig Thoma, Kurt Tucholsky, Thomas Mann, Bertolt Brecht, bei den Kleinen und den Großen – ein sprach-, literaturwissenschaftlich und kulturgeschichtlich ertragreiches, aber fast völlig unbeachtetes Forschungsgebiet.

2. Schimpfwörter in anderen Literaturen und Sprachen

a. *Schimpfen in der römischen und griechischen Literatur*

Stichproben aus fremdsprachigen Literaturen beweisen, daß Schimpfwörter überall zu finden sind, vom chinesischen Volksmärchen bis zum spanischen Gegenwartsroman, vom altindischen Gedicht bis zum französischen Artusroman.
Als stellvertretende Beispiele anderer Literaturen sollen uns hier die römische und griechische Literatur dienen.
Es überrascht nicht, daß die meisten Schimpfwörter in der *Komödie* der Antike vorkommen und größtenteils aus dem Mund der niederen Volksschichten stammen (obgleich auch Höhergestellte schimpften, und sich die Helden Homers vor dem Waffenkampf zuerst beschimpften).
Doch es überrascht, daß so viele dieser Schimpfwörter unseren eigenen gleichen. Wenn nun dieselben sprachlichen Erscheinungen (Wörter, Sprichwörter usw.) in mehreren Sprachen auftreten, können sie (1) unabhängig voneinander entstanden sein (Polygenese), (2) aus einer anderen Sprache entlehnt worden sein oder (3) beide können aus einer gemeinsamen Quelle entsprungen sein (Monogenese). Ich bin der Meinung, daß die meisten Schimpfwörter unabhängig von anderen Quellen entstehen, und zwar deshalb, weil es überall und zu jeder Zeit Menschen gibt, die körperlich, geistig oder moralisch von der Norm abweichen und dadurch zur Zielscheibe des Spottes und der Be-

schimpfung werden: der Hinkende, Stotternde, Dumme und der Hinterlistige (siehe S. 176).

In der römischen und griechischen Komödie finden wir deshalb die uns sehr vertrauten abwertenden Eigenschaftswörter abgefeimt, bauernhaft, böse, feig, feindselig, frech, frevelhaft, gierig, lasterhaft, neidisch, obszön, ruchlos, scheußlich, schwindsüchtig, stockdumm, stumpfsinnig, ungeschliffen, unverschämt, verflucht und verfressen sowie die Hauptwörter Affe, Aufschneider, Bauernlümmel, Dieb, Dickbauch, Dreckkerl, Dummkopf, Esel, Erzhalunke, Ferkel, Frechmaul, Freßmaul, Galgenstrick, Gauner, Giftmischerin, Gimpel, Hanswurst, Hund, Hure, Kamel, Kastrat, Kindskopf, Klotz, Kuh, Lumpenhund, Maulesel, Meineidiger, Memme, Mistfink, Ochse, Rechtsverdreher, Rhinozeros, Schandkerl, Schlange, Schmarotzer, Schwätzer, Schwein, Spitzbube, Tollkopf, Untier, Vettel und viele andere.

b. Schimpfen in anderen Sprachen

Nicht jedermann schimpft, zumindest nicht laut und öffentlich, doch dürfte es unter den Menschen der ganzen Welt nur wenige reine Seelen geben, denen nie abwertende Ausdrücke über die Lippen kommen oder wenigstens durch das Gemüt ziehen. Es bedarf nur einer kurzen Nachprüfung, um feststellen zu können, daß es anscheinend keine Sprache ohne Schimpfwörter gibt, von Amharisch bis Zulu, vom Indogermanischen bis zur Gegenwartssprache.

Welche Art von Schimpfwörtern in den verschiedenen Sprachen auftreten, ist grundsätzlich durch kulturelle Umstände bestimmt: je mehr ein Schimpfwort gegen die Regeln, die Moral, das Tabu verstößt, desto kräftiger ist es. So benutzen Menschen aus katholischen Gebieten (Süddeutschland, Österreich, die romanischen Länder) bezeichnenderweise blasphemische Schimpfwörter und Flüche, eben weil solch gotteslästerliche Äußerungen in dieser Kultur verboten, eine Sünde sind (siehe S. 180). Menschen aus slawischen und anderen osteuropäischen Gebieten schimpfen und fluchen mehr mit obszönen als blasphemischen Ausdrücken. Eine dritte kulturelle Gruppe, die Ahnenverehrung betreibt (etwa Stämme in Polynesien, die Mongolen, auch Zigeuner), verwendet Beschimpfungen, die sowohl obszön sind wie auch die lebenden und toten Verwandten des Gegners verächtlich machen. Gerade weil der Ahnenkult in dieser Kultur tabu ist, wirken solche vorfahrenbeleidigende Beschimpfungen auf einen Gegner aus derselben Kultur sehr beleidigend, z. B. die Zigeuner-Beschimpfung „Ich vögle die Seele deiner toten Mutter!" oder das türkische „Ich harne auf den Kopf deines Vaters!" Wir, aus einer anderen Kultur mit anderen Werten, würden eher verblüfft als beleidigt reagieren.

Die kulturellen Unterschiede machen sich auch bei Schimpfwörtern wie „Ochse", „Stier" oder „Büffel" bemerkbar, die bei uns gang und gäbe sind, bei gewissen afrikanischen Stämmen jedoch nicht verwendet werden, weil Haustiere in dieser Kultur ein sehr kostbarer und lebensnotwendiger Besitz sind.

Außer der Kultur prägen auch die jeweilige Rasse und Sprache Schimpfwörter, die es in anderen Sprachen nicht geben kann. Bei den langbeinigen, zwei Meter großen Watussis in Afrika kann es keine Schimpfwörter wie unser „langer Lulatsch" oder „Bohnenstange" geben, weil diese für uns Deutsche ungewöhnliche Körpergröße dort nicht von der Norm abweicht, nicht auffällt und deshalb kein Angriffsziel zur Beschimpfung bietet. Ebensowenig kann es in vielen asiatischen Sprachen kein Gegenstück zu unserem abwertenden Adjektiv „schlitzäugig" geben, weil ja *alle* schlitzäugig sind.

Während es im Deutschen viele hundert Synonyme für die Schimpfwörter „Schwanz" und „Fotze" gibt, sind uns manche sogenannte primitive Stämme durch ihre genau beschreibenden sexuellen Schimpfwörter weit überlegen. So wurde z. B. festgestellt, daß ein australischer Stamm über ein Dutzend solcher Schimpfwörter verfügt: man beschimpft dort eine Frau nicht mit einem simplen „Du Fotze!", sondern mit „Du mit den herausgestülpten kleinen Schamlippen!" Im Vergleich dazu wirken unsere Schimpfwörter plump, und wir wie sexuell verklemmte Waisenknaben!

Auch die Sprache bestimmt, welche Schimpfwörter es geben kann. Hinsichtlich der Verwendung von abwertenden Nachsilben sind uns z. B. die Slawen weit überlegen, die durch solche Nachsilben viele Variationen eines Schimpfworts schöpfen können. Das Schimpfwort „Dummkopf" gibt es im Tschechischen mehrmals, z. B. *hlup, hlupák, hlupec* und *hlupoň;* unserem „Furzer" stehen acht Variationen im Tschechischen gegenüber: *prdáč, prdák, prdivál, prdloun, prdoch, prdouch, prdour* und *poprda.*

c. Hund – ein universales Schimpfwort

Wenn es *ein* internationales und universales Schimpfwort gibt, dann dürfte es „Hund" sein. Dieses Schimpfwort hat seit langem die Forschung interessiert; es wird als ein „indogermanisches" Schimpfwort bezeichnet, weil es schon im *Rigveda* (altindische Gedichtsammlung, ca. 2000 v. Chr.) als Schimpfwort verwendet wurde, und da es als solches in allen indogermanischen Tochtersprachen vorkommt (in den germanischen, romanischen, slawischen Sprachen, im Griechischen, Keltischen, Armenischen usw.).

Die Verachtung des Hundes und deshalb die Verwendung dieses Tiernamens als metaphorisches Schimpfwort (siehe S. 170) stammt aus der frühen Vorzeit. Die zwei Hauptgründe dieser abwertenden Einschätzung des Hundes gehen auf die Todessymbolik des Hundes und seine Leichenfresserei zurück. Der Hund galt als Symbol des Todes (und zugleich des Lebens) und diente als Grabbeigabe, wie später das Pferd bei den Germanen. Wichtiger jedoch ist der zweite Grund: man verabscheute und haßte den Hund, weil er die Leichen der gefallenen Krieger fraß und dadurch entweihte.

Im Deutschen hat das Schimpfwort „Hund" meist eine allgemein abwertende Bedeutung. Es ist gewissermaßen ein Flick- oder Füllwort, das erst durch das damit verbundene Eigenschaftswort näher bestimmt wird, z. B. „blöder, armer, dummer, feiger, frecher, geiler Hund". Auch als abwertende Vorsilbe tritt „Hund" häufig auf: „Hundskerl", „Hundsauto", „Hundswetter" usw. → Hund, S. 84.

In seiner langen Geschichte als Schimpfwort trifft man diesen Tiernamen im religiösen und politischen Streit: „Christenhund", „ketzerischer Hund" und „imperialistischer Hund", ein beliebtes Schimpfwort der Rotchinesen gegen amerikanische u. a. Politiker.

3. Ein unbeachtetes Forschungsgebiet: Schimpfwörter

Wenn man bedenkt, über wie viele möglichen und unmöglichen Forschungsgebiete eifrigst geforscht wird, dann ist es erstaunlich, daß das Gebiet der Schimpfwort-Forschung praktisch unberührt bleibt. Dieses wichtige Teilgebiet der Sprache wird von den Sprachwissenschaftlern, den Literaturwissenschaftlern, den Philologen und den Kulturgeschichtlern fast völlig ignoriert. Es mag sein, daß den meisten Gelehrten die Erforschung von Schimpfwörtern zu schimpflich ist, und daß sie deswegen größtenteils den Anthropologen, Heimatkundlern und auch Amateuren überlassen wird.

Einige Altphilologen und andere haben sich erfreulicherweise mit diesem Gebiet befaßt, doch gelten noch heute die Worte Otto Behaghels von 1924:

Das Scheltwort hat bis jetzt erst wenig die Aufmerksamkeit der Forschung erregt, und an umfassenden Sammlungen fehlt es noch vollständig.

Auch die scharfsinnige Beobachtung von Norman Douglas von 1917 ist sehr zutreffend:

Warum soll man sich nicht mit Schimpfwörtern befassen? Die Forschung leitet einen auf seltsame, abgelegene Nebenstraßen des Denkens und zwingt einen, tief über die menschliche Natur nachzudenken.

Siehe Hinweis, S. 205.

II. Das Schimpfwort

A. WAS IST EIN SCHIMPFWORT?

Diese Frage zu beantworten ist viel schwieriger, als man annehmen möchte. Langatmige, hochgelehrte Definitionen von „Schimpfwort" sind bei meist affektgeladenen Äußerungen dieser Art fehl am Platz, da sie nicht alle Umstände einschließen können, die ein sonst neutral oder positiv bewertetes Wort in ein negativ bewertetes Wort, ein Schimpfwort verwandeln können. Wie sich aus den folgenden Erläuterungen ergeben wird, genügt eine einfache, ausreichend genaue und dehnbare Definition:
Jedes Wort, das aggressiv verwendet wird, ist ein Schimpfwort.

1. Bedeutung: Allgemeines

Viele Schimpfwörter haben keine absolut feste Bedeutung, da sie ja Gefühlswörter sind.
Was bedeutet schon „Flegel"? Abgesehen von der ursprünglichen, wörtlichen Bedeutung *Geißel, Dreschwerkzeug,* verwendet man dieses Wort im übertragenen Sinne als Schimpfwort, wo es dann *grober, unerzogener Mensch* bedeutet. Diese Bedeutung ist aber nur ungefähr, gibt nur das Wortfeld an, dem es angehört (also nicht *feig, geizig, schlampig* usw.). Für einen anderen bedeutet „Flegel" spezifisch *taktlos,* für einen dritten *frech.* Oder sind all diese Eigenschaftswörter nötig, um eine genauere Bedeutung dieses Schimpfworts abgrenzen zu können? Ich glaube schon und bin der Meinung, daß die meisten Schimpfwörter mit einem einzigen Wort nicht genügend genau definiert werden können; aus diesem Grunde werden im LEXIKON die Schimpfwörter ausführlich definiert.
Wenn ein konkretes, gefühlsmäßig neutrales Wort wie „Haus" schon in jedem eine andere Vorstellung erweckt und eine andere Bedeutung hat, leuchtet es ein, wieviel schwieriger Begriffsbestimmungen und Definitionen bei abstrakten, metaphorischen, affektgeladenen Schimpfwörtern sind.

Viele Schimpfwörter bedeuten *dumm*, aber dieses eine Wort reicht nicht aus. Es gibt nicht nur verschiedene Grade von *dumm* (das Wortfeld reicht von *einfältig* bis *idiotisch*), sondern diese negative Eigenschaft tritt auch in Verbindung mit anderen auf, wodurch neue Eigenschaften mit unterschiedlichen Bedeutungen entstehen, z. B. *dumm und frech, dumm und dreist, dumm und närrisch, dumm und lächerlich* oder *dumm und ungezogen.*

Sind „Hund" und „Dirne" Schimpfwörter? Ja und nein; es kommt auf die näheren Umstände an. Angenommen, ein Dackel schnappt nach uns, und wir schimpfen: „Du Hund, du!" Obwohl „Hund" hier einerseits eine biologisch sachliche Feststellung ist, kann das Wort andererseits unter diesen Umständen und laut Definition nur ein Schimpfwort sein. In der Aussage: „Der Hund hat mich gebissen" ist dieses Wort kein Schimpfwort. Tritt uns ein Ochse oder ein Mensch auf den Fuß, und wir sagen: „Du Hund!", dann trifft die biologische Tatsache nicht zu, und das Wort wird im übertragenen Sinne als Schimpfwort benutzt.
Ähnlich kann „Dirne" ein Schimpfwort sein, muß es aber nicht. Bezeichnet man eine Frau sachlich als Dirne, und sie ist in der Tat eine Dirne, dann ist das Wort unter diesen Umständen kein Schimpfwort. Verwendet man das Wort einer Dirne gegenüber höhnisch oder wütend, oder die Frau ist keine Dirne, dann kann dieses Wort nur ein Schimpfwort sein.
Wir sehen also, daß die Definition von „Schimpfwort" durch allerlei Umstände beeinflußt wird. Am wichtigsten darunter ist der *Ton:* der Ton macht die Musik und das Wort zum Schimpfwort. Neutrale Wörter können durch die Absicht und den Ton des Sprechers in ein Schimpfwort verwandelt werden, etwa ein sarkastisch oder entrüstet gesprochenes „Sie Ehrenbürger!", „Ach, ihr Italiener!" oder „Ja, ja, die lieben Katholiken!"

Der Stärkegrad eines Schimpfworts ist nur relativ und wird durch verschiedene Umstände beeinflußt. Sagt man z. B. zu einem Freund: „Mein Gott, bist du ein Riesenrindvieh!" und ist der Ton eher bemitleidend als zürnend, so wirkt hier „Riesenrindvieh" schwächer als das im Vergleich schwächere „Schaf", wenn dieses Wort in einer wütenden Beschimpfung verwendet wird.
Die Lautstärke einer Beschimpfung spielt nur eine geringe Rolle, um

die Wirkung und den Stärkegrad eines Schimpfworts zu verändern. „Du Saukerl, du verdammter!", laut geschrien, wirkt schwächer auf den Gegner als dieselben Worte, haßerfüllt gezischt.

Außer dem Ton tragen auch nichtlautliche Umstände dazu bei, um ein neutrales Wort in ein Schimpfwort umzuwandeln und dessen Stärkegrad zu beeinflussen. Vor allem sind es die körperlichen Begleiterscheinungen – die Mimik und die Gestik –, welche die Wirkung eines Schimpfworts erhöhen oder verringern können. Drohende Hand-, Arm-, Bein-, Körper- und Kopfbewegungen sowie Veränderungen des Gesichtsausdrucks (Mund-, Augen- und Stirnpartie) intensivieren die Wirkung jedes Schimpfworts: „Drecksack, verdammter!", unterstrichen mit einer geballten Faust, blitzenden Augen und finster zusammengezogenen Augenbrauen, muß stärker auf den Gegner wirken als die einfachen Worte.

2. Historische Bedeutungsveränderungen

In diesem LEXIKON befasse ich mich besonders mit dem gegenwärtigen Sprachgebrauch und der heutigen Bedeutung. Bei einer Beschimpfung ist die ursprüngliche, wörtliche Bedeutung unwichtig; wird man z. B. ein „Schafbeutel" genannt, so denkt man nur an die übertragene Bedeutung *dumm* und nicht an die ursprüngliche, nämlich *Hodensack eines Schafs*. Trotzdem wird in vielen Fällen die Herkunft und ursprüngliche Bedeutung von Schimpfwörtern angegeben, weil diese Angaben viel kultur- und sprachgeschichtlich interessantes Material enthalten und den oft erstaunlichen Bedeutungswandel illustrieren.

a. Bedeutungsverschlechterung

Als ein Beispiel von Bedeutungsverschlechterung wollen wir die Geschichte des Wortes „Dirne" verfolgen.

Im Hochdeutschen kommt dieses Wort nur mit negativ bewerteten Bedeutungen vor: *Hure, derbes Bauernweib*. In bayerisch-österreichischen Mundarten bedeutet „Dirn" einfach *Magd*, ohne jedes negative Werturteil; es kann aber als Schimpfwort verwendet werden und bedeutet etwa *einfältige, derbe Frau*, aber nie *Hure*. In der verkleinerten Form „Dirndl" oder „Deandl" bedeutet es *Mädchen, Tochter*, genauso wie das niederdeutsche „Deern". In den Mundarten besteht noch die ursprüngliche Bedeutung *Mädchen,* während die Hochsprache nur noch die kraß abgewertete Bedeutung kennt.

Das Wort „Dirne" kommt aus der indogermanischen Wurzel *tek oder *tok mit der Bedeutung *erzeugen.* In der ahd. Zeit bedeutet das daraus entstandene „thiorna" *Jungfrau, Mädchen, Dienerin;* es enthält noch keine abwertende Bedeutung und wird auch als Bezeichnung der Jungfrau Maria verwendet. In der mhd. Zeit erhält das Wort „dierne" nun eine weitere Bedeutung, nämlich *Hure,* und zwar durch die euphemistische, verhüllende Verwendung dieses Wortes für eine Prostituierte, die man nicht beim rechten Namen nennen will. Das ursprünglich neutral gewertete „Dirne" nimmt die negative Bedeutung der Person an, für die es verhüllend verwendet wird. Ab dem 16. Jahrhundert hat das Wort dann nur noch die negative Bedeutung in der Schriftsprache.

b. Bedeutungsverbesserung

Die Bedeutung eines Wortes kann sich im Laufe der Zeit auch zum Positiven verändern, verbessern. So bedeutete das heute positiv bewertete Wort „Marschall" ursprünglich nur *Roßknecht* (ahd. marah *Mähre, Pferd* und scalc *Knecht*).

Manche unserer Schimpfwörter, die heutzutage recht harmlos, wenn nicht sogar anerkennend gebraucht werden, haben eine beachtliche Bedeutungsverbesserung durchgemacht. „Schelm" heißt heute etwa *lustige, schlaue Person,* bedeutete aber ursprünglich u. a. *Ausgestoßener; Tierleichnam.* Ein „Range" ist jetzt ein mildes Schimpfwort für einen wilden Jungen, doch im späten Mittelalter bedeutete dieses Wort noch *läufige, brünstige Muttersau.* Die erstaunliche Bedeutungsverschiebung ist dadurch zu erklären, daß beide Bedeutungen (die ursprüngliche und die übertragene) ein gemeinsames Merkmal haben: *unruhig hin und her laufen,* was in diesem Falle das *tertium comparationis* ist (siehe S. 170).

3. Bedeutungsverändernde Elemente

a. Einzelwort und Wortkette

Der Wirkungsgrad eines Schimpfwortes wird außer dem Ton und weiteren Umständen durch rein sprachliche Einflüsse verändert. Wird ein Schimpfwort alleine verwendet, dann wirkt es nicht so stark wie in Verbindung mit anderen. Aus den vielen Strukturen (siehe S. 186 ff.) ist ersichtlich, daß sich die Möglichkeiten vom Einzelwort bis zu einer komplizierten Wortkette erstrecken, von „Hund!" bis „Du bist mir aber ein ganz ein blöder Hund, du, ein ganz ein blöder!"

Auch der Zusammenhang, der Kontext beeinflußt den Wirkungsgrad eines Schimpfworts; Eigenschaftswörter, Worthäufungen, einleitende Äußerungen oder Flüche vermindern oder erhöhen die Wirkung: „Du grober Lümmel!" ist stärker als „Du Lümmel!"; „Du Lump, du Gauner, du Betrüger!" ist stärker als ein Einzelwort. „Ach, bist du ein dämliches Schaf!" wird durch die einleitende Äußerung abgeschwächt, während „Himmelherrgott, bist du ein dämliches Schaf!" durch den vorausgehenden Fluch verstärkt wird.

b. Vor- und Nachsilben

Gewisse Vor- und Nachsilben verändern die Wirkung eines Schimpfworts oder seine Bedeutung. „Mistbauer" wirkt stärker als „Bauer" und „saufrech" stärker als „frech". Ein „Dreckhammel" ist kein „Pfundhammel" (siehe SS. 172 f., 179).

c. Schimpfwort oder Kosewort?

Verkleinerungsnachsilben schwächen ein Schimpfwort zu einem milden Tadel ab oder verwandeln es in ein Kosewort. „Du Affe!" ist ein Schimpfwort, „Du Äffchen!" ist harmlos oder ein Kosewort. „Du Hammel!" kann sowohl eine Beleidigung wie auch eine Anerkennung unter Freunden sein, „Du Knirps, du verwachsener!" ist eine Beschimpfung, „Ja, wo ist er denn, mein kleiner Knirps?" ist keine.

d. Eigenschaftswörter

Weiterhin verändert sich der Wirkungsgrad oder die Bedeutung eines Schimpfworts durch die Eigenschaftswörter, womit Hauptwörter verbunden werden (siehe S. 179 f.).

Flüche, die der eigentlichen Beschimpfung vorausgehen, beeinflussen gleichfalls den Stärkegrad eines Schimpfworts (siehe S. 180).

4. Entstehung

Jedes Eigenschafts- oder Hauptwort kann im Zustand der Erregung als Schimpfwort verwendet werden, doch gibt es im Deutschen einige tausend Wörter, die stets als Schimpfwörter empfunden werden. Diese „echten" Schimpfwörter bezeichnen stets etwas Negatives (Unangenehmes, Abstoßendes, Anomales, Widerwärtiges): Ohrenbläser, Hure, Dieb, Faulenzer, Esel, Drecksau oder Dummian. Andere Wörter werden erst durch den Ton, die Umstände, die Gestik, die Mimik, d. h. also erst durch die Verwendung bei einer Beschimpfung zum Schimpfwort: Sie Pädagoge! Ihr Studenten! Du Angestellter, du!

Wie in den folgenden Abschnitten weiter ausgeführt, sind diejenigen Wörter, die wir heute als „echte" Schimpfwörter empfinden, erst im Laufe der Zeit durch die Verwendung im übertragenen Sinne und durch abwertende Vor- und Nachsilben zu Schimpfwörtern geworden.

a. Metaphorische Schimpfwörter

Gegenstände, Pflanzen und besonders Tiere werden mit Vorliebe bei einer Beschimpfung auf den Menschen angewendet (siehe S. 183).

Eine Metapher ist ein gekürzter Vergleich, bei dem zwei Dinge oder Wesen miteinander verglichen werden. Bei diesem Vergleich betont man eine besondere Eigenschaft, welche die zwei verglichenen Dinge gemeinsam haben; dieses gemeinsame Element bezeichnet man als das *tertium comparationis* (das Dritte des Vergleichs), das bei Schimpfwörtern immer etwas Negatives ist.

Die Übertragung der negativen Eigenschaft von einem Ding oder Wesen auf ein anderes geht folgendermaßen vor sich:

    1. Behauptung: Der Ochse ist dumm.
    2. Vergleich (Simile):   Du bist so dumm wie ein Ochse.
    3. Vergleich (Metapher): Du Ochse.

Ob die Behauptung den Tatsachen entspricht oder nicht, ist unwichtig. Aber es ist wichtig, daß es sich um eine *allgemein bekannte* Behauptung handelt, d.h. daß der Beschimpfte auch weiß, daß der Ochse „dumm" ist.

Die negative Eigenschaft *dumm* ist in diesem Beispiel das *tertium comparationis*; die beiden haben ein gemeinsames Merkmal: der Ochse ist dumm, und der Beschimpfte ist dumm.

Ein eher erwähntes Beispiel war „Range" (S. 168), das im metaphorischen Sinne bedeutet *immer hin und her laufen (wie ein brünstiges Mutterschwein)*. In vielen Fällen sind wir uns des genauen und eigentlichen Vergleichs gar nicht bewußt; wir wissen zwar, daß ein „Range" unruhig hin und her läuft, aber nicht, daß er sich wie ein brünstiges Mutterschwein gebärdet.

Bei manchen Schimpfwörtern sind der ursprüngliche Vergleich und das *tertium comparationis* gänzlich unbekannt, z.B. in der bairischen Beschimpfung „gschiaglade Nachtigall"; es bedeutet ungefähr *dumm* – aber was hat eine schielende Nachtigall mit Dummheit gemeinsam? Ist sie dümmer als eine nichtschielende Nachtigall? Warum nicht „schielender Specht"? Entweder ist das Vergleichsmoment im Laufe der Zeit verloren gegangen oder es hat nie existiert und war eine individuelle Momentbildung: irgend jemand (Heimatdichter? Politiker? Witzbold?) sagte zu einem anderen: „Du gschiaglade Nachtigall!" und wollte damit ausdrücken, daß die so angesprochene Person dumm ist; der Ausdruck fand Anklang, verbreitete sich über das gesamte bairische Sprachgebiet und ist heute überall bekannt. → gschiaglad.

Die meisten metaphorischen Schimpfwörter haben ein bekanntes *tertium comparationis*: das Schwein ist schmutzig, der Flegel grob, der Klotz ungehobelt und der Esel dumm. Ist dieses Vergleichsmoment dem Gegner unbekannt, dann verliert die Beschimpfung viel ihrer Wirkung, und der Beschimpfte schaut nur verständnislos, anstatt sich zu ärgern. Wer also wirkungsvoll schimpfen will, muß seine Schimpfwörter dem Wissen des Gegners anpassen; es ist sinnlos, einen ungebildeten Straßenarbeiter mit „Sie Renegat!" zu beschimpfen. Es ist ebenso wirkungslos, mundartliche Schimpfwörter auf Gegner anzuwenden, die den Dialekt nicht verstehen: eine Bayerin oder Österreicherin kann man mit „Du spizlochade Kuabritschn!" beschimpfen, bei einer Hamburgerin wäre es nur Energieverschwendung; bestenfalls würde sie sich ärgern, weil sie *nicht* genau weiß, was gemeint ist.

Betrachten wir uns als letztes Beispiel ein metaphorisches Schimpfwort aus einer Fremdsprache, dessen *tertium comparationis* dem Deutschsprechenden unbekannt ist. Nehmen wir an, wir geraten mit einem Inder in Streit, und dieser beschimpft uns mit „Sie Brunnenfrosch!" Aus den Umständen wissen wir, daß dieses Wort ein Schimpfwort sein muß, aber nicht, was der andere damit *meint*. Wir kennen das *tert. comp.* nicht, das den meisten Indern bekannt ist, und wissen deshalb nicht, was dieses ins Deutsche übersetzte Schimpfwort bedeutet. Reden wir zu viel wie ein quakender Frosch? Hüpfen wir herum? Sind wir voller Warzen? Geben wir einen unangenehmen Geruch ab? Kurz und gut, was der Inder damit sagen will: *wir sind engstirnig, haben einen begrenzten Horizont.* „Sie Brunnenfrosch!" bedeutet nichts anderes als „Sie sind ein engstirniger Mensch!", und jetzt wird uns das Vergleichsmoment klar: der physische Horizont eines Frosches, der tief unten in einem Brunnen lebt, ist tatsächlich begrenzt; diese Vorstellung wird hier auf den begrenzten geistigen Horizont des Menschen übertragen.

b. Formale Schimpfwörter

Die zweite große Gruppe von Schimpfwörtern besteht aus den formalen Schimpfwörtern. Das Charakteristische an ihnen ist die *äußere Form*. Schimpfwörter dieser Art können von jedem gebildet werden und werden auch sofort als Schimpfwörter empfunden, obwohl man sie vorher nie gehört haben mag. Der Grund sind die abwertenden Vor- und Nachsilben, womit sie gebildet werden, die das gesamte zusammengesetzte Wort zum Schimpfwort verwandeln.

(1) Abwertende Stammsilbe

Unter formalen Schimpfwörtern versteht man besonders diejenigen, welche durch das Zufügen einer abwertenden Vor- oder Nachsilbe an eine Stammsilbe mit einer neutralen oder positiven Bewertung entstehen. Die Stammsilbe selbst kann aber bereits eine negative Bedeutung haben, so daß die abwertenden Vor- oder Nachsilben nur tautologisch, verstärkend oder bedeutungsverändernd sind.

Die Stammsilbe ist ein Verb, ein Partizip oder ein Eigenschaftswort. Das Schimpfwort „Schwätzer" besteht aus der negativ bewerteten Stammsilbe *Schwätz-* (Verbstamm) und der Nomen agentis Nachsilbe

-er. Aus einem Partizip Präsens geformt ist „Rasende", aus einem Partizip Perfekt „Besoffener". Mit Hilfe von abwertenden Nachsilben kann aus dem Eigenschaftswort „blöd" eine Reihe von Schimpfwörtern geschaffen werden: Blöder, Blödel, Blödling, Blödian, Blödist, Blödmann, Blödler, Blödmeier usw., die z.T. geographisch begrenzt verwendet werden.

(2) Abwertende Vorsilbe
Andere formale Schimpfwörter werden durch das Zufügen von abwertenden Vorsilben an eine neutrale oder positive Stammsilbe gebildet (negativ bewertete Stammsilben bleiben unberücksichtigt).

Im Deutschen oder Oberdeutschen kommen folgende abwertende oder verstärkende Vorsilben vor: Bauer-, Blut-, Dreck-, Gift-, Hund-, Kreuz-, Kruzifix, Laus-, Malefiz-, Mist-, Ober-, Pfund-, Riesen-, Rotz-, Sakrament-, Sau- und Scheiß-. In diesem LEXIKON werden nur die bekanntesten mit Vorsilben verstärkten Schimpfwörter angeführt, da sonst die Einträge auf über 30 000 anschwellen würden, und da die Bedeutung aus dem Grundwort ersichtlich ist.

Aus dem Schimpfwort „Hammel" können eine Anzahl von weiteren Schimpfwörtern geformt werden, die entweder verstärkt oder in ihrer Bedeutung unterschiedlich sind: Bauernhammel, Dreckhammel, Kruzifixhammel, Malefizhammel, Misthammel, Pfundhammel, Riesenhammel, Sauhammel und Scheißhammel. Andere Zusammensetzungen sind entweder nicht üblich oder unmöglich. Nicht alle Vorsilben können mit jedem beliebigen Hauptwort verbunden werden, um damit ein Schimpfwort zu bilden; es gibt ein „Riesenrindvieh", aber kein „Rotzrindvieh", einen „Rotzbub", aber keinen „Riesenbub".

Die Vorsilben Ober- und Riesen- können auch in Verbindung mit bereits verstärkten Schimpfwörtern auftreten, so daß es Schimpfwörter gibt, die aus einer Stamm- und drei Vorsilben bestehen: Hammel, Dreckhammel, Riesendreckhammel, Oberriesendreckhammel.

(3) Abwertende Nachsilbe
Ähnlich wie bei den abwertenden, pejorativen Vorsilben werden abwertende Nachsilben an eine negative oder positive Stammsilbe angehängt, um diese Untergruppe von formalen Schimpfwörtern zu bilden.

Schriftsprachliche Nachsilben dieser Art sind -berger, -bold, -bruder, -fritze, -hans, -huber, -ian, -ist, -ler, -ling, -maxe, -meier, -schwester usw.: Schlauberger, Raufbold, Saufbruder, Quasselfritze, Faselhans, Stoffhuber, Schlendrian, Renommist, Kriegsgewinnler, Schreiberling, Wurstmaxe, Vereinsmeier, Betschwester und andere. Im bairischen Sprachgebrauch treten diese Nachsilben ebenfalls auf (außer -fritze und -maxe), dazu die Vornamen -bene, -beppe, -sepp, -mirl, -kathl usw.

B. ARTEN VON BESCHIMPFUNGEN

1. Personen-, Sach- und Berufsschelten

Beim Schimpfen zielt man auf die Ursache, die den Erregungszustand auslöste, und die ein Gegenstand, ein Tier oder ein Mensch sein kann (siehe S. 153).

Schimpfwörter, die sich gegen ein Ding richten, heißen Sach- oder Dingschelten: Scheißhammer, Glump, Hämorrhoidenschaukel.

Berufsschelten sind abwertende Ausdrücke gegen Menschen, die diesen Beruf ausüben: Bauerngendarm, Baderwaschl, Zahnspengler, Pillendreher, Rechtsverdreher.

In diesem LEXIKON sind fast nur Personenschelten angeführt, d.h. Schimpfwörter, die gegen Personen verwendet werden.

2. Beschimpfungen: direkt und indirekt

Bei direkten Beschimpfungen ist der Gegner anwesend, bei indirekten ist er abwesend. *Direkte* Beschimpfungen sind z.B. „Du Saukerl!", „Sie falsche Schlange!" und „Ihr Radaubrüder!" Hierher gehören auch die Selbstbeschimpfungen, bei denen der Schimpfende und der Beschimpfte ein und dieselbe Person sind: wenn wir etwas angestellt haben, worüber wir uns ärgern, dann beschimpfen wir uns selbst: „Bin *ich* ein dummer Teufel!" oder „Sind *wir* Hornochsen!"

Indirekte Beschimpfungen geschehen in Abwesenheit des beschimpften Gegners. Man schimpft entweder alleine vor sich hin: „So ein hinterlistiger Kerl!" oder man schimpft in Gegenwart eines Dritten über den

Gegner: „Das sag' ich dir, diese N. ist ein Mistvieh, ein gemeines!"
Eine Zwischenstufe ist eine Beschimpfung, die zwar nicht direkt, aber
noch in Hörweite des Gegners geschieht: behält z. B. im Theater vor uns
jemand den Hut auf, so daß wir nichts sehen können, sagen wir
vielleicht laut zu unserem Nachbarn: „So eine rücksichtslose Person!"

3. Abwertende Bemerkungen

Bemerkungen abwertender Art existieren in vielen Abstufungen. Es
können Einzelwörter sein: „Unsinn!", kurz für etwa „Reden Sie
doch keinen Unsinn!" oder komplizierte Sätze: „Geh, du Arschloch,
du dämliches, red' doch nicht immer so einen Mist daher, so einen sau-
blöden!" Die Bemerkung kann harmlos sein: „Bei Ihnen ist ja Hopfen
und Malz verloren!" oder weniger verhüllend: „Dir haben sie ja ins
Hirn geschissen!"
Hierher gehören die umschreibenden Beschimpfungen: „Dich haben sie
wohl mit einer Banane von der Palme gelockt?" (= Du Affe!) und die
Einladung: „Rutsch mir den Buckel runter!" oder direkter: „Leck mich
am Arsch!"
Abwertende Bemerkungen geschehen oft in der Form eines Vergleichs
(Metapher oder Simile), der anstößig oder übertrieben ist: „Du
Arschbackengesicht!", „Du mit deinen Abortdeckelhänden!", „Wenn
du so lang wärst, wie du blöd bist, könntest du aus einer Dachrinne
saufen!" und „Du bist so überflüssig wie ein Kropf!"
Derbe Vergleiche aus dem ländlichen Leben sind z. B. „Du stellst dich
an wie der Hund beim Scheißen!" (= umständlich) und „Du stinkst
aus dem Maul wie die Kuh aus dem Arschloch!"

4. Bedrohungen

Bedrohungen, ebenfalls übertrieben, sind eine andere Weise, seinen Erregungszustand abzureagieren: „Ich laß' dich gleich am steifen Arm
verhungern!", „Ich hau' dich gleich auf den Schädel, daß du aus
den Rippen schaust wie ein Affe aus dem Käfig!", „Ich tret' dich ins
Genick, daß du dich windest wie eine Seidenraupe!", „Ich schlag' dir
gleich auf den Kopf, daß du dir acht Tage keinen Scheitel ziehen
kannst!"

5. Verwünschungen und Verfluchungen

Beschimpfungen sind oft durch Verwünschungen und Verfluchungen
verstärkt, die auf den Gegner Unglück, Krankheit oder Tod herab-
beschwören: „Verreck, du Hund, du miserabliger!", „Der Teufel soll
dich holen, du Pfundsau!" und „Die Scheißerei sollst du kriegen, du
hinterlistiger Sauhund, du!"

C. EIGENSCHAFTSWÖRTER UND HAUPTWÖRTER

1. Worüber wird geschimpft?

Um bei einer Beschimpfung so wirkungsvoll und beleidigend wie möglich sein zu können, sucht man beim Gegner den Angriffspunkt, auf
den er am empfindlichsten reagiert.
Worüber wird geschimpft? Über alles! Es gibt keine körperliche,
geistige oder seelische Eigenschaft, auf die beim Schimpfen nicht gezielt
würde: alles, was nur im geringsten von der Norm abweicht, wird zur
Zielscheibe von Beschimpfungen. Bei den Hauptwörtern wird dies nicht
so deutlich, da sie zum Großteil metaphorisch verwendet werden und
das Vergleichsmoment nur verstanden, aber nicht ausdrücklich gesagt
wird. Bei den meisten Eigenschaftswörtern können keine Zweifel auf-
kommen, weil sie unverblümt die Mängel des Gegners hervorheben.

Die *Norm* (das Normale, Durchschnittliche, Gewöhnliche, Ideale) ist
alles, was unauffällig, richtig, gut, schön, gehörig, wohlgestaltet, angenehm, anständig und proportioniert ist; was davon abweicht, wird angegriffen.
Die Normen werden durch kulturelle, geschichtliche, religiöse und gesellschaftliche Einflüsse und Vorurteile aufgestellt; sie ändern sich mit
der Zeit und unterscheiden sich von Gruppe zu Gruppe, von Volk zu
Volk. Mexikaner haben andere Normen als Japaner oder Deutsche,
Niedersachsen andere als Rheinländer, Bayern, Österreicher oder
Schweizer. Je größer die kulturellen Unterschiede, desto mehr weichen
die Normen voneinander ab.
Selbst innerhalb einer verhältnismäßig kleinen Gruppe, sagen wir die
Oberbayern, unterscheiden sich die Normen der verschiedenen gesell-
schaftlichen Unterklassen: ein Bauer zielt auf andere Schwächen des

Gegners als ein städtischer Beamter, ein Bauarbeiter auf andere als ein Gelehrter, ein Krimineller auf andere als ein Geistlicher; Frauen beschimpfen andere Mängel als Männer, alte Leute andere als Jugendliche.

2. Eigenschaftswörter

a. *Angriffspunkte bei der Beschimpfung*

Man kann die Angriffspunkte in zwei Gruppen einteilen, in die „äußeren" und die „inneren" Abweichungen von der Norm. Die folgende Aufstellung ist nur eine Auswahl und gibt nur das Ziel des Angriffs an, nicht die Schimpfwörter selbst, die ja im LEXIKON verzeichnet sind.

(1) Äußere Normabweichungen: Körper, Gebrechen
Der Körper des Gegners liefert meist unmittelbare Angriffspunkte. Ein kurzer Blick genügt, um irgendeinen Mangel, Fehler oder eine Abweichung von der idealen Norm festzustellen, worauf man dann beim Schimpfen zielt.
Es ist überraschend, wie genau jede Einzelheit des Körpers beim Schimpfen beobachtet wird, und was nicht alles als Normabweichung betrachtet wird:
Der *Kopf* ist zu klein, zu groß, zu rund, zu spitzig oder zu unförmig.
Der *Körper* ist zu mager, zu dick, zu knochig, zu schwächlich, zu lang, zu kurz oder verwachsen.
Der *Hals* und *Nacken* sind zu lang, zu kurz, zu dünn, zu dick oder kropfig.
Die *Brüste* sind zu klein, zu groß oder zu schlaff.
Das *Gesäß* ist zu breit, zu schmal, zu knochig oder zu fett.
Die *Arme* und *Hände* sind zu lang, zu kurz, zu mager, zu dick, zu feingliedrig oder zu plump.
Die *Beine* und *Füße* sind zu lang, zu kurz, zu knochig, zu fett, krumm oder man hinkt.
Das *Haar* ist zu lang, zu kurz, zu lockig; es ist grau, rot, ungekämmt; man ist bärtig oder kahlköpfig.
Die *Haut* ist schorfig, krätzig, schmutzig oder durch Narben, Eiterbläschen oder Warzen verunziert.

Das Gesicht des Gegners wird besonders scharf beobachtet:

Die *Stirn* ist zu hoch, zu niedrig oder fliehend.

Die *Augen* sind zu groß, zu klein; sie stehen zu weit auseinander oder liegen zu nahe beisammen; sie sind verkrustet, hervorquellend oder blinzeln nervös; der Gegner ist blind, einäugig, schielt, hat Tränensäcke oder ist schlitzäugig.

Die *Ohren* sind zu groß, zu klein, liegen zu sehr an oder stehen zu weit ab; man ist schwerhörig oder taub.

Die *Nase* ist zu groß, zu klein, zu lang, zu kurz oder verschmutzt.

Die *Wangen* sind zu eingefallen oder gesäßförmig.

Das *Kinn* ist zu spitzig, zu prominent (brutal) oder unterentwickelt.

Der *Mund* ist zu großlippig, verzerrt, läppisch, zu breit; der Gegner geifert, stottert, lispelt, hüstelt; man ist stumm, spricht undeutlich, zu laut, zu leise, zu wenig oder zu viel.

Die *Körperausscheidungen* Nasenschleim, Augenbutter, Schweiß, Speichel, Rülpser, Darmwind, Harn und Kot liefern ebenfalls Angriffsziele bei der Beschimpfung.

Die *Kleidung* des Gegners ist unsauber, zerlumpt, zu altmodisch, zu modern, zu laut, zu modisch, zu weibisch oder geschmacklos.

(2) Innere Normabweichungen: Intelligenz, Charakter, Benehmen

Manche dieser Abweichungen sind unmittelbar beim ersten Zusammentreffen mit dem Gegner feststellbar, z.B. Grobheit, Frechheit; andere erkennt man erst nach längerem Umgang, etwa Aufsässigkeit, Hinterlist oder Geldgier.

Nicht nur das Negative wird angegriffen *(unfreundlich)*, sondern auch das übertrieben Positive, das ebenfalls als negativ empfunden wird *(scheißfreundlich)*. Die folgende Auswahl ist nach den Gegensätzen eines Charakterzuges, einer Verhaltensweise usw. gegliedert, die das Negative dem übertrieben Positiven gegenüberstellt und die beide als Normabweichungen empfunden werden: feindselig – scheißfreundlich, eigenbrötlerisch – aufdringlich, feig – tollkühn, uninteressiert – gschaftlhuberisch, schlampig – pedantisch, ungeschliffen – weibisch, stumpfsinnig – neugierig, aufsässig – unterwürfig, gerissen – einfältig, frevelhaft – bigott, gefühllos – überempfindlich, geizig – verschwenderisch, arrogant – duckmäuserisch, schwatzhaft – mundfaul.

Ob es den Tatsachen entspricht oder nicht, beschimpft man den Gegner als ausschweifend, banausenhaft, charakterlos, dumm, eifersüchtig, frech, geil, homosexuell, impotent, jähzornig, kaltblütig, lügnerisch, maßlos, naschhaft, ordinär, proletenhaft, quasselnd, rachsüchtig, sittenlos, trotzig, unverfroren, verfressen, wütend, x-beinig oder zerfahren.

Kurz, man beschimpft alles.

b. Wörtliche und übertragene Bedeutung

Manche Schimpfwörter werden nur in ihrer wörtlichen Bedeutung verwendet, z. B. „glatzköpfig", andere nur in ihrer übertragenen Bedeutung, etwa „schlitzohrig". Eine dritte Gruppe verwendet man sowohl in ihrer wörtlichen wie auch in ihrer übertragenen Bedeutung, z. B. „schlagohrig"; wörtlich bedeutet es *wer abstehende Ohren hat*, im übertragenen Sinne *wer sich dumm stellt, aber gerissen ist*. Im LEXIKON werden beide Bedeutungen getrennt angeführt.

c. Verstärkende Vorsilben

Wie die Hauptwörter können auch die Eigenschaftswörter durch abwertende Vorsilben verstärkt werden, z. B. mit blut-, dreck-, hund-, kreuz-, sau- und scheiß-. Einige dieser Vorsilben kann man mit vielen Eigenschaftswörtern verbinden (saublöd, saudumm, saufrech, saugrob usw.), während andere nur in bestimmten Verbindungen auftreten, z. B. stockdumm, stinkfaul, hundsmiserabel und scheißfreundlich.

d. Verbindungen von Eigenschaftswort und Hauptwort

Es ist selbstverständlich, daß nicht jedes Eigenschaftswort mit jedem beliebigen Hauptwort kombiniert werden kann. Ein unpassendes Eigenschaftswort würde die Wirkung des Hauptworts zunichte machen; so hätte es wenig Sinn, jemanden einen „hinterlistigen Schafkopf" zu nennen, weil „hinterlistig" das Gegenteil von „Schafkopf" (= einfältig) ist.

Die Kombinationsmöglichkeiten unterteile ich in verstärkende, formelhafte, bestimmende und unstatthafte:

Um ein Hauptwort zu verstärken, besteht meist große Freiheit, aus einer Anzahl von fast gleichbedeutenden Adjektiven irgendein passendes auszuwählen: mistige, rammlige, zottige, liederliche, heruntergekommene, dreckige oder verwahrloste Schlampe.

Formelhafte Verbindungen sind solche, bei denen ein bestimmtes Hauptwort fast immer mit demselben Eigenschaftswort auftritt, z.B. im Bairischen: schielende Nachtigall, geselchter Affe, platterter Seeräuber, platterter Semmeldieb, platterter Birndieb.

Bestimmende Kombinationen sind Verbindungen eines abwertenden Eigenschaftswortes mit einem Hauptwort, das nur allgemein abwertend ist und das erst durch das Eigenschaftswort eine genauere Bedeutung erhält. Solche Hauptwörter ohne feste Bedeutung sind Bursche, Ding, Hund, Kerl, Mensch, Teufel und Weib. Diese Flick-, Füll- oder Stützwörter haben kein allgemein bekanntes *tertium comparationis:* armer, dummer, frecher, närrischer, spinnender, stinkender oder ungezogener Teufel.

Unstatthafte Verbindungen sind solche, die aus inhaltlichen oder formalen Gründen nicht zueinander passen, wie das erwähnte „hinterlistiger Schafkopf". Substantivierte Adjektive können mit keinem weiteren Adjektiv verbunden werden; es gibt „So eine Freche!", aber kein „So eine unverschämte Freche!"; es gibt ebensowenig „So ein widerlicher Besoffener!" Verbindungen von Adverbien und Hauptwort sind jedoch möglich: „So ein widerlich Besoffener!"

e. Verstärkende Flüche

(1) Zweck
Die Beschimpfung kann durch einen vorangestellten Fluch verstärkt werden. Wenn geflucht wird, dann muß der Fluch zur Beschimpfung passen. Ein schwacher Fluch vor einem starken Schimpfwort zeugt von laienhafter Schimpfkunst; ein Fachmann dagegen verstärkt sein Schimpfwort durch einen passenden Fluch, den er aus seinem Repertoire wählt: „Kruzifixalleluja, bist du ein dammischer Schafzipfel, ein dammischer!"

(2) Formen

Herrgott, Sakrament und *Kruzifix* sind die drei gebräuchlichsten Flüche im Bayerisch-Österreichischen, die in euphemistisch abgeschwächten Formen oder in Fluchketten verwendet werden.

Varianten und Kombinationen von *Herrgott*, dem Stärkegrad nach, sind u. a.: Herrschaft! Herrschaftseiten! Herrschaftsacksn! Herrschaftsackra! Herrgott! Herrgottseiten! Herrgottsacksn! Herrgottsackra! Herrgottsackrament! Herrgottsackramentkruzinesen! Herrgottsackramentkruzitürkn! Herrgottsackramentkruzifix! Herrgottsackramentkruzifixalleluja!

All diese Flüche können mit *Himmel*- verstärkt und abgewandelt werden, z. B. wie in Himmelherrgottsackraméntkreuzkruzifixalleluja!

Abwandlungen von *Sakrament* sind: Seiten! Sacksn! Sacksndi! Sacklzement! Sackra! Sackradi! Sackrament! Blutsackrament! Kreuzsackrament! Kruzifixsackrament! Kreuzkruzifixsackrament! usw.

Spielarten von *Kruzifix* sind: Kruzinesen! Kruzinal! Kruzitürkn! Zefix! Kruzifix! Kruzifixalleluja! Kreuzkruzifix! Kreuzkruzifixalleluja! und andere mehr.

Noch stärker gotteslästerliche Flüche werden gelegentlich gebraucht, z. B. „Ja, Himmelherrgottsackramentkreuzkruzifixalleluja, blutiger, dreiunddreißigjähriger, barfuß gelaufener Himmelherrgottsackrament . . . bist du ein depperter Hundsdepp, ein depperter!"

Schwächere, verhüllende Flüche können ebenso wirkungsvoll sein, wenn sie mit genügend starker Überzeugung ausgestoßen werden, etwa: Kreuzbirnbaum und Hollerstauden! Blutsaure Marie! Blutiger Hühnerdreck! Blutiger Hühnerschweif! Blutiger Hühnerkrai (= Kralle) oder Blutige Hundsfotzn!

3. Hauptwörter

   a. Arten von Gegnern

Bedeutung und Form beschränken die Schimpfwörter auf einen bestimmten Gegner. Nichtbeachtung dieser Einschränkung machen das Schimpfwort wirkungslos, z. B. wenn man einen Mann mit „Du Schraubendampfer!" beschimpfte. Im LEXIKON wird deshalb immer die bestimmte Art von Gegner angegeben:

Nur gegen einen *Mann*: Saukerl, Dieb, Schlamper.

Nur gegen eine *Frau*: Gans, Schickse, Urschel.

Gegen einen *Mann oder eine Frau*: Rindvieh, Wampe, Wildsau.

Nur gegen eine *Gruppe*: Saubande, Gesindel, Pack.

Das Alter des Gegners ist ebenfalls zu beachten:

Nur gegen *alte Männer*: Tatterich

Nur gegen *alte Frauen*: Spinatwachtel

Nur gegen *Burschen*: Zigarettenbürscherl

Nur gegen *Mädchen*: Flittchen

Auf den bestimmten Gegner wird im LEXIKON durch *Mann, Frau, Person/Mensch* oder *Gruppe* hingewiesen.

b. Wortklassen (Wortbildung)

(1) Einfache Wörter

Diese Wortklasse (Simplex) besteht aus Wörtern, die zwar von Sprachwissenschaftlern in eine Wurzel und andere Elemente zerlegt werden können, dem Nichtfachmann aber als einfache Wörter erscheinen: Ochse, Affe, Bürste.

(2) Zusammengesetzte Wörter

(a) Der Komplex[2]

Wörter dieser Klasse bestehen aus einem Stamm und einer Vor- oder Nachsilbe, die nicht selbständig vorkommen kann (gebundene Morpheme): *Ge*sindel, *Miß*geburt, *Un*geheuer, Säu*fer*, Feig*ling*.

Die im Bairischen üblichen unselbständigen Nachsilben sind -el, -en, -er, -erin, -erl, -in, -l, -ler, z. B. Schlampen (Ez.).

(b) Das Kompositum

Diese zusammengesetzten Wörter bestehen aus Silben, die selbständig vorkommen können (freie Morpheme). Je nach der Art der Wortteile, aus denen sie gebildet werden, können sie in verschiedene Untergruppen eingeteilt werden:

Allgemeine: Ohrenbläser, Klatschbase, Nasenbohrer.

---

[2] Die nützliche Unterteilung von zusammengesetzten Wörtern in Komplex und Kompositum – je nachdem, ob die Silbe gebundene oder freie Morpheme sind – stammt aus der englischen Grammatik und ist im Deutschen ungebräuchlich. (Auch *das* Komplex.)

Vorsilben: Dreckbär, Misthund, Oberidiot.
Nachsilben: Vereinsmeier, Betbruder, Dummian.
Verdoppelung: Hosenträträ, plemplem.
Satzwörter: Saufaus, Vergeltsgott, Leckmichamarsch.

c. Herkunft

Der Herkunft nach lassen sich die metaphorischen Schimpfwörter
in zehn Gebiete einteilen, denen sie der ursprünglichen, wörtlichen
Bedeutung nach entstammen. Weitere, feinere Unterteilungen dieser
zehn Gebiete wären möglich, erfüllen aber keinen offensichtlichen
Zweck; so könnte die Gruppe „Gegenstand" in Kleidungsstücke,
Küchenutensilien, landwirtschaftliche Geräte, Musikintrumente usw.
eingeteilt werden.

(1) Gegenstand
Schimpfwörter aus diesem Gebiet sind: Flegel, Geige, Hadern,
Schlafhaube, Klotz, Beißzange usw. Die schon mehrmals erwähnten
kulturellen Einflüsse sind hier besonders deutlich zu sehen, z.B. in
Schimpfwörtern, die der wörtlichen Bedeutung nach aus dem (früheren)
ländlichen Leben stammen. Manche dieser Wörter existieren nur noch
in der übertragenen Bedeutung als Schimpfwort, während der Gegenstand selbst entweder nicht mehr existiert oder durch die moderne
Technik fast völlig verdrängt wurde, etwa der Flegel, den die Dresch-
maschine langsam ins Museum verdrängt.

(2) Pflanze
Pflanzen liefern viele Schimpfwörter, entweder als selbständige: Feige,
Erdapfel, Rübe oder in Zusammensetzungen: Birnkopf, Krautkopf,
Rübenschädel, Zwiebelkopf. Die Pflanzen sind meist einheimische
Früchte und Gemüsearten.

(3) Tier
Sehr häufig sind Schimpfwörter Tiermetaphern. Tiere mit einer allgemein bekannten negativen Eigenschaft werden im bildlichen Sinne
verwendet, sowohl einheimische Haustiere: Ochse, Kuh, Schaf, wie
auch bekanntere exotische Tiere: Kamel, Rhinozeros; daneben auch
lästige Tiere wie Filzlaus oder Ratte.
In zusammengesetzten Schimpfwörtern sind Tiernamen auch zu fin-

den: Geißkopf, Stierbeutel, Hundsfotze, z.T. als pars pro toto, wo der Teil für das ganze Tier steht: Affenarsch bedeutet, wie Affe alleine, *dumm, läppisch, eingebildet.*

(4) Mythologisches Wesen
Kultur- und religionsgeschichtlich interessant werden Wesen aus der germanischen Mythologie als metaphorische Schimpfwörter verwendet: Hexe, Drache, Wechselbalg usw.

(5) Körperteil und Körperausscheidung
Die bei einer Beschimpfung angegriffenen Körperteile treten meist in Zusammensetzungen auf: Saukopf, Stiernacken, Mausaugen, Plärrmaul, Kartoffelnase, aber auch alleine: Schnauze, Wampe.
„Unanständige" Körperteile werden häufig verwendet, alleinestehend oder in Zusammensetzungen: Arsch, Zipfel, Schwengel, Schafbeutel, Pritsche, Schnalle, Hundsfut usw., wobei sich mancher gar nicht bewußt ist, daß es sich um Synonyme von Penis und Vulva handelt.
Körperausscheidungen liefern selbständige Schimpfwörter oder abwertende Wortteile: Brunzer, Salferer, Rotzbub, Scheißgfrieß oder Nasenrammel.

(6) Vorname
Männliche und weibliche Vornamen sind eine weitere Quelle für Schimpfwörter. Die Auswahl ist wieder kulturell beeinflußt und auf häufige, ältere und ländliche Vornamen begrenzt: Bene, Everl, Heine, Lucke, Xaverl, Letschenbeppe und Radschkathl. Moderne Vornamen fehlen selbstverständlich: es gibt kein Schimpfwort „Hans-Dieter". Einige Nachnamen treten nur in zusammengesetzten Wörtern auf: Schlauberger, Gscheidmeier, Gschaftlhuber.

(7) Beruf
Weiterhin waren manche Schimpfwörter ursprünglich Berufsbezeichnungen; je nachdem, wie weit man den Begriff „Beruf" dehnt, schließt man nur eigentliche Berufe in diese Gruppe ein: Schuster, Bauernknecht, Bärentreiber oder man kann im weiteren Sinne auch Kriegsgewinnler, Schnallentreiber und Fallschirmjäger (= Nonne) einbegreifen. Aus der älteren Zeit stammt das Schimpfwort Bärentreiber, während Kriegsgewinnler jüngeren Datums ist.

(8) Stamm – Nationalität – Religion

Stämme, Nationalitäten und Religionen liefern einfache und zusammengesetzte Schimpfwörter, die den intra- und internationalen Vorurteilen entspringen.

Saubayer, Saupreuße, Schwabenstier sind abwertende Bezeichnungen der deutschen Stämme gegeneinander, Pollack, Schlawiner, Katzlmacher und Böhmackenkopf gegen benachbarte Völker.

Manchmal werden auch die Namen fernliegender Völker und Stämme als metaphorische Schimpfwörter benutzt, wobei allerdings eine bestimmt negative Eigenschaft allgemein bekannt sein muß: Chinese, Hottentotte, Kanake; Nationalitäten, denen man kein hervorstechendes abwertendes Merkmal zuschreibt, wo also das *tertium comparationis* fehlt, werden nicht als Schimpfwörter gebraucht: es gibt kein Schimpfwort „Kanadier" oder „Albanier".

Schimpfwörter, die aus Religionen stammen, sind heutzutage nicht mehr häufig. „Protestant" hat jetzt keine abwertende Bedeutung mehr, „Christenhund" und ähnliche Schimpfwörter sind entweder Übersetzungen aus dem Arabischen oder entsprangen der Phantasie Karl Mays. „Schickse" bedeutete ursprünglich *Christenmädchen*, bei den Christen dann *Judenmädchen* und heute nur noch *Flittchen* oder *Hure*. „Jude" und damit zusammengesetzte Schimpfwörter sind seit 1945 streng verboten und dürfen nur noch für edle Zwecke unbestraft verwendet werden, wie etwa „Saujuden" in Handkes „Publikumsbeschimpfung".

(9) Eigenschaft

Diese und die folgende Gruppe fallen etwas aus dem Rahmen der übrigen Herkunftsgebiete.

Aus allen Eigenschaftswörtern, die etwas Negatives bedeuten, können Schimpfwörter gebildet werden. Beispiele solcher substantivierter Adjektive sind: Krummbeiniger, Meineidige, Blödes. Die aus Partizipien gebildeten Schimpfwörter Rasende, Betrunkener könnten auch zur nächsten Gruppe gezählt werden.

(10) Tätigkeit

Das letzte Gebiet enthält Tätigkeiten, die negativ bewertet werden und aus denen man Verbalsubstantive bildet: Schwätzer, Hosenscheißer, Angeber, Nasenbohrer.

Die als Schimpfwörter verwendeten Hauptwörter treten fast immer in
Verbindung mit anderen Wortarten auf und zwar mit Eigenschaftswörtern, persönlichen Fürwörtern, Tätigkeits-, Geschlechts- und Um-
standswörtern in allen syntaktisch möglichen Kombinationen.

In der stiefmütterlich behandelten Schimpfwort-Forschung hat sich
meines Wissens noch niemand mit den strukturellen Variationen beschäftigt, weshalb sie hier ausführlicher behandelt werden.

Aus den sechs Wörtern „Du bist ein ganz blöder Hund" lassen sich min-
destens 245 verschiedene Strukturen bilden, wovon hier die häufigsten
angeführt sind. Ersetzt man „blöd" und „Hund" mit anderen Schimpfwörtern aus dem LEXIKON, dann lassen sich ungezählte weitere Beschimpfungen formen; da es hier um die Struktur geht, werden nur
diese zwei Schimpfwörter verwendet.

Man kann die möglichen Strukturen in drei Gruppen einteilen: in
Strukturen ohne Verb, in solche mit Verb und in eine weitere Gruppe
aus verschiedenen Strukturen. Es wäre möglich, alle 245 Strukturen der
drei Gruppen in zwölf Hauptstrukturen mit Unterabteilungen zu ver-
einen, doch werden sie hier der Übersicht halber in der angegebenen
Weise gegliedert.

Abkürzungen: Pr = Personalpronomen (du), Vb. = Verb (bist), Art. =
Artikel (ein), Adv. = Adverb (ganz), Adj. = Adjektiv (blöder), St. =
Substantiv (Hund).

1. Strukturen ohne Verb

Adj.: Blöd! (Ellipse für: Bist du aber blöd!)
St.: Hund!
St. + Pr.: Du Hund! – Du Hund, du! – Hund, du!
St. + Adj.: Blöder Hund! – Blöder Hund, blöder! – Hund, blöder!
St. + Art.: Ein Hund! (Ellipse für: Ein Hund bist du!)
St. + Adj. + Art.: Ein blöder Hund! – Ein blöder Hund, ein blöder!
  Ein Hund, ein blöder!
St. + Adj. + Pr.: Du blöder Hund! – Du blöder Hund, du! – Du blöder
  Hund, du blöder! – Du blöder Hund, du, du blöder! – Du Hund,
  du blöder! – Du Hund, du, du blöder! – Blöder Hund, du! – Blöder

Hund, du, blöder! – Blöder Hund, du, du blöder! – Hund, blöder, du!
– Hund, du, blöder! – Hund, du blöder! – Hund, du, du blöder!
St. + Adj. + Adv.: Ganz blöder Hund! – Ganz blöder Hund, blöder!
– Ganz blöder Hund, ganz blöder! – Hund, ganz blöder! – Blöder
Hund, ganz blöder!
St. + Adj. + Adv. + Art.: Ein ganz blöder Hund! – Ein ganz blöder
Hund, ein blöder! – Ein ganz blöder Hund, ein ganz blöder! – Ein
Hund, ein ganz blöder! – Ein blöder Hund, ein ganz blöder!
St. + Adj. + Adv. + Pr.: Du Hund, du ganz blöder! – Du Hund, du
ganz blöder, du! – Du Hund, du, du ganz blöder! – Du blöder Hund,
du ganz blöder! – Du blöder Hund, du, du ganz blöder! – Du ganz
blöder Hund! – Du ganz blöder Hund, du! – Du ganz blöder Hund,
du blöder! – Du ganz blöder Hund, du, du blöder! – Du ganz blöder
Hund, du ganz blöder! – Du ganz blöder Hund, du, du ganz blöder!
– Ganz blöder Hund, du! – Ganz blöder Hund, du, blöder! –
Ganz blöder Hund, blöder, du! – Ganz blöder Hund, du, blöder!
–Ganz blöder Hund, ganz blöder! – Ganz blöder Hund, du, du ganz
blöder! – Blöder Hund, ganz blöder, du! – Blöder Hund, du, ganz
blöder! – Blöder Hund, du, du ganz blöder! – Hund, du, ganz blöder!
– Hund, du, du ganz blöder!

2. Strukturen mit Verb

Vb. + Adj. + Pr.: Du bist blöd! – Du bist blöd, du! – Bist dú blöd! –
Bist du blöd, du! – Blöd bist du!
Vb. + Adj. + Adv. (*vielleicht* statt *ganz*): Du bist vielleicht blöd! –
Bist dú vielleicht blöd! – Blöd bist du vielleicht!
Vb. + Pr. + St. + Art.: Du bist ein Hund! – Bist dú ein Hund! – Ein
Hund bist du!
Vb. + Pr. + St. + Art. + Adj.: Du bist ein blöder Hund! – Du bist ein
Hund, ein blöder! – Du bist ein Hund, du, ein blöder! – Du bist ein
blöder Hund, ein blöder! – Bist dú ein blöder Hund! – Bist dú ein
blöder Hund, ein blöder! – Bist dú ein blöder Hund, du, ein
blöder! – Ein Hund, ein blöder, bist du! – Ein Hund bist du, ein
blöder! – Ein blöder Hund bist du! – Ein blöder Hund, ein blöder,
bist du! – Ein blöder Hund bist du, ein blöder!
Vb. + Pr. + St. + Art. + Adj. + Adv.: Du bist ein Hund, ein ganz blöder! – Du bist ein Hund, ein ganz ein blöder! – Du bist ein Hund, du,

ein ganz blöder! – Du bist ein blöder Hund, du, ein ganz ein blöder! – Du bist ein ganz blöder Hund! – Du bist ein ganz blöder Hund, ein blöder! – Du bist ein ganz blöder Hund, ein ganz blöder! – Du bist ein ganz ein blöder Hund, ein ganz ein blöder! – Du bist ein ganz blöder Hund, du, ein blöder! – Du bist ein ganz ein blöder Hund, du, ein ganz ein blöder! – Bist dú ein Hund, ein ganz blöder! – Bist dú ein Hund, du, ein ganz ein blöder! – Bist dú ein blöder Hund, ein ganz blöder! – Bist dú ein ganz blöder Hund! – Bist dú ein ganz ein blöder Hund, ein ganz ein blöder! – Bist dú ein ganz blöder Hund, du, ein blöder! – Bist dú ein ganz ein blöder Hund, du, ein ganz ein blöder! – Ein Hund, ein ganz blöder bist du! – Ein Hund bist du, ein ganz blöder! – Ein blöder Hund, ein ganz blöder, bist du! – Ein blöder Hund bist du, ein ganz blöder! – Ein ganz blöder Hund, ein blöder, bist du! – Ein ganz blöder Hund, ein ganz blöder, bist du! – Ein ganz ein blöder Hund, ein ganz ein blöder, bist du! – Ein ganz blöder Hund bist du! – Ein ganz blöder Hund bist du, ein blöder! – Ein ganz blöder Hund bist du, ein ganz blöder! – Ein ganz ein blöder Hund bist du, ein ganz ein blöder!

3. Verschiedene Strukturen

Nur einige der vielen weiteren Strukturen werden hier aufgeführt, die uns ahnen lassen, wie viele andere Strukturvarianten möglich sind: Du bist etwas Dummes! – So etwas Hirnverbranntes! – So eine (ganz) (freche) Schnauze! – Solch unverschämte Leute! – Welch (unglaublich) stinkfaule Tagediebe! – Du spinnst (ja) (total)! – Sie sind doch nicht ganz verrückt?! – Du bist doch kein kleines Kind mehr, oder?! – Bist du noch zu retten?! und viele andere mehr.

III. Das Bairische

A. BAYRISCH-ÖSTERREICHISCH

1. Das Sprachgebiet: bairisch oder bayrisch?

Die Wörter bairisch und bay(e)risch werden häufig verwechselt, selbst von Leuten, die es besser wissen sollten.

Bayrisch bezieht sich auf das *politische* Gebiet des Freistaates Bayern mit seinen Regierungsbezirken Oberbayern, Niederbayern, Oberpfalz, Schwaben, Ober-, Mittel- und Unterfranken.

Bairisch bezieht sich auf die *Sprache* und Kultur der Baiern, d.h. des bairischen Volksstammes, der den gesamten südostdeutschen Sprachraum besiedelte. Obgleich dieser Sprachraum durch die „Aussiedlung" Deutscher nach dem Zweiten Weltkrieg etwas schrumpfte, ist er im großen und ganzen noch derselbe, wie er bei der Landnahme der Baiern im 6./8. Jahrhundert war. Der bairische Sprachraum erstreckt sich über die altbayrischen Gebiete Bayerns (Niederbayern, Oberbayern, Oberpfalz – also ohne Schwaben und Franken) und über ganz Österreich außer Vorarlberg (= alemannisches Sprachgebiet). Vor dem Zweiten Weltkrieg gehörten auch Randgebiete der Tschechoslowakei, Ungarns, Jugoslawiens und Italiens dazu sowie einige Sprachinseln in diesen Ländern (z.B. Gottschee).

Sprachlichen Besonderheiten nach wird das bairische Sprachgebiet in drei Flächen geteilt: in das *Nordbairische* (Oberpfalz, westl. Bayr. Wald), das *Mittelbairische* (das Gebiet zwischen München und Wien, beiderseits der Donau, d.h. Oberbayern, Niederbayern, Oberösterreich, Niederösterreich) und das *Südbairische* (Kärnten, Tirol); dazu kommt ein großes mittel-/südbairisches Übergangsgebiet (Teile Salzburgs, der Steiermark und des Burgenlandes). Sprachliche Misch- oder Übergangszonen (z.B. Nord-Mittelbairisch) und Kleinräume (z.B. Niederbayrisch, nochmals unterteilt in Gäuboden, Rottal usw.) ermöglichen eine Feineinteilung des Bairischen.

Es ist falsch, von *der* bairischen Mundart zu sprechen, weil sie gar nicht existiert; es gibt nur verschiedene bairische, d.h. altbayrische und österreichische Mundarten, die im Oberbegriff Bairisch zusammengefaßt werden. Die Aussprache bzw. Schreibung der Schimpfwörter im LEXIKON ist also nicht bairisch, sondern in der niederbayrischen Mundart von Straubing.

2. Bayrisch-österreichische Schimpfwörter

Rein bayrische oder rein österreichische Schimpfwörter, deren Gebrauch auf das jeweilige politische Gebiet beschränkt ist, gibt es nur wenige. Dagegen existieren an die 2500 Schimpfwörter, die in ganz Altbayern und Österreich von den meisten Mundartsprechern verstanden oder verwendet werden und die ich deshalb als bayrisch-österreichische Schimpfwörter bezeichne.

3. Zur Auswahl der Schimpfwörter

Die Schimpfwörter in diesem LEXIKON wurden nach den folgenden Gesichtspunkten ausgewählt:

A. *Aufgenommen* wurden alle Schimpfwörter gleich welcher Herkunft, die mir bekannt sind. Einige Oberbayern, Niederbayern und Österreicher, die ich befragte, stimmen meiner Auswahl zu; eine ausgedehnte Direktbefragung in ganz Bayern und Österreich wird aus finanziellen Gründen erst in einigen Jahren durchführbar sein.

Bei der Auswahl ging es mir nicht darum, so viele Schimpfwörter wie möglich anzuführen, sondern nur diejenigen, die tatsächlich im gesamten bairischen Sprachraum bekannt sind und verwendet werden. Nicht jedes Schimpfwort wird jedem Leser bekannt sein, er wird vielleicht einige ihm bekannte Schimpfwörter vermissen, oder meine Bedeutungsangabe stimmt mit der seinen nicht überein; in solchen Fällen bitte ich um Nachricht, damit bei weiteren Auflagen des LEXIKONS notfalls Änderungen vorgenommen werden können.

Da der heutige Sprachgebrauch entscheidend ist, wurden auch ursprünglich fremdsprachige Schimpfwörter aufgenommen, die überall im bairischen Sprachraum verwendet werden, z. B. Filou (frz.), Goi (jidd.) und Rowdy (engl.).

B. *Nicht aufgenommen* wurden:

a) gelehrte Schimpfwörter, z. B. Plagiator, Sybarit, Scharlatan oder Räsoneur.

b) nichtbairische Schimpfwörter, z. B. Quasselstrippe, Pomuchelskopp, Korinthenkacker oder Kiffke.

c) örtlich begrenzte Schimpfwörter, die in anderen Gebieten des bairischen Sprachraums nicht verstanden oder verwendet werden, z. B. ungustiös, Brutalist, Fadian, Schlurf, Tschusch (nur Österreich, bzw. Wien), Gschlanse, Bazwabm (nur Oberbayern, bzw. München).

d) Etwa 30000 zusammengesetzte Schimpfwörter, die aus dem Grundwort und den Vorsilben erklärbar sind, z. B. Scheißhundsgrippe, Oberbauernschwengl.

e) Die weibliche und sächliche Form der 500 substantivierten Adjektive, die aus der angegebenen männlichen Form gebildet werden können, z. B. Dumme, Dumms (aus dem Stichwort *Dumma* zu bilden).

B. NIEDERBAYRISCH

1. Die Mundart von Straubing: Gründe

Die niederbayrische Mundart von Straubing, ein mittelbairischer Dialekt wie der von München und Wien, bildet die Grundlage der Schreibung bzw. Aussprache der Schimpfwörter in diesem LEXIKON, und zwar aus folgenden Gründen:

a) Ich bin in Straubing aufgewachsen und spreche die niederbayrische Mundart unbeeinflußt von allen schriftsprachlichen Einflüssen. Im Gegensatz zu vielen Bayern und Österreichern, die aus Prestigegründen usw. nur noch eine Halbmundart, Regionalmundart oder eine mundartlich gefärbte Umgangssprache sprechen, lasse ich keine Sprachmischung zu und spreche entweder Schriftdeutsch – wenn es sein muß – oder nur unverfälschtes Niederbayrisch.

b) Niederbayrisch ist eine zentrale Mundart der mittelbairischen Dialekte, die überall in Bayern und Österreich verstanden wird. Straubing liegt geographisch günstig zwischen den west-östlichen Extremen München und Wien sowie den nord-südlichen Extremen Oberpfalz, Allgäu und Steiermark. Eine gesamtbairische Mundart gibt es nicht, weswegen irgendeine repräsentative Mundart als Basis der Aussprache benutzt werden muß. Niederbayrisch ist ideal, weil es von den extremen Lautständen frei ist, die einige andere bairische Mundarten selbst für Sprecher bairischer Mundarten schwer verständlich machen.

Niederbayrisch ist geeigneter als die Münchner Stadtmundart, die schon sehr von der Schriftsprache beeinflußt ist; es ist geeigneter als das Wienerische mit seinem überhellen Ä (äns, zwä, drä); ebenfalls fehlen dieser Mundart die stark aspirierte Aussprache südbairischer Mundarten (kchalt) und die gestürzten Diphthonge der nordbairischen Mundarten (Bou, Käi).

c) Schließlich ist noch zu bedenken, daß die Schimpfwörter nur von anderen Niederbayern so ausgesprochen werden, wie sie hier geschrieben sind; jeder Bayer und Österreicher paßt beim Lesen die Schimpfwörter seiner eigenen Mundart an: was ich hier als niederbayrisch *āf* schreibe und ausspreche, spricht ein Münchner als *auf* und ein Wiener als *āf*. Geringe Abweichungen in der Aussprache usw. existieren schon in den benachbarten Gebieten, z. B. in Regensburg (40 km westlich von Straubing), in Zwiesel (50 km nordöstlich), in Passau (65 km östlich) und in Landshut (50 km südwestlich). Andere Leser, die keinen bairischen Dialekt sprechen, können bei Beachtung der Ausspracheregeln die Wörter so annähernd genau aussprechen, wie es einem nichtbairisch Sprechenden überhaupt möglich ist.

2. Lautliche Besonderheiten

Da diese Arbeit zum Verständnis der Schimpfwörter beitragen soll, müssen auch die wichtigsten lautlichen Besonderheiten der niederbayrischen Mundart kurz berührt werden, die auch für die meisten anderen mittelbairischen Dialekte zutreffen. Es handelt sich dabei nicht um eine sprachwissenschaftliche Einführung, sondern um Erklärungen, warum z. B. Rindvieh *Rimbfīch*, Aprilochse *Ábrúiox*, Schlampe *Schlampm* und gottverreckt *gopfaréckt* geschrieben und gesprochen werden.

a. Assimilierung

Schwierig auszusprechende Lautfolgen werden meist aus Bequemlichkeit vermieden; das wird erzielt, indem sich benachbarte Laute aneinander anpassen (= Assimilierung). Wie sich das ursprüngliche *entfangen* zu *empfangen* änderte, ist es ebenfalls bequemer, *Rimbfīch* zu sagen, weil es ein geringerer Kräfteaufwand ist, m-b-f zu formen als n-d-f; auf die physiologischen Gründe dieser regressiven Assimilation kann hier nicht eingegangen werden.

Weitere Beispiele: dɛppmhaft (deppenhaft), Lɑppm (Lappen), Schlɑmpm (Schlampen, Ez.), umfaschämbt (unverschämt).

Eine andere Art von Assimilierung ist die Anpassung von Lauten über die Wortgrenze hinaus (Sandhi), wo der letzte Laut eines Wortes den ersten Laut des nächsten Wortes verändert (oder umgekehrt): aus d-Frau wird Pfrau (die Frau), aus hɔst d-Muich wird hɔsp Muich (hast du die Milch?).

b. Ausfall von Verschlußlauten

Bei diesem Vorgang geschieht eine vollständige Assimilation, d. h. die ursprünglichen Laute werden durch einen dritten ersetzt, dessen Gegenwart man nur erklären kann, wenn die Zwischenstufen rekonstruiert werden. Das nhd. *Haube* wird niederbayrisch *Haum* gesprochen; die Zwischenstufen sind *Hauben* (w. Ez.) + Vokalausfall *Haubn* + Assimilierung *Haubm* + vollständige Anpassung (b-Ausfall) *Haum*. Besonders die Verschlußlaute *b, d* und *t* werden ausgestoßen, wobei sich der vorhergehende Vokal oder Diphthong verlängern kann. Beispiele von B-Ausfall: drĩm (getrieben), Schraum (Schrauben, Ez.), sĩm (sieben). D-Ausfall: Būl (Pudel), Gmõã (Gemeinde), Gnēl (Knödel), Hɛin (Helden), Schɛl (Schädel). T-Ausfall: Bail (Beutel), Brolēn (Proleten), Štuan (Stuten, Ez.), Bēl (Bettel), Brēl (Brettel), gschnĩn (geschnitten) usw.

c. Epenthese

Epenthese bezeichnet das Einfügen eines Vokals oder Konsonanten zur Erleichterung der Aussprache, d. h. des Übergangs von einem Laut zum nächsten.

Beispiele von Epenthese im Niederbayrischen: Ampsl (Amsel), Bõãndlgrɑmma (Bein-d-lkrämer), fimbf (fünf), Mandl (Mann-d-l), Mɑntsbuid (Mannsbild), Schwãĩntsköbf (Schweinskopf), Āfdrāra (Aufdreher), kuaraugad (kuhäugig).

Unechte Sproßkonsonanten sind in Wörtern enthalten, in denen das sonst nicht ausgesprochene *r* wegen des zu vermeidenden Vokalzusammenstoßes (Hiatus) wieder eingeführt wird: fia (vier) – fia-r-augad, Henna (Hühner) – Henna-r-ōsch, Kɛlla (Keller) – Kɛlla-r-ɑssl.

d. Nasalierung

Im Hochdeutschen werden die Vokale und Diphthonge meist leicht nasaliert ausgesprochen, wenn ihnen ein Nasallaut folgt (m, n, ng [ŋ]). Im Niederbayrischen ist die Nasalierung zum Teil sehr stark, und der Nasallaut wird oft gar nicht mehr ausgesprochen. Beispiele: õ (an), grẽã (grün), õãschichtig (einschichtig), zãũdía (zaundürr), aber: Woidẽãna (Wohldiener).

e. Metathese

Bei der Metathese werden zwei Laute umgestellt, d. h. sie tauschen ihren Platz, wie etwa im Hochdeutschen Brunnen – Born. Diese Lautumstellung erfolgt im Niederbayrischen regelmäßig bei g-n, das zu ng [ŋ] wird: aing (eigen), fazóng (verzogen), Faing (Feigen, Ez.w.), Gɑing (Galgen), Grɔng (Kragen) usw.

f. Vokalisierung

Wird ein Konsonant zu einem Vokal, so spricht man von Vokalisierung. In zwei charakteristischen Lautänderungen dieser Art wird das *l* zu *i* und das *r* zu *a*.

l>i: Ạbrúi (April; das erste *i* wird zu *u*), ɔid (alt), Mai (Maul), Hɛid (Held), Foik (Volk), Fuiz (Filz).

r>a: Bɛa (Bär), Biankōbf (Birnkopf), Buasch (Bursch), Štia (Stier), oagwēnisch (argwöhnisch), Kãfráida (Karfreitag), Foagoatn-zweag (Vorgartenzwerg).

g. Spirantisierung

Bei diesem Vorgang wird ein Verschlußlaut zu einem Reibelaut (Spirant). Im Niederbayrischen wird das *b* zu einem *w* [β], wenn es zwischen zwei Vokalen steht: Āfdraiwa (Auftreiber), Ȫgēwa (Angeber), ȫwaglaiwisch (abergläubisch), Hōwangoas (Habergeiß, Hafer-), Kaiwe (Kalb), Biawal (Büberl), Quɛcksuiwa (Quecksilber), rawiát (rabiat). Gelegentlich wird der Reibelaut auch stimmlos: Zwīfe (Zwiebel), aber Zwīwal (kl. Zwiebel).

h. Lenisierung

Dieser Ausdruck bezieht sich auf die Erweichung von harten Verschlußlauten. In der Hochsprache gibt es harte, stimmlose Verschlußlaute [p], [t], [k] und deren weiche, stimmhafte Gegenstücke [b], [d], [g]. Im Niederbayrischen sind beide Arten stimmlos, die einen werden härter ausgesprochen (= Fortis): [p], [t], [k], die anderen weicher (= Lenis): [b̥], [d̥], [g̊]. Diese letzteren Laute sind also eine Zwischenstufe zwischen dem stimmlosen [p] und dem stimmhaften [b] usw. Die einfachen Lenes werden b, d, g geschrieben, die doppelten, geminierten Lenes als p, t, k und nicht als bb, dd, gg, um die unschönen Konsonantenhäufungen zu vermeiden: Drampe (statt Drambbe), Binkn (statt Binggng).

i. Fehlende Auslautsverhärtung

Das b, d, g im Auslaut wird in dieser Mundart nicht wie im Hochdeutschen zu p, t, k, sondern bleibt eine stimmlose Lenis: Dieb (sprich Diip) bleibt Diab, blöd (sprich blööt) bleibt blēd und Tag (sprich Taak) bleibt Dōg.

j. Geminierung

Diese Verdoppelung von Lauten ist einem ähnlichen Vorgang im Italienischen verwandt, wo ebenfalls die verdoppelten Laute zeitlich länger ausgesprochen werden; der geminierte Laut wird auf zwei Silben verteilt, doch wird der Anschluß nicht unterbrochen: Lackl (sprich Lag-gl), Bɛppe (sprich Bɛb-be).

k. Diphthongierung

In der Hochsprache gibt es drei Diphthonge [ai], [au], [ɔi] (geschrieben
ai, ay, ei, ey, au, äu, eu), im Niederbayrischen dagegen sechzehn
(siehe S. 17). Zum Teil sind sie durch Vokalisierung entstanden (S. 194),
zum Teil bewahren sie noch den alten Lautstand der mhd. Sprache.
Die hochdeutschen Beispiele enthalten Monophthonge, die bairischen
noch die alten Diphthonge: Diab (Dieb), Luada (Luder), Briada
(Brüder).
Umgekehrt wird aus Diphthongen im Niederbayrischen ein Mono-
phthong: āf (auf), raffa (raufen), Drām (Traum), doch nicht immer:
Aung (Auge), blau (blau), Sau (Sau).

l. Vokaldehnung und -kürzung

In dieser Mundart werden oft Vokale lang ausgesprochen, die im
Hochdeutschen kurz sind (und umgekehrt).
Schriftsprachlich lang, Niederbayrisch kurz: ekelhaft – eklhaft, kri-
tisch – gritisch, Parasit – Barasít, Satan – Satan.
Schriftspr. kurz, Niederbayrisch lang: Bettler – Bēdla, bucklig – būg-
lad, Dreckspatz – Drēgšpōz, Frosch – Frōsch, Kopf – Kōbf (aber
Köpfe – Kepf), Loch – Lōch, Rotz – Rōz, Strick – Štrĩg, Strizzi –
Štrĩze, zottig – zōdad.

m. Entrundung

Charakteristisch für Niederbayrisch ist die Entrundung aller schrift-
sprachlich gerundeten Vokale und Diphthonge. Das ö ist e oder ε, das ü
ist i, das eu und äu ist ei (geschrieben ai): blēd (blöd), Biffe (Büffel),
Laid (Leute), Sai (Säue).
Gelegentlich enthält die Mundart nichtumgelautete Vokale, die in der
Hochsprache mit einem Umlaut gesprochen werden, z. B. Ruam (Rübe),
Bōsnickl (Bösnickel) oder nārisch (närrisch).

n. Archaisches

Im Niederbayrischen finden sich noch Spuren alter Laute, die in der
Hochsprache verschwunden sind, z. B. Kroate – Grōw̄ōd (kroatisch

Hrvat), grauschädelig – gräbschɛllad (germanisch grewa-) oder Vieh –
Fĩch (indogerm. peku-, lat. pecus, das *k* zu *ch* verschoben).

Ähnlich ist das *m* in Schlamp*m* ein assimilierter Überrest der älteren
Form *Schlampen* (w. Ez.), ebenso das *m* im Schmia*m*, das vom mhd.
smirwen zu Schmirben, Schmirbn, Schmirbm, Schmirm und durch
Vokalisierung zu Schmiam wird.

Auch der ältere Wortschatz ist in der Mundart noch erhalten, z. B. in
Nõfaza, das in der Schriftsprache nicht mehr existiert und von mhd.
nafzen kommt; vgl. engl. nap.

Kulturgeschichtlich interessante Spuren sind in den Schimpfwörtern
Bɛandraiwa, Grattla, Rennsau usw. festzustellen, auf die jeweils in den
Erläuterungen hingewiesen wird.

C. ZUR SCHREIBUNG DER MUNDART

Es ist ein entmutigendes Problem, eine nur gesprochene Mundart
schriftlich festzulegen. In der Sprachwissenschaft kann das ausreichend
genaue internationale phonetische Alphabet verwendet werden; für
den allgemeinen Leser wäre dieses Schreibsystem viel zu kompliziert
und für den Setzer ein Alptraum.

Die in diesem LEXIKON verwendete Umschrift der Mundart ist ein
Kompromiß, der aus schriftlichen, phonetischen und phonemischen
Elementen besteht, dem Sprachwissenschaftler ausreichend genau und
dem Leser zumutbar ist.

1. Schrift und Sprache

Die Schrift ist ein sehr unzureichendes Mittel, um die gesprochene
Sprache einigermaßen genau wiederzugeben. Will man genauer sein,
muß man zu Sonderzeichen, Satzzeichen, Kursiv- und Fettdruck grei-
fen, um die Aussprache, die Betonung und die Satzmelodie festzuhalten.
Die Schriftsprache ist unsystematisch und von historischem Ballast
beeinflußt: sucht und Sucht werden gleich geschrieben, aber mit einem
kurzen bzw. langem *u* ausgesprochen; Laib und Leib, seid und seit
werden verschieden geschrieben, aber gleich ausgesprochen. Das lange *i*
wird als *i, ie* oder *ieh* geschrieben (kritisch, Liebe, ziehen); das *x* in
Xaver und das *chs* in Dachs werden gleich ausgesprochen, ebenso das

ts in Rätsel, das *z* in zehn, das *tz* in Blitz und das *zz* in Mezzosopran. Das *scht* in wischt und das *st* in Stuhl unterscheiden sich lautlich nicht. Vater und Feder beginnen mit demselben Laut *f*.
All dies in einer Sprache, die schon seit Jahrhunderten schriftlich festgelegt ist! Wieviel schwieriger dann die schriftliche Fixierung einer gesprochenen Mundart ist, wird jeder verstehen.

2. Die phonetische Umschrift – (IPA)

Seit 1886, dem Gründungsjahr des Weltlautschriftvereins (International Phonetic Association), existiert die internationale Lautschrift, mit der jede Sprache ausreichend genau festgehalten werden kann. Das Prinzip dieses internationalen phonetischen Alphabets ist, jeden besonderen Laut durch ein besonderes Zeichen wiederzugeben, was jedoch zu einer Vielzahl von Sonderzeichen führt, die niemandem außer Sprachwissenschaftlern zumutbar ist.

3. Die phonemische Umschrift

Die phonemische (= phonologische) Umschrift ist bedeutend leichter zu lesen, weil nicht mehr jeder Laut sein besonderes Zeichen hat, sondern weil hier eine zusammengehörende Gruppe von Lauten durch *ein* Zeichen vertreten ist. Aus der lautlichen Umgebung kann der Fachmann dann entscheiden, welcher von mehreren ähnlichen Lauten (Allophone) jeweils zu wählen ist.

4. Die volkstümliche Umschrift

Diese Schreibung von Mundarten ist jedem bekannt: er sieht sie in Werbesprüchen, Kalendern, Zeitungen, Zeitschriften, in den Werken der Heimatschriftsteller und in der Weltliteratur.
In allen mir bekannten Versuchen von volkstümlichen Umschriften der Mundart werden zwei grundsätzliche Fehler begangen: entweder man geht von der Schriftsprache aus und versucht, sie mehr oder minder geschickt mundartlich zu färben, oder man stellt eigenwillige Schreibsysteme auf, die alle Leser – gleichgültig, ob sie die Mundart

sprechen oder nicht – verwirren oder verärgern. Der eine schreibt *Stroß*, der andere *schdrass*, der eine *Vadda*, der andere *Fota*, einer schreibt *sixst*, der andere *siechst*. Am schlimmsten ist, wenn man dann unsystematisch nach ein paar Zeilen seine Meinung ändert und den gleichen Laut wieder anders schreibt. Es ist höchst wünschenswert, daß diesem chaotischen und ärgerlichen Zustand ein Ende bereitet wird[3].

5. Beispiele unzulänglicher Schreibung

Da in den angekündigten *Richtlinien* ausführlich über die Unzulänglichkeiten der bestehenden volkstümlichen Umschriften gesprochen wird, genügen hier einige Proben. Es geht mir dabei nicht darum, andere anzugreifen, die sich (außer dem letzten) zweifelsohne bei ihren Versuchen sehr abgemüht haben, sondern darum, das gegenwärtige Chaos zu illustrieren.

Den Einfluß der Schriftsprache, das Hin und Her zwischen Schriftsprache und Mundart sieht man in den folgenden Wörtern, die aus den Werken eines beliebten Münchners stammen. Da seine Aufsätze von vielen Nichtbayern gelesen werden, kann er nur leicht mundartlich gefärbt schreiben. Beispiele der schwankenden Schreibung: was – wos, hob'm – ham, fufzg – fuchzg, kriagst – griagst, schaugn – schaung, siecht – siehcht (!).

Ein anderer oberbayrischer Schriftsteller verwirrt die Leser seines sonst ausgezeichneten Wörterbuchs mit drei Varianten des hellen *a,* das er *ā, aa* oder *ah* schreibt (keine Unterscheidung der Länge – nur immer helles *a*); man vergleiche die unsystematische, verwirrende Schreibung: gaab – gāch, bleed – Kletzn – Drĕck, Daubara – Gänserer,

---

[3] Wegen meiner langjährigen Arbeit an diesem Problem, als Mundartsprecher und Sprachwissenschaftler glaube ich befähigt zu sein, vielen anderen, die sich für die Erhaltung von Mundarten einsetzen, die mundartlich schreiben oder dichten, die als Schriftsetzer oder Lektoren mit Mundarten zu tun haben, Vorschläge zu einer einheitlichen, systematischen Schreibung von Mundarten machen zu dürfen.
Ich werde deshalb *Richtlinien zur Schreibung Bairischer Mundarten* veröffentlichen. Es wäre sehr erfreulich, wenn sich viele Gleichgesinnte fänden, die meine Vorschläge annähmen, und die durch ihre konstruktive Kritik eine zweite, verbesserte und vermehrte Auflage der *Richtlinien* ermöglichten, die dann von den Verlagen in Bayern und Österreich als vorschriftlich anerkannt werden sollten, damit der gegenwärtige chaotische Zustand beendet werden kann.

Mai – Meis, g'haut – glaffa, koa – tõa, schaugn – trång, zlaffa – z'brocha. Ein gelehrter Wiener machte seine hochinteressante Wortsammlung durch eine volkstümlich-phonetische Umschrift schwierig zu lesen, besonders durch die Konsonantenanhäufungen ggs, dds, bbm, schbr, schdr usw., die zwar phonetisch genau, aber unästhetisch sind: weddsn, schbriddsn, ghonseafnbiggsn, schdiddsboeggn, dsaubaschdob.

Zum Schluß ein abschreckendes Beispiel von laienhafter Pfuscharbeit, die mich so verärgerte, daß ich mich zur Herausgabe der *Richtlinien* entschloß. Das Buch, das *Auf schlecht bayerisch* umbenannt werden sollte, lenkt durch seine chaotische Schreibung derart vom wertvollen Inhalt ab, daß man es nur mit Widerwillen zur Hand nimmt: zambringt – z'sammschmus'n, vozejn – verdrogt, vosteh – zuschteht, aba – owa, Geld – Göit, überoi – üwaflissi, glaabd – g'schert, g'stand'n – gwen, Sprach – Schbrach, Leahrer – Lerna, Stickl – Schdock – schdeßd, Sterbada – Schterb'n – Schsterb'n (!). Mein Gott!

6. Vergleich von Umschriften: phonetisch – phonemisch – volkstümlich – LEXIKON

Der untenstehende Vergleich zeigt, warum weder die phonetische, phonemische noch eine volkstümliche Schreibung in diesem LEXIKON verwendet wurde.

phonetisch	phonemisch	volkstümlich	LEXIKON
[b̥lɛ:d̥]	/blɛd/	bled, bleed, blehd bläd, blääd, blähd bleht, blèd usw.	blɛ̄d (blöd)
[šb̥o:dz̥]	/šbodz/	Spotz, Spåtz, Šbååz Schpootz, Schbōz, Schbohts usw.	Špōz (Spatz)
[g̊ɛɪd̥]	/gɛɪd/	Geid, Gejd, Gäid Geⁱd, Gäⁱd, Geid Gäjd, Göid, Göld Gèid, Göïd usw.	Gɛid (Geld)

200

7. Probleme und Praxis der Umschrift

a. Schriftsprachliche Elemente

Um die Schreibung der Mundart nicht unnötig zu komplizieren, wurden einige Schriftzeichen und Kombinationen aus der Schriftsprache übernommen.

Beibehalten wurden deshalb das z und tz (statt ts, d̦s), das x (statt ks, g̦s), das qu (statt kw), das sch (statt š, ʃ), das ng (statt ŋ), das ch (statt ç, x), das ck, tt, pp (statt g̦g, d̦d, b̦b). Man findet also Binkn statt Binggng, Hɛx statt Hɛks usw.

Nicht verwendet wurden das Dehnungs-h, das Dehnungs-ie, das v, ß, ä, äu, ei, eu, ö, ü.

b. Phonetische Elemente

Auf die Feinheiten der phonetischen Umschrift mußte und konnte verzichtet werden. Einige der nicht benutzten Zeichen sind bereits im vorhergehenden Abschnitt (oben) enthalten. Die Länge von Vokalen wird durch ‾ (statt [:]) angegeben, die Hauptbetonung durch einen Akzent ′ (statt [′]). Die Angabe der Nebenbetonung ist unwichtig, ebenso der Knacklaut [ʔ]. Es war auch unnötig, weitere Feinheiten, etwa die stimmlosen Lenes, die silbischen Sonorlaute sowie das [ə] und [ɐ] zu kennzeichnen. Auch die Aspirierung bleibt unbezeichnet.

Ästhetische Gründe zwangen mich, št und šp statt schd- und schb- zu schreiben; ebenfalls wurden die unschönen Kombinationen mbbm, nddl, nggn usw. durch mpm, ntl und nkn ersetzt.

Die Nasalierung wurde durch eine Tilde ~ statt eines hochgestellten *n* angegeben: *grẽā* statt *grea*ⁿ.

Die schriftliche Wiedergabe einer Mundart kann ohne ein paar Sonderzeichen nicht auskommen. Ich beschränkte mich auf die zwei unbedingt notwendigen, das ɔ und das ɛ, da sie Phoneme sind, d.h. bedeutungsunterscheidende Laute. Sie sind jedem Schüler aus den Langenscheidt-Wörterbüchern bekannt und werden im Wahrig, Ullstein-Lexikon, Duden und den Bertelsmann-Wörterbüchern verwendet.

Die drei Arten von A und die zwei Arten von E mußten benutzt werden, da sie die Bedeutung eines Wortes ändern. Das helle A wird mit einem a gekennzeichnet, das mittlere A mit ɑ und das dunkle, o-haltige A mit ɔ; das halboffene E mit ɛ, das sehr geschlossene E mit e. Die folgenden minimalen Paare beweisen die Notwendigkeit der Sonderzeichen: Fackl (Ferkel) – Fɑckl (Fackel), Mandl (Männlein) – Mɑndl (Mandel), hamma (sind wir) – hɑmma (haben wir; Hammer);Wõng (Wagen, Ez.) – Wãng (Wagen, Mz.); Schlɑng (Schlange) – schlɔng (schlagen), Glɑng (Klang) – glɔng (klagen); wãr (wäre) – wɑr (war) – wõr (wahr); Bettn (Betten) – bɛttn (beten), Hetz (Hetze) – hɛtz (hättet ihr), Reng (Regen) – rɛng (regen); hoid (holt) – hɔid (halt, eben).

Die Nasalisierung ist ebenfalls phonemisch: õã (ein) – Oa (Ei), nãĩ (neun) – nai (neu), mãĩ (mein) – Mai (Maul).

Systematische Darstellung der Vokale

i	u
e	o
ɛ	ɔ
a	ɑ

c. Phonemische Elemente

Die Länge eines Vokals oder Diphthongs wird in den meisten Fällen durch die folgenden Laute gekennzeichnet und bräuchte nicht unbedingt angegeben zu werden (wie es in den Beispielen im LEXIKON geschieht). Es gibt aber Ausnahmen, die mich zur Anwendung der Längebezeichnung bewegten, z. B. der Unterschied zwischen Fĩsch (Ez.) und Fisch (Mz.), der nicht durch Doppelschreibung angegeben werden könnte (Fischsch).

Die halblangen Vokale wurden nicht bezeichnet, sondern durch die lautliche Umgebung bestimmt: fimbf, Rimbfĩch sind halblang, da ihnen ein weicher Laut (b) folgt.

Einem langen Vokal oder Diphthong folgt ein einfacher oder weicher Konsonant, einem kurzen folgt ein harter Konsonant oder Doppelkonsonanten:

Lang sind Drēg, foig, Guagal, Hund, miada, Kōbf, Špĩz;

kurz sind dreckad, Foik, Guakal, Hunt, Miatta, Kepf, špitzad.

d. Schreibvarianten

Der Wechsel von p zu pp, k zu ck, z zu tz usw. geht darauf zurück, soviel Brauchbares wie möglich aus der Schriftsprache zu übernehmen, Vokal- und Diphthonglängen zu kennzeichnen und unschöne Konsonantenhäufungen zu vermeiden.

Einige der Schreibvarianten sind im vorhergehenden Abschnitt erwähnt, andere Beispiele sind Hundling – Huntsbäze, Rōz – rotzig, Schēl – schellad, Drampe – Depp.

Bibliographie

(Auswahl von Wörterbüchern und Wortlisten)

Borneman, Ernest. *Sex im Volksmund*. Reinbek: Rowohlt 1971

Burnadz, J. M. *Die Gaunersprache der Wiener Galerie*. Lübeck: Verlag für Polizeiliches Fachschrifttum Georg Schmidt-Römhild ²1970

Cohn, Hugo. *Tiernamen als Schimpfwörter*. Wissenschaftliche Beilage zum Jahresbericht der Dreizehnten Städtischen Realschule zu Berlin. Berlin 1910

Dollmayr, Viktor, Eberhard Kranzmayer u. a. *Bayerisch-Österreichisches Wörterbuch*. I. Österreich. Wien: Böhlau 1963ff. (Bisher Buchstaben A–B/P erschienen. Ausgezeichnet!)

Ebner, Jakob. *Wie sagt man in Österreich?* Duden-Taschenbücher, Bd. 8. Mannheim: Bibliographisches Institut 1969 (Enthält rein österreichische bzw. Wiener Schimpfwörter, die im LEXIKON nicht aufgenommen wurden. Sehr gut!)

Hügel, Fr. *Der Wiener Dialekt*. Lexikon der Wiener Volkssprache. Wien: A. Hartleben 1873

Kapeller, Ludwig. *Das Schimpfbuch*. Herrenalb: Horst Erdmann Vlg. ³1964 (Definitionen und Etymologien schwach)

Klenz, Heinrich. *Schelten-Wörterbuch*. Die Berufs-, besonders Handwerkerschelten. Straßburg: Trübner 1910

Küpper, Heinz. *Wörterbuch der deutschen Umgangssprache*. 6 Bde. Hamburg: Claassen 1955ff.

Lachner, Johann. *999 Worte Bayrisch*. München: Süddeutscher Verlag 1969 (und früher)
(Gute, populäre Einführung ins Oberbayerische)

Lexer, Matthias. *Kärntisches Wörterbuch*. Leipzig: S. Hirzel 1862

Maas, Herbert. *Das Nürnberger Scheltwort*. In: Mitteilungen des Vereins für Geschichte der Stadt Nürnberg, Bd. 43 (1952), S. 361–483 (Ausgezeichnetes, wissenschaftliches Schimpfwörterbuch der nordbairisch-fränkischen Mundart mit Personen-, Sach- und Berufsschelten)

Merkle, Ludwig. *Breißn dratzn*. München: Heimeran 1971

Pansner, Lorenz von. *Deutsches Schimpfwörterbuch*. Arnstadt: Meinhardt 1839 (Erschien anonym; enthält etwa 5500 Schimpfwörter ohne Definitionen)

Queri, Georg. *Kraftbayrisch*. München: R. Piper 1912, 1970

Schatz, Josef. *Wörterbuch der Tiroler Mundarten*. 2. Bde. Innsbruck: Universitätsverlag Wagner 1956

Schmeller, Johann Andreas. *Bayerisches Wörterbuch*. München 1827 ff. 2 Bde. Neudruck. Aalen: Scientia 1966

Schöpf, J. B. *Tirolisches Idiotikon*. Innsbruck: Wagner 1866

Schwind, Anton. *Bayrisch von A–Z*. Pfaffenhofen: Ilmgau Verlag [3]1968

Sillner, Leo. *Bairisch für Liebhaber*. München: Süddeutscher Verlag 1969

Unger, Theodor. *Steirischer Wortschatz*. Graz: Leuschner & Lubensky 1903

Vondrák, W. *„Über die persönlichen Schimpfwörter im Böhmischen"*, in: *Archiv für Slavische Philologie* 12 (1890), S. 47–78

Wiener, Oswald. „Beiträge zur Ädöologie des Wienerischen". Anhang in: *Josefine Mutzenbacher*. München: Rogner & Bernhard 1969

Hinweis!

Da bisher keine Bibliographie zur Schimpfwortforschung existierte, durch die sich die Forscher (und die nach interessanten, neuen, wichtigen Dissertationsthemen hungernden Studenten) über den Stand der Forschung, die Sammlungen und die Studien hätten orientieren können, habe ich mich in den vergangenen acht Jahren bemüht, alle einschlägigen Arbeiten in vielen Sprachen zu sammeln, um diese Lücke zu füllen, und um allen anderen Schimpfwortforschern die unsägliche Mühe zu ersparen, die weitverstreuten Arbeiten zu finden.

1982 erscheint meine englischsprachige Bibliographie mit etwa 4500 Einträgen: *MALEDICTA: International Bibliography of Pejoration and Verbal Aggression*.

Nachwort

Ein Lexikon ist nie fertig: Ergänzende Arbeiten zur Synonymik, zur geographischen und gesellschaftlichen Verbreitung von Schimpfwörtern, zu ungeklärten Etymologien, zu Bedeutungsverschiebungen und -verfeinerungen sowie zur Auswertung des Materials durch eine Datenverarbeitungsanlage sind bereits im Gange.

Ergänzungen, Berichtigungen und konstruktive Kritik aller Art sind stets willkommen und werden weiteren Auflagen des LEXIKONS zugute kommen. Es wird gebeten, an folgende Adresse zu schreiben:

Dr. Reinhold Aman
331 S. Greenfield Avenue
Waukesha, Wis. 53186, USA

Zur 2., durchgesehenen Auflage

In dieser 2. Auflage wurden hauptsächlich die Druckfehler der 1. Auflage ausgemerzt. Eine Erweiterung des Schimpfwortlexikons um einige bisher übersehene Einträge (Dreckla, Rauwuckal, Schnacklbadutsch, wepsad usw.) konnte diesmal nicht durchgeführt werden.

In einigen Besprechungen wurde bemerkt, daß in diesem Buch *fast* alle Schimpfwörter verzeichnet sind; es machte sich jedoch keiner der Herren die Mühe, mir die fehlenden Schimpfwörter mitzuteilen, worum ich gebeten hatte. Insgesamt erhielt ich *zwei* Briefe mit neuen Schimpfwörtern, einen von einem Regensburger Freund, den anderen von einem hilfsbereiten Münchner in Bonn.

Ich möchte deshalb nochmals alle Leser eindringlich bitten, mir solche Schimpfwörter zu schicken, die sie kennen, aber im Buch vermissen. Wenn möglich alle nicht verzeichneten, örtlich begrenzten Schimpfwörter, die dann in einer späteren Neubearbeitung dieses Schimpfwörterbuchs aufgenommen werden.

Beispiele: Roßkipperer: „betrügerischer Mann" (Vilshofen, Rottal)
　　　　　Loadsau: „weinerliche alte Frau" (Oberbayern, Tegernsee)
　　　　　Brentn: „dickleibige Frau" (Rosenheim)
　　　　　Bücher, Pilcher: „verächtlicher Kerl, Schweinehund" (Wien)
　　　　　Planer, Blana: „Schlaumeier" (Freising)
　　　　　Lousnboussa: „Hurenkerl" (Zwiesel, Passau).

GOLDMANN VERLAG

6x
LITERARISCHES
LESEVERGNÜGEN

VERA BOTTERBUSCH
KLAUS KONJETZKY (Hrsg.)
17x
HEIMAT
AN ZWEI ORTEN ZU LEBEN

GESCHICHTEN VON
ULRICH BECHER, HEINRICH BÖLL,
GISELA ELSNER, GUSTAV ERNST,
MAX FÜRST, JOSEF HASLINGER,
MICHAEL HATRY, FRIEDRICH HITZER,
HEINAR KIPPHARDT, WERNER KOFLER,
KLAUS KONJETZKY, AUGUST KÜHN,
ANGELIKA MECHTEL, EUGEN OKER,
LUISE RINSER, HANNELIES TASCHAU,
MARTIN WALSER

(6849)

HILDEGARD
SCHÄFER (Hrsg.)
33x
PHANTASTISCHE
GESCHICHTEN

GROTESK-ENTSETZLICH-
PHANTASIEVOLLES
VON DEUTSCHSPRACHIGEN
AUTOREN DER
GEGENWART

(6861)

36x
GÄNSEHAUT

SCHWARZE GESCHICHTEN
FÜR SENSIBLE LESER
ILLUSTRIERT
VON F. K. WAECHTER

(6731)

KLAUS KONJETZKY
DAGMAR PLOETZ (HRSG.)
13x
LIEBE
KEINE ZEIT FÜR TRÄNEN

LIEBESGESCHICHTEN
VON HUGO DITTBERNER,
UWE FRIESEL, GERD FUCHS,
HELMUT HEISSENBÜTTEL,
GÜNTER HERBURGER,
FRANZ INNERHOFER,
ELFRIEDE JELINEK, AUGUST
KÜHN, HERMANN LENZ,
ANGELIKA MECHTEL,
H. P. PIWITT, ANNA SEGHERS,
HELMUT ZENKER

(6771)

ROBERT NEUMANN (Hrsg.)
34x
ERSTE LIEBE

EROTISCHE ERLEBNISSE VON
MARY MC CARTHY,
VALESKA GERT, MAX VON DER
GRÜN, GEORG GROSZ,
WOLFGANG NEUSS, HERMANN
KESTEN, VLADIMIR NABOKOV
UND SIEBENUNDZWANZIG
ANDEREN AUTOREN

(6556)

JANHEINZ JAHN (Hrsg.)
34x
SCHWARZE LIEBE

EROTISCHE ERZÄHLUNGEN
AUS AFRIKA, WESTINDIEN
UND NORDAMERIKA

(6652)

GOLDMANN VERLAG

Goldmann
Taschenbücher
Informativ · Aktuell
Vielseitig · Unterhaltend

Allgemeine Reihe · Cartoon
Werkausgaben · Großschriftreihe
Reisebegleiter
Klassiker mit Erläuterungen
Ratgeber
Sachbuch · Stern-Bücher
Indianische Astrologie
Grenzwissenschaften/Esoterik · New Age
Computer compact
Science Fiction · Fantasy
Farbige Ratgeber
Rote Krimi
Meisterwerke der Kriminalliteratur
Regionalia · Goldmann Schott
Goldmann Magnum
Goldmann Original

Goldmann Verlag · Neumarkter Str. 18 · 8000 München 80

Bitte
senden Sie
mir das neue
Gesamtverzeichnis

Name _____

Straße _____

PLZ/Ort _____